AF672073

Das Cappenberg-Experiment

Projektmanagement und Eigenheimbau in ungeschönter Theorie & Praxis

von

Len Mette

Das Werk beruht auf wahren Begebenheiten.

Bibliografische Information der Deutschen Nationalbibliothek:
Die Deutsche Nationalbibliothek verzeichnet diese Publikation in der Deutschen Nationalbibliografie; detaillierte bibliografische Daten sind im Internet über http://dnb.d-nb.de abrufbar.

Das Cappenberg-Experiment
Len Mette

1. Auflage
Dezember 2016

© 2016 DerFuchs-Verlag
D-69231 Rauenberg (Kraichgau)
info@DerFuchs-Verlag.de
DerFuchs-Verlag.de
Fachliche Prüfung: Dr. Eckard Hauenherm
Lektorat: Susanne Riese
Coverfoto: Paul Rockstein, ROCKSTEIN fotografie
Portraitfoto: Fotomanufaktur Wessel

Alle Rechte vorbehalten.
Das Werk, einschließlich aller Teile, ist urheberrechtlich geschützt.
Alle Rechte, insbesondere die der Vervielfältigung, Verbreitung, Übersetzung und Verfilmung liegen beim Verlag. Eine Einspeicherung und Verarbeitung in elektronischen Systemen ohne Genehmigung des Verlags ist strafbar.

PMBOK®, PMI®, CAPM® und PMP® sind eingetragene Warenzeichen des Project Management Institute.

ISBN 978-3-945858-22-6 (Taschenbuch)
ISBN 978-3-945858-23-3 (ePub)

Über den Autor

Len Mette beschäftigt sich seit dem Jahr 2001 mit verschiedensten Projekten im Konzernumfeld, sowohl bei Banken und Versicherungen, als auch auf dem Energiesektor und im Bereich E-Commerce. Nach einer technischen Ausbildung zum Informatiker erkannte er schnell seine Leidenschaft, Vorhaben im Unternehmensumfeld zu koordinieren. Schlüsselpersonen zueinander zu bringen, um auf diese Weise größtmöglichen Gewinn für das Projekt zu erzeugen, war eine seiner Kernkompetenzen, was ihn u.a. zu einem privaten Studium im Bereich Projektmanagement und der damit einhergehenden Stärkung seiner methodischen Fähigkeiten trieb. In den folgenden Jahren etablierte er sich mit Schwerpunkt auf seine kommunikativen Fähigkeiten mehr und mehr als Bindeglied zwischen fachlichen und technischen Konzerneinheiten. Fungierte hier als Dolmetscher zwischen den Disziplinen und übernahm die Führung erster übergreifender Projekte auch vor internationaler Kulisse. Auch im privaten Bereich ließ ihn das Thema Projektmanagement nicht los, so dass nicht nur der Bau des Eigenheims einem Projektplan folgte. Als vom Project Management Institute® zertifizierter Project Management Professional® (PMP®) ist er inzwischen branchenübergreifend als Projektleiter und Berater für den Aufbau von Projektorganisationen aktiv und damit auf Methodik im Projektmanagement spezialisiert.

Vorwort

Was bewegt jemanden, noch ein Buch über Projektmanagement zu schreiben? Sind es Ruhm und Reichtum? Eine Vision, die diese Disziplin revolutionieren wird? Nein, das ist es nicht. Zumindest nicht in diesem Fall. Vielmehr ist es die Suche nach dem Sinn der Anstrengungen, die ich während der letzten Jahre sowohl in der Theorie, als auch in der Praxis durchlebt habe. So war es im Eifer des Gefechts nicht immer möglich, beide Seiten in Einklang zu bringen. Viel zu oft haben Theorie und Praxis so gar nicht zueinander passen wollen und ich fragte mich, wozu ich die Theorie in all ihren Facetten von Führungs- und Kommunikationstechniken, über das Krisenmanagement bis hin zu den betriebswirtschaftlichen Themen überhaupt mit so viel Zeitinvestition erlernt habe.
Eigentlich weiß ich, dass das alles seinen Sinn hat, dass Theorie und Methodik kein Selbstzweck sind und sich in der Praxis oft in banalen Situationen geradezu verstecken. Die Frage nach dem Zusammenhang von Realität und reiner Lehre wird mir jedoch in der Rolle als Berater, aber auch in jener Rolle des Projektleiters immer wieder gestellt. Ich bin also kein Einzelfall, was dieses verwirrende Thema angeht. Der fehlende praktische Bezug macht das Verstehen der Projektmanagementtheorie nur noch schwerer.
Während ich mich also mit diesem Dilemma beschäftigte, kam der Bau unseres Eigenheims grade recht: Ein Bautagebuch sollte fortan nicht nur dazu dienen, unser Bauprojekt zu dokumentieren, andere Bauherren mit unseren Erfahrungen zu versorgen und damit vor meinen Fehlern zu schützen, vielmehr wollte ich dem Bauherrn und im gleichen Atemzug dem Einsteiger in die Projektmanagementtheorie aufzeigen, wie jene Theorie und ein strukturiertes Vorgehen bei solch einem Vorhaben in der Praxis nutzbar sind und wo beide Seiten miteinander verschmelzen. Die Idee für dieses Buch war geboren!

Ich danke meiner Frau Nadja sowie meinen Töchtern Marie und Annelie dafür, dass sie Papas »Planungswahn« inzwischen als nützlich erachten.

Ich danke der Firma FingerHaus für ein tolles Zuhause sowie allen Mitarbeitern für ihr Verständnis und ihre Geduld, mit einem recht detailverliebten und misstrauischen Kunden!

Ein großer Dank gilt auch meinem Vater und meinen Schwiegereltern, ohne die der Bau unseres Zuhauses kaum so gut von der Hand gegangen wäre, sowie allen Kollegen und Freunden, die mich in der Idee zu diesem Buch bestärkt haben!

Inhaltsverzeichnis

1. Ausgangslage

Nennt mich »Spießer« oder »langweilig« oder beides! Ich stehe dazu. Ich will´s. Jetzt! Ich will ein Haus, die eigenen vier Wände, ein Nest für die Familie. Ich will das, seit ich mich irgendwann, mitten in der Pubertät, in der Vorbereitung eines Fundaments für eben ein solches Eigenheim wiederfand. Bis zu diesem Zeitpunkt waren mir Beruf und Karriere herzlichst egal gewesen. Holzfäller würde ich werden, jawohl! Nach Kanada sollte es gehen, um die Welt zu sehen und Abenteuer in tiefen Wäldern zu erleben, um ein Eigenheim an einem Bergsee mit kristallklarem Wasser, mitten im Wald zu finden. Jedenfalls hatte ich keinerlei Antrieb, mein Leben als schlipstragende Arbeiterameise zu fristen. Leistungsgesellschaft? Zwang? Einer von vielen? Nichts für mich! Zugegeben, es war noch ein weiter Weg bis nach Kanada, aber da würde ich schon hinkommen. Irgendwie. Irgendwann. Und wenn es mit Kanada nicht klappen würde, dann würde ich eben Rockstar werden. Mit quietschender Gitarre würde ich auf den großen Bühnen dieser Welt stehen und vermutlich auf die Dauer die weltweit größte Kollektion geschenkter weiblicher Unterwäsche ansammeln. Hier fand sich im Übrigen auch der Grund, warum ich mich nun inmitten von Armierungen wiederfand, mit einem Beton mischenden Lkw direkt vor meiner Nase. Also ... der eigentliche Grund lag nun nicht in der Unterwäschesammlung, sondern eher in der Vorbereitung meiner Rockstar-Karriere: Ich hatte einen Ferienjob im Garten-Landschaftsbau angenommen, um meine nächste Gitarre zu finanzieren. Zwischen »ihr« und mir lagen lediglich noch zweieinhalb Wochen Arbeit in der Gärtnerei in Form von Primel-Pflege. Das dachte ich zumindest, denn zunächst war ich damit beauftragt, meinen Chef Jochen beim Gießen des Fundaments für sein Eigenheim zu unterstützen. Das hatte wenig mit der Primelsaison und noch weniger mit weiblicher Unterwäsche zu tun, war aber endlich mal »Männerarbeit«, quasi kanadisch holzfällerisch also.

Mit Gummistiefeln und Schippe bewaffnet stand ich im strömenden Regen. Vor mir besagter Betonmisch-Lkw. Neben mir Jochen. Mein Auftrag: Beton verteilen. Ganz einfach. Für einen künftigen Kanadier (oder Rockstar) kein

Problem. Die Schleusen des brüllenden Lkw öffneten sich, Beton floss mir entgegen. Etwas überrascht von Gewicht und Kraft der zähflüssigen Masse versuchte ich flink mein Bestes, um das Zeug irgendwie zu verteilen. Leider nur mit dem Erfolg eines Hobbybauarbeiters, denn davon abgesehen, dass meine Handflächen schon nach kürzester Zeit drohten, am Griff der Schaufel zu zergehen wie ein Formel-1-Reifen auf der letzten Kurve des Rennens, kam hier mehr Material an als ich überhaupt »weg-paddeln« konnte. Wild paddelnd, wie ein kanadischer Indianer in seinem Kajak auf der Flucht vor einem Seeungeheuer, verzweifelte ich zusehends. Aber hey, Motivation ist alles. Das wusste auch Jochen. Das äußerte sich bei diesem künftigen Eigenheimbewohner neben mir allerdings in Anfeuerungen, wie: »Zieeeeeeehhhhhh!!!! Zieh, Du Arrrrsch!!!! Beeil Diiiiich, dat wird haaaaart sonst!!!« Ich paddelte, der Regen wurde stärker. Ich paddelte schneller, jedoch ließ der Effekt weiter auf sich warten. Regenwasser machte sich auf den Weg von meinen Haaren, über den Nacken, hinein in die Regenjacke, entlang der Wirbelsäule, bis zum Allerwertesten, um dort eine Einheit mit Schweiß und Unterhose zu bilden, die sich vermutlich nie wieder von meinem Gesäß entfernen lassen würde. Ob weiblicher Unterwäsche Ähnliches widerfährt, bevor sie auf der Bühne landete? Keine guten Aussichten! Ich hatte mich schon olympischer gefühlt in meinem kurzen Dasein im Universum, so viel stand fest.

Noch etwas überrascht vom Umgangston auf der Baustelle und vom erforderlichen Kraftaufwand zur Flucht vor dem Seeungeheuer, schlich sich bei mir auf wundersame Art und Weise die Erkenntnis ein, vielleicht doch noch einmal die Option »Abitur und Schlips« in Augenschein zu nehmen. Schließlich könne man das erforderliche Kapital für Gitarren ja auch weniger abenteuerlich, dafür aber deutlich leichter beschaffen, um dann eben später, wie ein trojanisches Pferd inmitten der Leistungsgesellschaft, plötzlich das wahre Gesicht zu zeigen und den verwegenen Rockstar zum Vorschein treten zu lassen. »Zieeeeeeehhhhhh Du Arrrrsch!!!!«, klingelte es da wieder in meinen Ohren und ich verwarf den süßen Gedanken der Revolution zunächst, um mich auf meinen Job und die nasse Unterwäsche zu konzentrieren. An dieser Stelle brachte es dem Indianer nun mal nichts, an eine Strahlenkanone zu denken, mit der er das Seeungeheuer hätte umlegen können, das ihn da jagte. Hier half einfach nur Paddeln, um den eigenen Hintern zu retten.

Paddeln hin, Indianer her: Ich kann mit Stolz behaupten, dass in diesem Fundament bis heute einer meiner Gummistiefel steckt. Das ist mein Vermächtnis für Jochen, der mich gemeinsam mit dem Lkw-Fahrer irgendwann an einem Arm aus der anziehenden Betonmasse gezogen hatte.

Möge der ewige Gestank meines Stiefels irgendwann durch den Beton dringen!

Der Lohn für den Sonderauftrag »Beton statt Primel«: Ein Schokoriegel und eine Dose Cola. Ja, Jochen war bekannt für seinen kooperativen Führungsstil, seine Wertschätzung und seine Großzügigkeit. Er wurde von allen Mitarbeitern geliebt, wie das Staatsoberhaupt Nordkoreas von seinem Volk. Tiefempfundene, ehrliche Liebe eben.

Ich möchte an dieser Stelle noch einmal explizit meinen Dank für die nachhaltige Formung meines Charakters an »Jochen« schicken: Lieber Jochen, danke. DU ARSCHLOCH! So, das musste mal raus. Tschuldigung.

In den kommenden Tagen manifestierte sich jedoch der Gedanke, weiter in Richtung Abitur zu laufen und irgendwann richtig Geld mit überschaubarem körperlichen Einsatz zu erwirtschaften. Im übertragenen Sinne sollte in Bezug auf Seeungeheuer und kanadische Indianer also künftig Waffengewalt mit Strahlenkanonen statt schnöder Flucht möglich sein. Zwar machte mir körperliche Arbeit an der frischen Luft schon Spaß, jedoch erkannte ich, dass es mit dem Eigenheim in Kanada nicht viel werden würde, sollte ich meine Karriere in einem Angestelltenverhältnis im Garten- und Landschaftsbau fortführen. Fluchtartig paddeln mag also mal ganz lustig sein, das dauerhaft zu tun haut den Indianer aber irgendwann um und er wird gefressen. Game over, simpler Zusammenhang.

2. Von Prozessen und Experimenten

Under construction

Gute 16 Jahre später finde ich mich also nun an einem Schreibtisch wieder. Ich trage Schlips, bin ausgebildeter Informatiker, habe mich weitergebildet und auf das Thema Projektmanagement spezialisiert. Ich bin verheiratet, die erste Tochter ist »under construction«, wie ich es nenne. Zumindest werde ich in Kürze nicht mehr den größten Bauch im Haushalt vor mir her tragen. Wenn auch nur vorübergehend. Im Innern noch immer irgendwie indianisch-kanadischer Rockstar a. D., habe ich an meinem Traum vom Haus festgehalten und teile ihn inzwischen mit meiner Frau Nadja. Kanada ist allerdings nicht mehr ganz vorn im Rennen, sondern Cappenberg, einem Dorf irgendwo an der Grenze zwischen Ruhrgebiet und Münsterland, dem Geburtsort Nadjas, gewichen. Raus aus der Großstadt, ab aufs Land! Hier ist die Welt in Ordnung, hier gehen Kinder noch in die Baumschule, wachsen im Einklang von Körper und Geist, eingehüllt vom Duft des Landes auf. Gummistiefel sind hier nicht nur funktional, sie sind ein Statussymbol! Jedenfalls sieht man das so, wenn man frisch aus der Stadt kommt. Cappenberg!

Auch als angehende Familie sind wir nun in einem Lebensabschnitt angekommen, in dem man sich durchaus mit dem Nestbau befassen kann: verheiratet, geregeltes Einkommen, Kind »under construction«. Das gegenwärtige Zinsniveau für Neubaukredite, das durch die wirtschaftliche Krise, die politische Krise, die soziale Krise und auch durch die Mutter aller Krisen in historisch kleine Dimensionen gepresst wurde, scheint dem Ganzen zusätzlichen Rückenwind zu geben, so dass wir gemeinsam die Entscheidung getroffen haben: Wir werden prüfen, ob der Traum vom Haus für uns machbar ist und im Falle der positiven Prüfung schnellstmöglich mit der Umsetzung beginnen. Sogar ein Grundstück hätten wir schon in Aussicht: Würden wir bauen wollen, so könnten wir ein Grundstück in einem Neubaugebiet bekommen, das Nadjas Familie gehört. Zu günstigen

Konditionen, versteht sich. Hinsichtlich der Krisen frage ich mich zwar mittlerweile, ob diese nicht einzig und allein erfunden sind und den Sinn haben, die Wirtschaft weiter anzukurbeln, aber das führt hier wohl zu weit. Man stelle sich nur mal vor, man erzählte den Indianern von immer weiteren Seeungeheuern und empfehle ihnen im gleichen Atemzug, lieber ein wenig schneller zu paddeln, bevor das nächste Ungeheuer in Erscheinung trete ... Ich bin überzeugt, auf diese Weise gäbe es ratzfatz die erste Goldmedaille für einen kanadischen Indianer im Kanadier! Danach würde der kanadische Indianer vermutlich tot umfallen und nix mehr gewinnen, was man dann »Burnout« nennen würde, aber der kurzweilige Erfolg wäre garantiert! Lassen wir das. Zurück zum Thema ...

Wir haben ein Projekt!

Spontan würde man sicherlich sagen: Hausbau = Projekt. In der Welt des Projektmanagements gibt es jedoch verschiedene Definitionen für ein Projekt. Einige wesentliche Vertreter finden sich hier:

»Ein Vorhaben, das im Wesentlichen durch die Einmaligkeit der Bedingungen in ihrer Gesamtheit gekennzeichnet ist, wie z. B. Zielvorgabe, zeitliche, finanzielle, personelle und andere Begrenzungen; Abgrenzung gegenüber anderen Vorhaben; projektspezifische Organisation.«

(Projektdefinition gemäß DIN 69901 des Deutschen Instituts für Normung e. V.)

»Ein zeit- und kostenbeschränktes Vorhaben zur Realisierung einer Menge definierter Ergebnisse entsprechend vereinbarter Qualitätsstandards und Anforderungen (Erfüllung der Projektziele) ...«

(Projektdefinition gemäß International Project Management Association (IPMA))

»Ein Projekt ist ein zeitlich begrenztes Unternehmen, das unternommen wird, um ein einmaliges Produkt, eine Dienstleistung oder ein Ergebnis zu erzeugen.«

(Projektdefinition gemäß Project Management Institute® (PMI®))

Gemeinsam ist allen Definitionen, dass es sich bei einem Projekt um ein einmaliges Vorhaben handelt, das mit Hilfe beschränkter Zeit- und Finanzressourcen zu realisieren ist. Das scheint erst einmal ein guter Startpunkt zu sein.

Denken wir also nach: Gemeinsam mit meiner Familie ist da zunächst ein Vorhaben. Ich weiß sogar schon, an welchem Ort ich es durchführen möchte. Nicht zuletzt im Hinblick auf das Geld, das ich voraussichtlich in meinem Leben erwirtschaften werde, sondern auch hinsichtlich der Rahmenbedingungen wird dieses Vorhaben wohl einmalig für uns sein. Selbst für den unwahrscheinlichen Fall, dass wir ein zweites, baugleiches Haus errichten wollten, hätten wir dann wohl andere Rahmenbedingungen. Das verfügbare Budget ist noch nicht bestimmt. Aber: Es ist begrenzt, so viel lässt sich sagen. Jedenfalls ist mir noch kein Scheich begegnet, der meinen Genius erkannt und mich mit unermesslichen Finanzmitteln ausgestattet hätte. Auch den Faktor Zeit werden wir sicherlich noch einschränken, denn wir wollen ja auch irgendwann einmal in unser Heim einziehen. Kurz: Wir haben ein Projekt. Ja Schatz, ich weiß: Ich habe auch aus unserer Hochzeit ein Projekt gemacht. Und? War sie nicht einmalig? Hatten wir unendlich viel Geld? Und wolltest Du nicht unbedingt auch einen Termin? Naaa ...?!

Ich betone also abermals: Wir haben ein Projekt. Aufgrund der Wichtigkeit dieses Projektes für unsere weitere Lebensplanung, möchte ich hier möglichst effizient und sauber vorgehen. Alles Wichtige soll dokumentiert werden. Etwaige Schäden oder rechtliche Auseinandersetzungen sollen sich möglichst gut nachvollziehen lassen, sofern wir uns denn tatsächlich zur Durchführung entscheiden. Was liegt also näher, als nach bewährten Standards vorzugehen, wie ich sie im Beruf erlernt habe und täglich anwende? Einerseits würde mir ein solches Vorgehen die Kontrolle über mein Projekt erleichtern, andererseits hätte das Ganze noch zusätzlichen Charme:

Ich könnte endlich einmal prüfen, ob diese theoretischen Gebilde zum Projektmanagement auch dann etwas taugen, wenn man damit Projektbeteiligte steuert, deren Hauptaufgabe es eben nicht ist, sich mit Projektmanagement Methoden auseinanderzusetzen. Ich könnte in meinem eigenen »Labor« ein Experiment durchführen, das es mir erlaubt Sinn und Unsinn des Projektmanagements für mich ganz persönlich zu ergründen. Das wäre ja, als würde man während der Matheklausur gleich wissen, ob man diesen Unsinn überhaupt noch einmal braucht im Leben. Sicher, im Beruf sehe ich täglich, dass Prozesse funktionieren. Hier haben wir es im übertragenen Sinne jedoch auch mit einer ganz eigenen kleinen ökologischen Nische zu tun. Kommunikation und Rahmenbedingungen sind hier generell sehr standardisiert. Mich treibt aber eben diese Frage um: Sind Projektmanagement Techniken beliebig auf andere Bereiche übertragbar und auch dort sinnvoll? In gewisser Weise ist dies natürlich auch die Suche nach der eigenen Profession: Sind all die Dinge im Beruf Selbstzweck wie eine Matheklausur, oder kann ich damit auch etwas in meinem privaten Dasein anfangen? Die einschlägige Literatur gibt hier wie im Chor stets die gleiche Antwort: Im Grunde könne man Projektmanagement-Methoden immer auch im Privatbereich anwenden. Viele Projektleiter gestalteten ihre privaten Vorhaben wie Projekte. Gut, das glaube ich jetzt erst einmal. Trotzdem möchte ich den Beweis antreten und damit zeigen, wo sich beispielsweise »Stakeholder« im wahren Leben wiederfinden, wie ein Projektauftrag entstehen kann oder wie Risikomanagement aussieht, wenn es um die eigene Existenz geht. Sind diese Dinge dann noch immer »Pflichtübungen« aus einer Sammlung von Projektmanagement Methoden und Prozessen?

Nun habe ich also nicht nur ein Projekt, sondern auch noch ein Experiment, das ich selbst gestalten und durchführen kann. Diesen Gedanken finde ich nun doch ein wenig sexy! Ich stelle den kanadischen Indianer mitsamt seinem Paddelequipment auf eine münsterländische Jauchegrube! Mal sehen was passiert!

Religion und Glaubenskriege

Aus methodischer Sicht existieren verschiedene Projektmanagement Ansätze und damit in aller Regel auch entsprechende Prozessmodelle, die versuchen, mit Hilfe von Standardisierung Projekte möglichst strukturiert und effizient durchführbar zu gestalten. Als wichtige Protagonisten des sogenannten »klassischen Ansatzes« sind hier sicherlich das britische Office of Goverment Commerce (OGC) mit der Methode »Prince2«, die International Project Management Association (IPMA) und ihrem deutschen Ableger Gesellschaft für Projektmanagement (GPM) sowie das ebenfalls international aufgestellte Project Management Institute® (PMI®) zu nennen. Bleibt noch das Lager der sogenannten »agilen Methoden«, die sich vor allem in der Softwareentwicklung finden und die versuchen, den starren Verwaltungsaufwand während der Projektdurchführung zugunsten höherer Flexibilität zu minimieren. Hier finden sich Methoden wie Scrum, Kanban, Crystal und viele mehr, die ich hier aber nicht eingehender betrachten möchte. In ihren Schwerpunkten unterscheiden sich die Modelle teils deutlich. Ohne in eine Analyse und Bewertung zu verfallen, legt man im »klassischen« Lager hier mehr Wert auf Prozesse und Formularwesen, dort fallen soziale Kompetenzen des Projektleiters mehr ins Gewicht. Welches der Modelle nun ideal zu sein vermag, liegt im Auge des Betrachters. Störend ist lediglich die teils an religiöse Auseinandersetzungen erinnernde Debatte, welches Modell denn nun das einzig wahre sein mag.

Ganz ähnlich gestaltet es sich zwischen »agilem« und »klassischem« Ansatz: Polemiker sagen hin und wieder, dass sich agile Projektmanagement Methoden dadurch auszeichnen, dass man sich hier gegenseitig Notizzettel zuwerfe und damit versuche, die strukturierte Planung zu ersetzen. Die Realität ist natürlich deutlich anders: In der agilen Welt versucht man in der der Tat mit möglichst wenig Verwaltungsaufwand, möglichst strukturiert aber dennoch flexibel zu arbeiten. Planungsaktivitäten werden hier zwar deutlich reduziert, aber nicht abgeschafft. Dies ist aber alles andere als verantwortungslos und unkoordiniert. Vielmehr finden sich auch hier strukturierte Prozesse, die aber wesentlich schlanker sind, als jene der klassischen Projektorganisation. Die Priorität liegt hier im fertigen Produkt, weniger in der Dokumentation dessen. Das Missverständnis findet sich allerdings im Wörtchen »weniger«, das oftmals als ein »gar nicht« interpretiert wird und agile Methoden zu Unrecht als unstrukturiert erscheinen lässt. Daher empfindet man im klassischen Lager agile Methoden als unstrukturiert und im agilen Lager bezeichnet man klassische Methoden oft als Horror in Form eines Verwaltungsakts. Meines Erachtens schließen sich beide Lager keinesfalls gegenseitig aus, sondern ergänzen sich sogar. Es spricht, von den polemischen Stimmen mal abgesehen, nichts gegen eine harmonische Koexistenz. Die Debatte um »entweder klassisch oder agil« ist hinfällig, wenn man sich einmal die Option vor Augen führt, ein Großprojekt klassisch zu managen und in Teilaufgaben und Teilteams agil vorzugehen. Insbesondere trifft dies dann zu, wenn man zu Beginn der Planung noch gar nicht genau weiß, wie das Endergebnis aussehen soll. Ich bin der festen Überzeugung, dass agile Methoden unbewusst viel häufiger innerhalb von klassischen Projekten genutzt werden, als so mancher Kritiker dies wahrhaben möchte. Maßgeblich ist doch fernab jedes Glaubenskrieges lediglich das probate Mittel zur richtigen Zeit: Der »klassische« Ansatz mag aufwändig in seiner Planung sein, verhindert jedoch durch eben diesen Aufwand am Anfang des Projekts kostspieligen Korrekturbedarf zu späteren Zeitpunkten. Agil vorzugehen lohnt sich immer dann, wenn der Aufwand zur klassischen Planung in keinerlei ökonomisch sinnvollem Verhältnis zum zu erledigenden Arbeitspaket steht, oder wenn das eigentliche Ziel zu Beginn eines Projekts noch nicht definiert werden kann. Forschungs- oder Entwicklungsprojekte sind hier gute Beispiele. Was spricht also dagegen, den großen Rahmen klassisch, die Teilaufgabe innerhalb eines definierten Rahmens von Zeit und Budget agil auszulegen und deren Ergebnisse in Form von Informationen an die übergreifende klassische Organisation zu übermitteln? Der Schlüssel liegt darin, ein Effizienz-Werkzeug (agile Methode) von einem langfristig effektiven Werkzeug (klassischer Ansatz) zu unterscheiden und das richtige Werkzeug zur richtigen Zeit zu nutzen. Diese Debatte ist sicherlich wesentlich vielschichtiger und füllt bereits Bibliotheken. An dieser Stelle soll es jedoch bei der Nachricht bleiben, dass es zwischen Schwarz und Weiß auch noch Graustufen gibt.

Versuchsaufbau

Im Falle unseres Hausbaus möchte ich gern das klassische Prozessmodell des PMI® in der fünften Edition als das weltweit vermutlich am weitesten verbreitete Modell nutzen. Es handelt sich hierbei um 47 Prozesse, aufgeteilt auf fünf Prozessgruppen. Jedes Projekt enthält somit Prozesse der übergeordneten Gruppen Initiierung, Planung, Ausführung, Überwachung und Steuerung sowie eine Abschlussgruppe. Die Prozesse jener Gruppen können zeitlich betrachtet jedoch an unterschiedlichen Stellen eines jeden Projekts auftauchen, so dass hinter der grafischen Darstellung des Modells nicht unbedingt eine chronologische Abfolge steckt. So laufen beispielsweise viele Prozesse der Gruppen »Ausführung« und »Überwachung und Steuerung« naturgemäß parallel. Zusätzlich teilen sich die 47 Prozessschritte auf zehn Wissensgebiete auf, so dass eine Art Matrix entsteht: Integrationsmanagement, Inhalts- und Umfangsmanagement, Terminmanagement, Kostenmanagement, Qualitätsmanagement, Personalmanagement, Kommunikationsmanagement, Risikomanagement, Beschaffungsmanagement und Stakeholdermanagement. Die Aufteilung in Wissensgebiete ist so einfach wie logisch: Die Übersicht wird erleichtert und einzelne Wissensgebiete könnten durch den Projektleiter an Spezialisten delegiert werden, wenngleich er stets die volle Verantwortung auch für diese Prozesse trägt. Wie bereits erwähnt, muss es sich bei den 47 Projektmanagementprozessen keinesfalls um eine chronologische Abfolge von Aufgaben handeln. Vielmehr weist das PMI® mehrfach darauf hin, dass viele Prozesse innerhalb eines Projekts iterativ, also wiederkehrend sind. Manche Prozesse laufen parallel, sind sehr aufwendig oder aber sehr schnell erledigt. Dies hängt einerseits vom jeweiligen Projekt aber auch von der direkten Umgebung und deren Einflussgrößen auf das Projekt ab. Andere Prozesse sind für ein spezifisches Projekt vielleicht weniger relevant und werden nur rudimentär betrachtet oder quasi unbewusst »miterledigt«. Es ist demnach eine ganz wesentliche Kompetenz des Projektleiters, den aktuell erforderlichen Prozess zu identifizieren und durchzuführen. Nehmen wir beispielsweise den Prozess »Risiken identifizieren« aus der Prozessgruppe »Planung«: Es spricht für sich, dass während eines Projektverlaufs bei aller Planung auch unvorhergesehene Ereignisse stattfinden können oder sich Rahmenbedingungen ändern. Man stelle sich nur mal vor, Cappenberg würde mitten in der Bauphase meines Hauses aufgrund einer Naturkatastrophe plötzlich an der Küste liegen: Münster wird in Atlantis umbenannt. Es wird aufgrund der geänderten Rahmenbedingungen nun unbedingt erforderlich sein, eine neue Risikoidentifizierung und -bewertung vorzunehmen. Um also das Risiko »Überflutung« einzukalkulieren und entsprechend darauf zu reagieren, könnte es erforderlich sein, meine Garage schon in der Planung mit einem Steg und einem Rettungsboot auszustatten. »Oh Schreck! Risikoidentifizierung? Diesen Prozessschritt hatte ich doch schon erledigt!«, könnte man nun denken. Genau hier liegt der Grund, warum es den Projektleiter und dessen Kompetenzen braucht. Die Steuerung eines Projekts ist sehr flexibel und muss es auch sein, um entsprechend agieren, beziehungsweise reagieren zu können. Jedes Modell kann hier nur eine Hilfestellung geben und möglichst allgemeingültige Handlungsempfehlungen verkörpern. Mein Experiment soll nun also zeigen, wie diese Informationen in der Praxis anwendbar sind und ob sie überhaupt hilfreich sind.

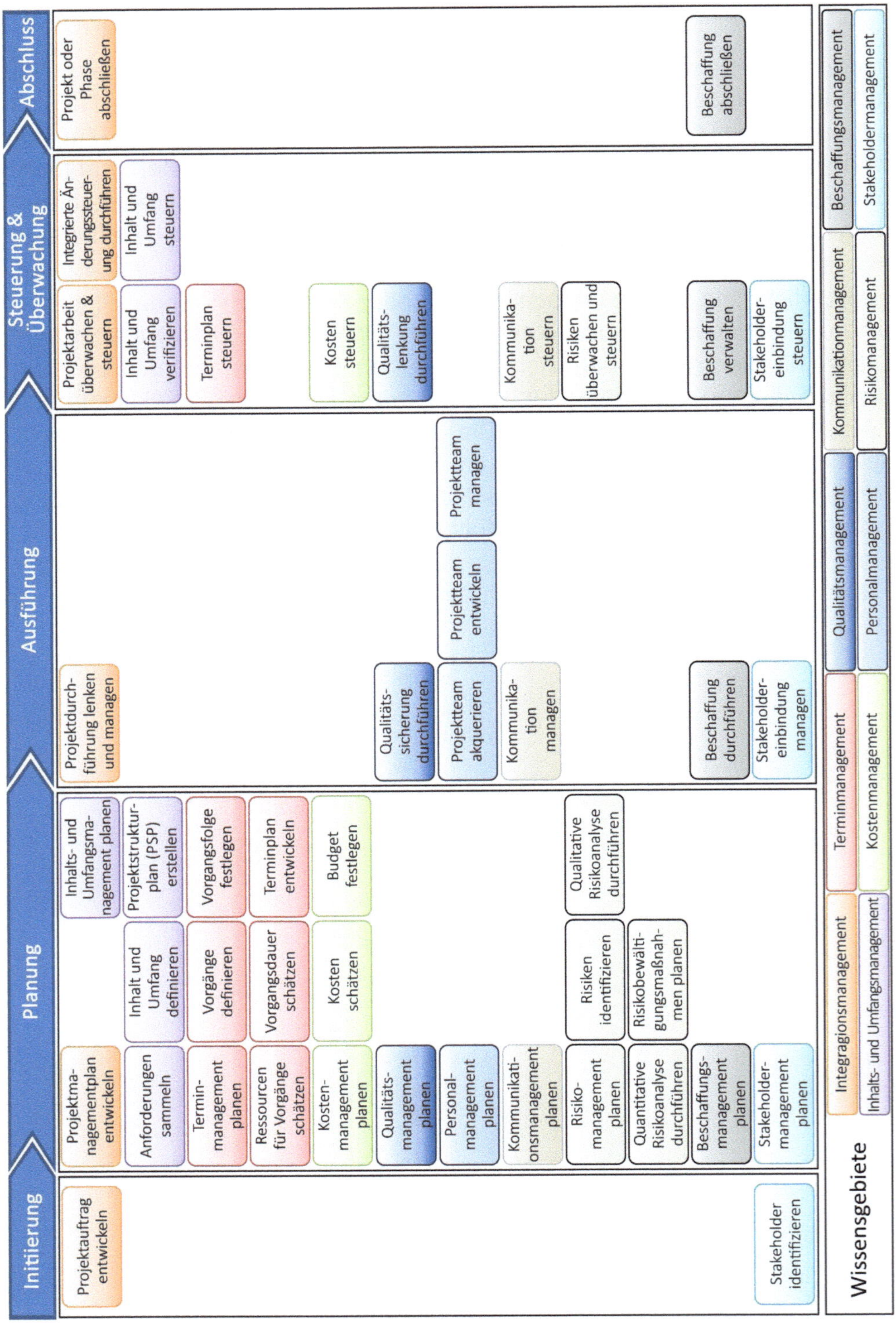

Abb. 1 Prozessübersicht des PMI® Projektmanagement-Prozessmodells

Weitere Hilfestellungen bietet das PMI®-Projektmanagement-Prozessmodell in der ausführlichen Beschreibung der Prozesse, die sich im sogenannten PMBOK®-Guide, dem Buch zum Modell, findet. So ist jeder Prozess des Modells mit sogenannten »Eingangswerten«, »Werkzeugen und Methoden« sowie »Ausgangswerten« versehen, so dass schnell ersichtlich wird, welche Voraussetzungen für die Durchführung des Prozesses gegeben sein müssen, wie vorzugehen ist und welche Ergebnisse erzielt werden sollen. Diese Informationen sind grafisch aufbereitet verfügbar, aber auch in Form von Texten erläutert, die dann auch die spezifischen Methoden und Werkzeuge zur Prozessdurchführung beschreiben. Das Project Management Institute® ist vor allem auch ein Netzwerk von Projektleitern und Menschen, die der Projektarbeit nahestehen. Aus diesem Grunde wird der PMBOK®-Guide stetig weiterentwickelt.

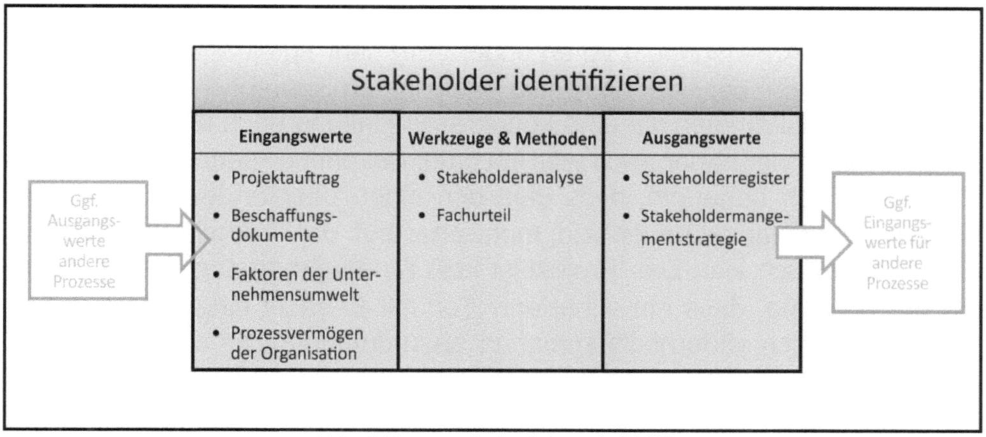

Abb. 2 Prozessbeispiel nach PMI®

Wie bereits erwähnt, braucht es neben dem Modell also auch noch den Projektleiter, der die beschriebenen Hilfen adäquat einzusetzen weiß. Die Erfahrung zeigt, dass dies nicht ohne eben diese Erfahrung funktioniert. Damit meine ich, dass ein Projektleiter wesentliche Fähigkeiten benötigt, die von der reinen Kenntnis eines Prozessmodells abweichen. Konkret handelt es sich hier um die oft zitierten »Soft-Facts«, wie Sozialkompetenz, Kommunikationsgeschick, Empathie oder auch Lebenserfahrung. Ein

Projektleiter muss sowohl in der Lage sein, harte Fakten zu analysieren, aber auch das gewisse Bauchgefühl in sein Projekt hineinzulegen, um es zum Erfolg zu führen. Hier bin ich Versuchskaninchen in meinem eigenen Labor: Dass ich IT-Projekte meines Arbeitgebers erfolgreich führen kann, das weiß ich bereits. Aber wie verhält es sich mit Projekten, die mir thematisch fremd sind, für die ich also kaum fachliche Kenntnis mitbringe? Wie komme ich zurecht mit Mitarbeitern, die mir fremd sind? Ich bin kein Bauarbeiter und kein Handwerker. Ich spreche vermutlich nicht die Sprache der Baustelle und lege andere Werte und Normen zugrunde, als es in dieser Branche üblich ist. Ich habe keinerlei Ahnung von Architektur oder den gesetzlichen Bestimmungen beim Hausbau, muss mich jedoch in allen Gebieten zurechtfinden, um auch entscheidungsfähig zu sein. Mein Projekterfolg wird daher maßgeblich davon abhängen, inwieweit ich in der Lage bin, die Sprache der Projektbeteiligten zu sprechen und von Rolle zu Rolle zu »springen«. Ich werde nur dann die für meine Projektsteuerung wesentlichen Informationen erhalten, wenn ich es schaffe, Zugang zu den beteiligten Personen zu erlangen, Vertrauen zu gewinnen und ein angenehmes Arbeitsumfeld zu erzeugen. Ein sehr autokratischer Stil nach dem Motto »Ich bezahle hier, also habt ihr zu spuren!« wird sicherlich weniger gut ankommen als eine kooperative Haltung nach dem Motto »Ich bezahle zwar, weiß aber auch was ich dafür bekomme, denn ich sehe, was ihr leistet!« Ich behaupte, dass dies den einen oder anderen Mitarbeiter wesentlich wohlgesonnener und motivierter auf das Vorhaben einstimmt. Es sei aber auch klar: Das Projekt ist kein Kindergeburtstag. Dennoch bin ich der Meinung, dass ein schärferer Ton mit Bedacht eingesetzt werden sollte, da er sich andernfalls selbst ad absurdum führt. Er nutzt sich eben ab. Unverhältnismäßige Härte und Druck seitens der Projektleitung schaffen zwar kurzfristig Erfolge, ersticken aber jede mittel- und langfristige Eigenmotivation und Kreativität der Beteiligten und münden im »Dienst nach Vorschrift« oder eben im Burnout des paddelnden kanadischen Indianers, der dann nix mehr gewinnt. Mein Projekt würde so also unflexibel und bürokratisch werden. Als Planer muss ich somit auch Dienstleister für Mitarbeiter sein, indem ich ein positives Arbeitsumfeld erzeuge und die Gratwanderung zwischen Führen und Fordern meistere. Hinzu kommt die Tatsache, dass es sich beim Projektbudget um unser Privatkapital handeln wird. Ich werde zugunsten der Kostenersparnis also sicherlich auch an der Ausführung beteiligt sein. Das Projekt muss neben Alltag und Beruf durchgeführt werden, denn ich muss schließlich während der Bauphase weiterhin Geld verdienen. Diese Kombination der Rahmenbedingungen wird eindeutig erhöhte Anforderungen an Psyche und Disziplin erfordern, was schon in der Planung zu berücksichtigen ist. Damit will ich nicht etwa einen Messwert festlegen, für den ich mich im Falle eines Erfolges selbst loben kann, sondern ich bin wirklich gespannt, ob ich diesen Anforderungen gewachsen sein werde. Ich füge dem Modell also das »virtuelle« Prozesskästchen »Persönlichkeit beweisen« hinzu, das auch dann zum Einsatz kommen soll, wenn ich diebischen Spaß an meinem Projekt entwickle. Ja, Projekte können und sollen auch Spaß machen, denn dann sind sie am erfolgreichsten. Auch hier zeigt die Erfahrung im Beruf: Wer den Humor nicht verliert, ist dauerhaft in der Lage sich selbst zu motivieren. Wir werden sehen, ob das in Anbetracht der privaten Verstrickung in das Vorhaben funktionieren wird.

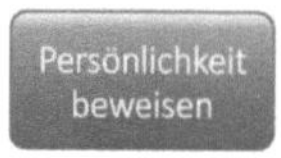

Es handelt sich bei diesem Experiment augenscheinlich also weniger um eine wissenschaftliche Studie, als mehr um eine Art Selbsterfahrung und den Versuch, die von mir so oft verhasste blanke Theorie einmal in der Praxis zu visualisieren. Wer kennt das nicht: Da hat man über Jahre hinweg eifrig Theorien gepaukt und erst nach Jahren in der Praxis ansatzweise verstanden, wie sich das Gelernte in der Realität niederschlägt. Oft sind hier die Vorstellung und die Praxis weit voneinander entfernt.

Dokumentieren möchte ich den Verlauf mittels eines Bautagebuchs. Ich denke, dass sich so jedes Ereignis chronologisch am besten nachvollziehen lässt und das Ganze trotzdem unterhaltsam bleibt. Vielleicht hat auf diese Weise nicht nur der Projektmanagement-Interessierte, sondern auch die eine oder andere Bau-Familie etwas von diesem Experiment. Schritt für Schritt strukturiert ins Eigenheim für die Bau-Familie, Schritt für Schritt durchs Projekt für den Projektmanagement-Interessierten. Nicht zuletzt dient diese Maßnahme auch dem Stakeholdermanagement, indem ich meine Tagebucheinträge per Blog im Internet für ausgewählte Personen abrufbar machen werde. Auf diese Weise kann ich den Beteiligten stets die aktuellen Informationen zur Verfügung stellen. Um die Verwendung einzelner Prozesse darzulegen, werde ich die jeweiligen Prozesskästchen

– wie oben – am Tagebucheintrag selbst platzieren und sie jeweils bei ihrer ersten Verwendung kurz erklären. Dabei kratze ich bewusst nur an der Oberfläche der Projektmanagement-Methodik, denn auch dieses Thema füllt ganze Bibliotheken. Konkret möchte ich einen Einblick ins Thema ermöglichen, damit man anschließend eine Vorstellung davon hat, wie sich die Methodik in die Praxis eingliedert oder aber eben nicht. Damit sollte das Labor erst einmal gut ausgestattet sein, los geht´s!

3. Initiierung

Freitag, 27. März

Hallo Bautagebuch! Es ist so weit: Der erste Eintrag. Wie aufregend! Im besten Falle ist dies der erste Eintrag in einer Reihe unzähliger Einträge von Erfolgen und Katastrophen, an deren Ende ein Eigenheim steht. Oder auch nicht: Im schlechtesten Falle erkennen wir, dass das Vorhaben finanziell nicht durchführbar ist und mein Tagebuch endet nach der Planungsphase. Aber hey, auch damit hätten wir ein erfolgreiches Projekt: »Wenn Du bemerkst, dass das Pferd auf dem Du reitest tot ist, steige ab!« Was ich damit sagen will ist wohl klar: Bevor wir uns in den Ruin stürzen, werden wir das Vorhaben beenden. Auch eine solche Erkenntnis während der Planungsphase zu erlangen, ist ein Erfolg. Man stelle sich nur mal vor, man würde einen Flughafen in ein Sumpfgebiet stellen, kurz vor der Eröffnung zu der Erkenntnis gelangen, dass man den Brandschutz vergessen hat und das Flughafengebäude viel zu klein ist. Alles nur, weil man den Flughafen in ein begrenztes Budget pressen wollte. Man stelle sich weiterhin vor, man müsste dann mehr als das doppelte Budget aufzubringen, um den Flughafen doch noch irgendwie eröffnen zu können. Nicht auszudenken! Daher: Eine realistische Planung am Anfang erspart viel Ärger in der Zukunft!

Was darf's denn sein?

Samstag, 28. März

Projektauftrag entwickeln | Risiken identifizieren

Nun gut, wir wollen also ein Haus. Das ist aber auch schon alles, was ich bisher weiß. Ich habe keinerlei Ahnung, was ein solches Haus kosten darf, welche Nebenkosten für Grundstück und Versorgungsleitungen hinzukommen oder auch nur, welche Größe man für welches Geld bekommt. Auch die Frage Stein-auf-Stein, Holzhaus, Lehmhütte oder Erdloch ist nahezu offen. Der Kauf eines Bestandsobjekts wäre ebenfalls noch eine

Option, die zu prüfen wäre. Alles in allem stehe ich vor einem riesigen Berg von Fragen.

Nun gilt es Kreativität zu entfalten. Es ist ja nun nicht so, dass ich nicht irgendwelche Präferenzen hätte. Genau diese sind es, die mir nun wohl den Einstieg erleichtern können. Beispielsweise habe ich schon immer mit einem Holzhaus geliebäugelt. Als alter Naturbursche natürlich genau das Richtige für mich und meine Familie. Das Raumklima soll in diesen Palästen des ökologisch reinen Gewissens um Längen besser sein, als es in gemauerten Häusern der Fall ist. Und hey, wahrscheinlich ist der Spaß auch noch preisgünstiger als schweres Mauerwerk. Als alter Sicherheitsfanatiker frage ich mich allerdings, wie feuergefährlich ein solches Haus wohl sein mag. Was ist mit Wind? Schließlich sieht man jährlich, wie in den USA bei irgendwelchen Stürmen Häuser durch die Gegend fliegen wie Pappkartons. Solche Stürme gibt´s hier nicht? Ich sag nur Klimawandel! Wenn ich mir die Wetterkapriolen der letzten Jahre so ansehe, muss ich dann doch schon irgendetwas bauen, worin man mindestens 40 Jahre lang bedenkenlos wohnen kann. Vielleicht also doch mauern? Ich muss einen Weg finden, mein Halbwissen durch Fakten zu ersetzen. Ich kann ja schließlich nicht der einzige Bauherr sein, der sich solche Fragen stellt. Also muss es auch Antworten geben. Hey, »Bauherr«! Kein schlechter Titel ...

Ich werde mich also in den kommenden Tagen einmal auf die Suche begeben. Haushersteller werde ich hier wohl nicht fragen. Damit macht man ja den sprichwörtlichen Bock zum Gärtner. Aber irgendwo im Internet wird´s schon irgendwelche Tests oder Aussagen von Sachverständigen geben.

Projektauftrag entwickeln

Im professionellen Umfeld geht es im Prozessschritt »Projektauftrag entwickeln« darum, die Ziele des Vorhabens dem Projekt Ressourcen und einen Projektleiter zuzuweisen. Oftmals wird hier darüber hinaus bereits ein grober zeitlicher Verlauf des Projekts vorgeschlagen, erste Qualitätsmesspunkte werden gefunden und auch eine ungefähre Kostenkalkulation vorgenommen. Kurz: Es wird eine grobe Festlegung getroffen, was überhaupt Ziel und Rahmenbedingungen des Projekts sind. Das Projekt wird als solches ins Leben gerufen. Je nach

Umfeld kann schon dies ein langwieriger Prozess sein, er stellt jedoch die Grundlage einer detaillierten Planung dar. Nur wenn von vornherein feststeht, was überhaupt erreicht werden soll, kann das Risiko von Enttäuschungen über das Projektergebnis minimiert werden. Auch grundlegende Änderungen inmitten des Projektverlaufs können somit vermieden bzw. gegenüber dem ursprünglichen Auftrag klar abgegrenzt werden. Der Projektauftrag stellt damit von vornherein eine gemeinsame grobe Definition der Zielsetzung dar und ist damit unerlässlich. Bei Freigabe des Projektauftrages stehen darüber hinaus auch der Projektleiter und ein eindeutiger Auftraggeber bzw. Projektsponsor (Geldgeber) fest.

Risiken identifizieren

Der Prozess »Risiken identifizieren« befasst sich damit, zunächst kritische Einflussgrößen für das Projekt zu erfassen. Eigentlich erst in der Planungsphase vorgesehen, ist es jedoch niemals falsch, ein potenzielles Risiko festzuhalten und für die weitere Planung zu berücksichtigen. Je früher ein Risiko identifiziert wird, umso leichter wird es in den meisten Fällen sein, die Eintrittswahrscheinlichkeit zu minimieren. Bei der Identifizierung von Risiken ist es zunächst unerheblich, wie wahrscheinlich die Risiken sind oder wie man sie vermeiden kann. Diese Bewertung wird zu einem späteren Zeitpunkt vorgenommen.

Ankunft im Kreis der Wissenden

Sonntag, 05. April

Anforderungen sammeln | Risiken identifizieren

Danke, Internet! Es ist doch eine Errungenschaft der Zivilisation, Informationen an frei zugänglicher Stelle bereitzustellen! Die kommenden Generationen sollten vielleicht noch lernen, Sinniges von Unsinnigem zu trennen, aber der Homo sapiens ist bekanntlich auch nicht gleich mit Turnschuhen und aufrechtem Gang aus dem Ei geschlüpft. Das wird schon noch, liebe Internetgemeinde!

Inzwischen ist es mir gelungen, einige Fakten zu Holzhäusern zusammenzutragen. Holzhaus ist nämlich nicht gleich Holzhaus: Es gibt wie so oft auch hier verschiedene Bauweisen. Ohne zu sehr ins Detail gehen zu wollen, ist in unseren Regionen die Holzständerbauweise oder auch Holzrahmenbauweise recht weit verbreitet. Wir reden also nicht von einem Blockbohlenhaus, also von Wänden aus übereinandergelegten Baumstämmen, wie man sich ein Holzhaus oft im ersten Moment vorstellt. Die Holzrahmenbauweise entwickelte sich offenbar aus der aus historischen Häusern bekannten Fachwerkbauweise und ist insbesondere in Nordamerika sehr weit verbreitet. Ein wesentlicher Unterschied zwischen den meisten amerikanischen Häusern und Häusern in unseren Breitengraden ist, dass in Deutschland wesentlich massiver, also mit größeren Querschnitten der tragenden Elemente gebaut wird. Das liegt unter anderem auch daran, dass hiesige Fußböden aus Estrich bestehen und damit wesentlich schwerer sind als reine Holzdecken. Holz kommt bei uns allenfalls in Form von Parkett als Deckschicht auf dem Boden zum Einsatz. Auch die bei uns verwendete schwere Dacheindeckung mit Betondachziegeln ist in anderen Teilen der Welt kein Standard. Die tragenden Holzelemente werden in aller Regel gut »verpackt«: Verschiedene Baustoffe wie Dämmmaterial und Gipsplatten schützen sie vor Ungeziefer oder auch Feuer. Tests haben ergeben, dass ein Holzhaus teilweise sogar länger einem Feuer standhält, als gemauerte Häuser: Der Grund: Stahlträger werden bei Hitze weich, Steine platzen. Das Haus stürzt irgendwann ein. Just zu diesem Zeitpunkt brennt das Holzhaus zwar genüsslich knackend und lichterloh vor sich hin, die tragenden und statisch relevanten Elemente werden jedoch erst einmal durch ihre Verpackung gut von der Hitze abgeschirmt. Summa summarum steht das Holzhaus damit eine ganze Weile länger stabil in den Flammen. Ohnehin brennt ein Haus ja nicht an den tragenden Elementen zuerst. Vielmehr ist es die Einrichtung, die in Flammen aufgeht. Das Feuer breitet sich weiter über Tapeten und weitere Einrichtungsgegenstände aus. Somit haben beide Bauweisen eines gemeinsam: Wenn‘s brennt, ist‘s schlecht.

Hinsichtlich der Stabilität ist zu sagen, dass die Wände bei Umwelteinflüssen wie starkem Wind absolut unbedenklich sind. Einer Gewehrkugel halten sie jedoch nicht Stand. Das tun die meisten der heutigen auf Gips basierenden Mauersteine jedoch auch nicht. Will man dem verrückten Amokläufer entgehen, muss man sich einen Altbau oder einen Bunker zulegen.

Bleiben doch die beiden Halbwissensfelder »Raumklima« und »Preis«. Beim Klima scheint das Holzhaus in der Tat einen Schritt voraus zu sein. Zumindest ist es wesentlich besser in der Lage, den Feuchtigkeitsgehalt in der Raumluft zu regulieren, als es bei Mauerwerk der Fall ist. Feuchtigkeit kann hier besser aufgenommen und auch wieder abgegeben werden. Bei gemauerten Wänden dauert dieser Prozess deutlich länger. Analog kann man dies in einem gemauerten Altbau im Frühjahr feststellen: Draußen ist es bereits warm, während man im Haus noch friert, da die Mauern einfach noch kalt sind und etwas Zeit benötigen, um sich zu erwärmen. Ganz ähnlich muss es mit dem Flüssigkeitsaustausch sein. Ergänzend ist zu erwähnen, dass in Holzhäusern, so behauptet man zumindest, wesentlich weniger allergene Baustoffe verbaut werden. Auch das hört man ja gern. Schließlich wollen wir ja in einem »gesunden« Haus wohnen. Sofern es denn stimmt, denn das konnte ich noch nicht herausfinden.
Auch hinsichtlich des Preises bin ich noch ratlos: Diese schwanken in der Holzbranche deutlich. Ebenso schwierig ist es herauszubekommen, was denn eigentlich hinter diesen plakativen Preisen steckt.
Als erstes Ergebnis nehme ich jedoch mit: Holz scheint durchaus in Frage zu kommen.

Anforderungen sammeln

Der Prozess »Anforderungen sammeln« befasst sich damit, die Wünsche und Anforderungen der am Projekt Beteiligten zu sammeln und beispielsweise in einer Liste zu dokumentieren. Diese Liste dient dann zum einen dazu, diese groben Projektziele nicht aus den Augen zu verlieren, zum anderen bildet sie die Grundlage zur späteren, konkreten Zieldefinition im Prozessschritt »Inhalt und Umfang definieren«.

Grundlegende Gedanken

Montag, 06. April

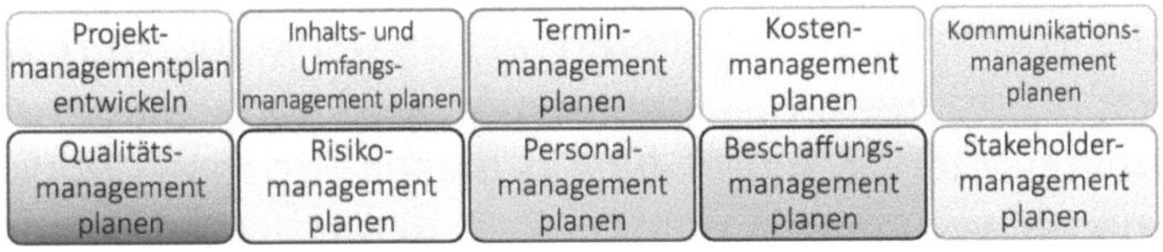

Jetzt bin ich schon mitten im Thema und mir fällt auf, dass ich wohl oder übel bald auch laut darüber nachdenken müssen werde, um an weitere Informationen zu kommen und die Planung weiter voranzutreiben. Damit wird es eigentlich schon jetzt Zeit, mir Gedanken darüber zu machen, wie ich mit meinem Vorhaben umgehen möchte, um von vornherein zu vermeiden, dass ich mich bald in einem riesigen Durcheinander wiederfinde. Die wesentlichen Fragen liegen darin, wie ich mich organisatorisch aufstellen möchte. Das fängt schon damit an, wie ich kommunizieren möchte: Das Einfachste wird es sein, zumindest schon einmal eine E-Mail-Adresse für den Hausbau einzurichten. Auf diese Weise habe ich alle digitale Korrespondenz zum Thema in einer Mailbox. Ich muss mich mit Nadja darauf einigen, wie wir Entscheidungen treffen werden, bzw. wie Änderungen an unseren gemeinsamen Vorstellungen zu vereinbaren sind, um hier keine Konflikte zu erzeugen. Ich muss gemeinsam mit Nadja die Regeln für die Budgetverwaltung festlegen. Wie muss die Budgettabelle aussehen, damit wir sie auch beide noch verstehen? Wollen wir konservativ planen oder gehen wir auf Risiko? Wie halten wir solche Risiken fest, damit wir sie nicht aus den Augen verlieren? Was sind unsere wichtigsten Qualitätskriterien für unser neues Eigenheim? Wo legen wir die Post ab, die früher oder später in den Briefkasten fallen wird? Wen wollen wir als Hilfe einspannen, wen sprechen wir gar nicht erst an?

Der Eine oder Andere mag nun vielleicht den Kopf schütteln und, ja, in einer Ehe ist das wohl alles noch recht leicht durch eine Vereinbarung zu bewerkstelligen. Dennoch müssen wir uns Gedanken machen, wie wir uns organisieren wollen. Ich denke, dass das in den kommenden Tagen auf dem Plan stehen wird.

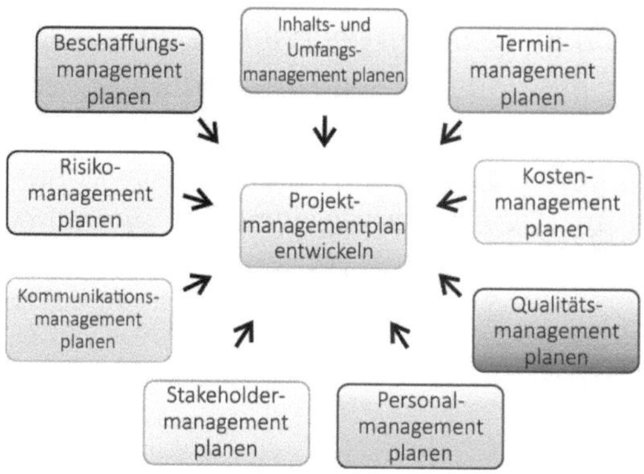

In den Projektmanagementplan fließen Informationen aus den »Managementplänen« aller anderen Wissensgebiete ein. Verändern sich diese Informationen im Projektverlauf, so ändert sich auch der übergreifende Projektmanagementplan und entsprechende Kommunikation ist erforderlich. Jeder dieser Managementpläne ist wichtig und hält für sich verschiedene Werkzeuge und Methoden zur Ausarbeitung bereit. Die Fachliteratur ist hier nahezu unerschöpflich. Wichtig ist jedoch, dass es an dieser Stelle darum geht, den Umgang mit den verschiedenen Wissensgebieten dezidiert zu planen und zu dokumentieren. Insbesondere in Projekten im Unternehmensumfeld ist dies ein ganz wesentlicher Schritt, da eine Projektorganisation oft eigenen, temporären Gesetzmäßigkeiten unterliegt und sich dadurch von den Prozessen der Organisation abhebt, bzw. einzelne Wissensgebiete der Projektorganisation delegiert werden. Je mehr Teammitglieder also in ein Projekt involviert sind, umso wichtiger wird die Ausarbeitung dieses Regelwerks. Inhalte dieser Managementpläne lassen sich gut am Beispiel »Kommunikationsmanagement planen« erläutern:

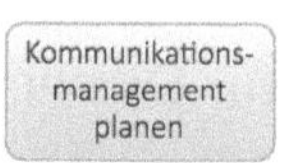

Abhängig von der Größe des Projekts sind natürlich auch Kommunikationswege zu planen. Je mehr Stakeholder an einem Projekt beteiligt sind, umso mehr Kommunikationskanäle gibt es. Laut PMI® gibt die Formel n(n-1)/2 (»n« steht für die Anzahl der Stakeholder) Aufschluss darüber, wie viele Kommunikationskanäle in einem Projekt vorhanden sind. Bei zehn Beteiligten wären dies also schon 45 mögliche Kommunikationskanäle ((10•9)/2=45; Achtung: Ich selbst als Projektleiter bin auch Stakeholder und deshalb in die Anzahl der Beteiligten einzurechnen!). Problematisch in einem solchen sozialen Gefüge ist dann oft der unterschiedliche Informationsstand unter den Stakeholdern oder auch die Verbreitung simpler Gerüchte. Um ein großes Durcheinander zu vermeiden, ist also festzulegen, wer zu welchem Zeit-

punkt mit wem auf welche Weise kommunizieren soll. Dies kann durchaus in Form eines Organigramms, aber auch in Textform geschehen. Im vorliegenden Fall werden wir beispielsweise mit unseren Eltern vereinbaren, an der sonntäglichen Kaffeetafel direkt miteinander zu sprechen, um den aktuellen Stand der Dinge zu erläutern. Zusätzlich bieten wir unser Bautagebuch als Informationsquelle an. Diese verhältnismäßig einfache Vereinbarung reicht in Großprojekten naturgemäß nicht aus.

Katze aus'm Sack

Sonntag, 12. April

Stakeholder identifizieren | Stakeholder-einbindung managen | Kommunikation managen

An diesem Wochenende haben wir die sprichwörtliche Katze aus dem Sack gelassen: Wir haben unsere Eltern in unser Vorhaben eingeweiht. Warum zu diesem Zeitpunkt? Warum so früh, wo wir doch noch nicht einmal wissen, was genau gebaut werden soll? Der Grund liegt vor allem darin, dass unsere Familien für uns ganz wesentliche Beteiligte an unserem Leben sind. Im Sinne des Projekts würde man sie somit »Stakeholder« nennen. Sie haben auf unser Vorhaben zwar weniger direkten Einfluss, jedoch sind sie in Bezug auf unser seelisches Wohlergehen wichtig und deshalb auch früh einzubinden. So werden meine Eltern sich mit der Tatsache anzufreunden haben, dass ich meine und ihre Heimatstadt Essen verlasse und künftig in gut sechzig Kilometern Entfernung wohne. Nadjas Eltern hingegen dürfen sich auf unsere Anwesenheit auf Cappenberg sowie ein künftiges Enkelkind vor Ort einstellen. Dieser Umstand ist natürlich wenig spektakulär, dennoch war es uns wichtig, die Information abzusetzen, so dass alle ausreichend Zeit haben, sich auf die Veränderungen einzustellen. Zusätzlich wollen wir unseren Eltern als direkte Informationsquelle zu allen Fragen rund um das Vorhaben zur Verfügung stehen und haben das bei dieser Gelegenheit auch zum Ausdruck gebracht. Es wäre ja schlimm, würden sie sich auf Basis von blanken Vermutungen irgendwelche Szenarien zusammenspinnen.

Wir haben beiden Seiten jedoch auch noch eine etwas unangenehme Frage stellen müssen: Uns war es wichtig zu wissen, ob es hier oder dort noch Verbindlichkeiten finanzieller Art gibt, die im Falle des Falles unsere

Unterstützung erfordern könnten. Dies würde nämlich für unsere Budgetplanung zu berücksichtigen sein und ein nicht unerhebliches Risiko für unsere Finanzsituation darstellen. Wohnen wir nämlich erst einmal in unserem Eigenheim, ist es nicht leicht, die monatlichen Belastungen zu minimieren, indem man sich beispielsweise eine kostengünstigere Wohnung sucht. Wir werden also eigene Verbindlichkeiten haben und weniger flexibel sein. Daher gilt es von Anfang an, planbare Belastungen zu berücksichtigen, damit noch genug Raum für die unkalkulierbaren Dinge bleibt. Glücklicherweise konnte diese unangenehme Frage auf beiden Seiten verneint werden, so dass wir hier keine Risiken einkalkulieren müssen. Im Gegenteil haben uns unsere Eltern sogar Unterstützung in der Umsetzungsphase zugesagt. Während Papa schon gefragt hat, was wir denn wohl gemeinsam an Eigenleistung erbringen können, hat Schwiegerpapa sogleich Bebauungspläne und verschiedene Gutachten für das in Frage kommende Grundstück hervorgekramt. Wir haben also wichtige Mitstreiter für unser Vorhaben gewonnen!

Stakeholder identifizieren

Stakeholder sind alle Personen, Personengruppen oder auch Organisationen, die auf das jeweilige Projekt positiven oder auch negativen Einfluss nehmen können. Konkret bedeutet dies, dass selbstverständlich auch der Projektleiter, der Auftraggeber und das Projektteam Stakeholder sind. Aber auch der Umweltaktivist oder der Anwohner bei einem Beispielvorhaben »Kraftwerksbau« sind zu berücksichtigen, da sie entsprechenden Einfluss auf den Projektverlauf nehmen können. Aus diesem Grunde sind die Stakeholder in einer möglichst frühen Phase des Projekts zu identifizieren und ihr möglicher Einfluss mittels einer Stakeholderanalyse und dem daraus resultierenden Stakeholdermanagementplan einzuschätzen. Während des Projekts können kontinuierlich weitere Stakeholder auf die Bühne des Vorhabens treten, weshalb der Prozessschritt »Stakeholder identifizieren« den Projektleiter durch das gesamte Projekt begleitet.

Stakeholder-management planen

Wesentlich bei der Planung des Stakeholdermanagements sind die Fragestellungen, wer die Stakeholder sind, ob sie dem Projekt positiv oder negativ gegenüberstehen und wie groß der Einfluss dieser Stakeholder auf das Projekt sein mag. Hieraus resultiert eine Einordnung aller Beteiligten, die wiederum bei der Kommunikationsplanung helfen kann.

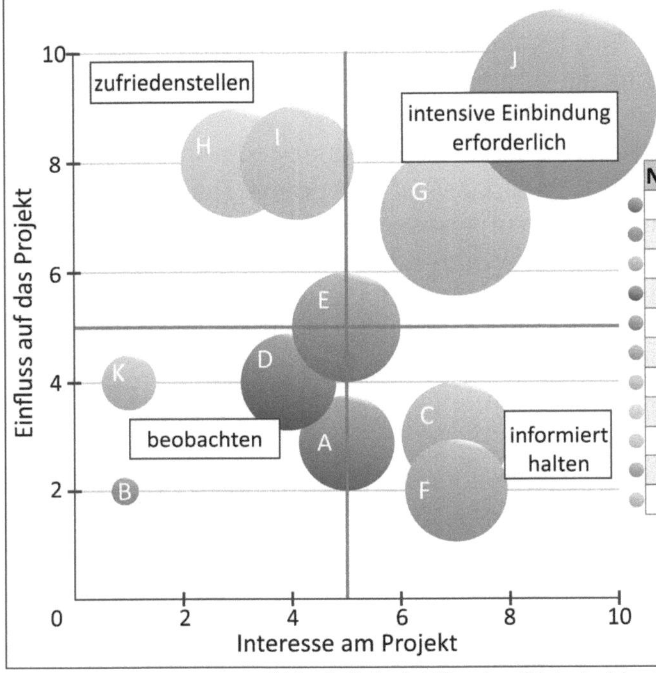

Name	Einstellung	Einfluss	Größe
A	5	3	1,6
B	1	2	0,6
C	7	3	2
D	4	4	1,6
E	5	5	2
F	7	2	1,8
G	7	7	2,8
H	3	8	2,2
I	4	8	2,4
J	9	9	3,6
K	1	4	1

Abb. 3 Beispiel für eine Stakeholder-Matrix

In einem zweiten Schritt ist dann festzulegen, wie mit welchem Stakeholder umgegangen werden soll, also in welcher Form er in das Vorhaben eingebunden wird. Diese zu entwickelnde und kontinuierlich zu aktualisierende Strategie kann entscheidend für den Projekterfolg sein. Hierbei empfiehlt es sich, Stakeholdern, die dem Projekt vermutlich nicht wohlgesonnen sind, nicht von vornherein mit einer Angriffsstrategie zu begegnen. Vielmehr sollte die Überlegung sein, wie die Einstellung dieser Stakeholder gegenüber dem Projekt ins Positive zu verändern ist.

Name	Quadrant	Bedenken	Strategie
A	beobachten		
B	informiert halten		
C	intensive Einbindung erforderlich		
D	zufriedenstellen		
E	intensive Einbindung erforderlich		
F	informiert halten		
G	informiert halten		

Abb. 4 Beispiel für eine Stakeholdermanagement-Strategie-Tabelle

Kommunikation managen

Der Prozessschritt »Kommunikation managen« befasst sich vor allem damit, genau jenen Personen adäquate Informationen zeitgerecht zur Verfügung zu stellen, die sie auch benötigen. Hierbei hilft der zuvor erstellte Kommunikationsplan, aus dem hervorgeht, wer wann mit wem zu kommunizieren hat. »Kommunikation managen« beinhaltet damit auch das Sammeln, Nachverfolgen, Aufbereiten und Speichern von Informationen. Genau das ist geschehen, als wir unsere Eltern über unsere Pläne informiert haben: Wir hatten Informationen, die für die Einbindung unserer Eltern relevant waren.

Stakeholder-einbindung managen

Das Management der Stakeholdereinbindung dient vor allem dem Zweck, falschen Erwartungen der auf das Projekt Einfluss nehmenden Personen vorzubeugen und sich selbst über gegebenenfalls geänderte Erwartungen der Stakeholder zu informieren. Erreicht wird dies durch die rechtzeitige Bereitstellung von Informationen auf Basis der Stakeholderanalyse und der Stakeholdermanagementplanung. Sehr wichtig sind an dieser Stelle die sozialen Kompetenzen des Projektleiters und sein Kommunikationsgeschick, muss er doch individuell auf die Bedürfnisse der verschiedenen Stakeholder eingehen, um diese positiv ins Geschehen einzubinden und damit optimale Voraussetzungen für sein Projekt zu schaffen. Persönliche Gespräche mit den Stakeholdern sind hier immer sinnvoll, um die Vertrauensbasis zwischen Projektleiter und Stakeholder zu stärken. Zusätzlich fließen die Ergebnisse aus diesen Gesprächen wieder in die Stakeholderanalyse ein und aktualisieren die Stakeholdermanagement-Strategie. Dieses erste Gespräch mit unseren Eltern ist also besonders wichtig, um direkt im ersten Schritt falschen Erwartungen oder Ängsten vorzubeugen, beziehungsweise einen Eindruck darüber zu gewinnen, welchen Erwartungen wir zusätzlich gerecht werden sollten.

Gescheiter(ter) Normalverbraucher

Sonntag, 03. Mai

Stakeholder-einbindung managen | Anforderungen sammeln | Inhalt und Umfang definieren

Wie bereits erwähnt, bin ich dank Schwiegerpapa stolzer Besitzer eines Bebauungsplans für unser Wohngebiet. Ich kann mich sogar auf dieser Karte orientieren. Hier ein Gullydeckel, da ein Regenwassergraben. Oh ja, die Parkbucht ist auch da! Nur wenn es dann um die Details geht, wird's tragisch: Etliche Zeichen, die da auf dem Grundstück unserer Begierde vermerkt sind, tauchen nicht in der Legende auf und ich weiß einfach nicht, was sie bedeuten. Irgendwie hatte ich mir vorgestellt, als halbwegs gescheiter Normalverbraucher einem Bebauungsplan entnehmen zu können, was ich denn überhaupt auf meinem Grund und Boden bauen darf. Stattdessen finden sich hier Zeichen, die vielleicht sogar das Kind des Planers in einem Anflug frühkindlicher Kreativität auf diesem dummen Stück Papier hinterlassen hat. Hallo? Ich meine, kann hier nicht einfach mal jemand dranschreiben, was mit diesen Hieroglyphen gemeint ist? Ich habe mich also eher zum gescheiterten Normalverbraucher entwickelt. Der erste Anlauf in die Welt des modernen Bauherren vorzudringen, ist also gründlich danebengegangen.

»Aber nicht mit dem Comander!«, habe ich mir daher in der letzten Woche gedacht und mir sogleich ein Buch von der Verbraucherzentrale bestellt, dass sich mit dem Kauf und Bau von Fertighäusern befasst. Damit schlage ich gleich zwei Fliegen mit einer Klappe, denn neben dem Kapitel »Interpretation von Bebauungsplänen« bekomme ich hier reichlich Tipps und Infos zu Fertighäusern. Das kann ja schließlich nicht schaden, wenn man weder weiß, was man bauen will, noch was man überhaupt bauen darf. Ich befinde mich also nach wie vor in der Misere, nicht einmal das Ziel meines Projekts zu kennen und mich erst in die Materie einarbeiten zu müssen.

Nicht zuletzt aus dieser Unwissenheit heraus habe ich mich im Internet nach Musterhausparks umgesehen. Das sind kleine Dörfchen, in die Haushersteller Ihre Kreationen von zeitgemäßer Wohnkultur bauen und sie der Öffentlichkeit zur Besichtigung zugänglich machen. Ich denke, ein Besuch in solch einem Musterhauspark wird die Kreativität in Bezug auf unser eigenes Heim deutlich erhöhen und auch bei Nadja das Gefühl verstärken, dass es nun wirklich losgeht mit der Planung. Glücklicherweise gibt es einen solchen Park in erreichbarer Nähe, nämlich in Wuppertal, eine halbe Autostunde von unserem derzeitigen zu Hause entfernt. Die Mission bei meinen Eltern angemeldet, kommen diese sogar mit. Ein netter Familienausflug also, den ich dazu nutzen kann, die bisher beteiligten Stakeholder weiter ins Thema zu holen! Übrigens weiß ich inzwischen auch, welche Versicherungen der Bauherr von Welt heutzutage so braucht. Auch hier hat die Literatur der Verbraucherzentrale geholfen. Zu nennen sind hier in erster Linie:

- Die Feuerrohbauversicherung (in Verbindung mit Wohngebäudeversicherung i.d.R. beitragsfrei), tritt in Kraft, falls die Baustelle abbrennt
- Wohngebäudeversicherung für das spätere Gebäude. Sie reguliert bei Brand, Blitz, Explosion, Sturm, Hagel und Elementarschäden wie Erdbeben, Naturkatastrophen
- Die Bauleistungsversicherung, deckt Risiken aller am Bau beteiligten ab. Hierzu zählen u. a. Vandalismus, Diebstahl, Unvorhersehbares
- Bauherrenhaftpflichtversicherung, leistet Schadensersatz bei Personen- oder Sachschäden

Ich werde die Versicherungsangelegenheiten mit zum Thema Finanzierung einplanen, so dass wir also auch früh genug geschützt sein sollten. Zusätzlich werde ich für wenige Euro eine Versicherung für unbebaute Grundstücke abschließen, sobald wir das Baugrundstück »unser Eigen« nennen können. Auf diese Weise sind wir auf der sicheren Seite, sollte sich jemand auf unserem Boden die Ohren brechen.

Inhalt und Umfang definieren

»Inhalt und Umfang definieren« befasst sich mit der Ausarbeitung der zuvor gesammelten Anforderungen. Wir sprechen also von einer Detaillierung der Projektziele zugunsten des späteren Pflichtenhefts, also des Verzeichnisses über die innerhalb des Projekts zu erbringenden Ergebnisse. Dieser Prozess ist insbesondere dann langwierig, wenn viele Stakeholder involviert sind. Oft gehen Meinungen und Wünsche hier weit auseinander. Hinsichtlich unseres Hauses sammeln wir also kontinuierlich Eindrücke, um diese gegebenenfalls in den späteren Werkvertrag mit dem Haushersteller einbinden zu können.

Besuch im Haibecken

Stakeholder-einbindung managen | Anforderungen sammeln | Inhalt und Umfang definieren

Samstag, 16. Mai

Es ist Samstag. Endlich. Sonnenschein. Temperaturen knapp über der 20°C-Marke kitzeln das Gemüt. Okay, ein wenig windig war es, aber prinzipiell hatten wir heute das perfekte Wetter für einen Musterhausparkbesuch.
Nach dem Frühstück machten wir uns also auf in Richtung Wuppertal. Am Steuerrad Käpt´n Mette Senior. Und hier findet sich auch schon ein wesentlicher Faktor in Planung und Risikomanagement für diesen Tag, denn Käpt´n Mette Senior scheint in den letzten Jahren entweder zum Schnellbootkommandeur mutiert zu sein, oder Nadja und ich haben das Fahren als Gäste an Bord fremder Schiffe verlernt. Ich hoffe, der Käpt´n findet nicht irgendwann die Spuren unserer Fingernägel an Sitzen und Türgriffen der hinteren Luken, die wir immer dann hinterlassen haben, wenn im Rückspiegel des jeweils vorausfahrenden Kutters schon das Weiße in den Augen des Kutterkapitäns erkennbar war. Naja, immerhin sind wir nach gut dreiundzwanzig der vom Navi kalkulierten fünfunddreißig Minuten am Zielort angekommen. Schneller hätte es das Raumschiff Enterprise vermutlich auch nicht hinbekommen.

Und tatsächlich: im Musterhauspark gibt es Musterhäuser. Viele Musterhäuser. Viele Musterhäuser, die von Musterhausherstellern verkauft werden wollen. Das hält die musterhausverkaufenden Musterhaushersteller allerdings nicht davon ab, sowohl Parkgebühren, als auch Eintritt für den Park zu kassieren. Es ist nicht viel, unverschämt ist es aber trotzdem. Zahle ich demnächst auch Eintritt, wenn ich mir eine Kaffeemaschine im Elektronikmarkt anschauen will? War ich etwa doch im Wuppertaler Zoo? »Aber hey, davon lassen wir uns doch nicht die Laune verderben!«, dachte ich, und wir stürzten uns frohen Mutes in die kleinen Straßen des Parks. Was wir dort zu sehen bekamen, war in der Tat vielfältig: Fertigholzhäuser, deren Wände einen eher pappkartonartigen Eindruck hinterließen. Wände, durch die man sich mühelos gesellig unterhalten konnte. Es gab auch Fertighäuser, in denen man sich nicht traute, die Haustür zuzuschlagen, da man ja nicht das Haus einreißen wollte. Man konnte in dieser Art Haus nur hoffen, dass der Nachwuchs keine Vorliebe für Stepptanz entwickelt, da man schon so im Untergeschoss jeden normalen Schritt von oben hörte. Betätigte man die Klospülung im Obergeschoss, konnte man im Untergeschoss nicht nur erraten, durch welche Wand die Abwasserleitung verlief, sondern auch welche Art Geschäft dort oben wohl grade erledigt worden war. Eine tolle Idee für »Wetten dass ...?!«: Man stelle sich ins Wohnzimmer und horche! »Len Mette wettet, dass er 20 verschiedene Konsistenzen der Morgentoilette seiner fünf Söhne am Klang in der Wohnzimmerwand unterscheiden kann ...«. Ja, das ist der Stoff, aus dem Wettkönige gemacht werden!

Es gab Häuser, die unglaublich geräumig waren. Bei genauerem Hinsehen stellten wir jedoch fest, dass die Hälfte der Möbel, die man als lebendes Individuum benötigt, schlicht nicht vorgesehen war. Einen Kleiderschrank? Wozu denn? Kühlschrank? Der macht doch nur dick!
Tief in unserem Innern brannte sich also eine Versuchsanordnung für eine erste Qualitätsindikation ein. Erstens: Stepptanz; zweitens: Klogang; drittens: Türen zuknallen; viertens: Kleiderschranksuche. Vermutlich würde man uns für absolut bescheuert halten, aber nur so ließen sich die grundlegenden Qualitätsansprüche für unser Eigenheim schnell und einfach nachweisen.

Natürlich sind Musterhäuser nicht unbewohnt: In jeder dieser kleinen heilen Welten der familiären Wohnkultur gibt es mindestens einen Bewohner: Es ist ein possierlicher Musterhausverkäufer, der sich liebevoll

»Berater« nennt. Insbesondere in der Kategorie »Pappkartonhaus«, so die Erfahrung, mausert sich dieses possierliche Wesen jedoch blitzschnell zum zähnefletschenden Finanzhai: Kurz nach der freundlichen Begrüßung und Vorstellung der natürlich absolut durchdachten Wohnidee schenkt »es« uns, seinen Gästen und damit seinen neuen Freunden, sogleich einen Kugelschreiber sowie ein Dokument, auf dem »Vertrag« geschrieben steht. Ungläubige Blicke unsererseits. Auf die dezente Rückfrage, ob der gute Mann glaube, dass wir an einem sonnigen Samstagmorgen des Öfteren spontane Kaufverträge für Häuser unterschrieben, hatte dieser allerdings nur ausweichende Antworten auf Lager. Auch der Hinweis, dass es weder ein Grundstück gebe, der Bebauungsplan noch nicht übersetzt sei und auch liquide Finanzmittel von der Verfügbarkeit weit entfernt waren, irritierte diese Art Lebewesen keineswegs. Es ginge ja darum, die Grundlage einer fundierten Beratung zu legen, bla blabla bla bla ... Grund genug, diese Kategorie Haus zu verlassen. Wir waren doch im Zoo. Im Aquarium. Wir befanden uns direkt im Haibecken und man versuchte schon uns anzuknabbern.

Wir beschränkten unseren Besuch fortan darauf, Ideen zu sammeln: Wie soll unser Haus von außen aussehen? Welche Ausstattungsmerkmale finden wir schön? Wie sehen 120 m² Wohnfläche aus, wie wirken 200 m²? Die Eltern immer schön im Schlepptau, war diese Herangehensweise auch sehr produktiv. Während Nadja eher zum Minimalismus neigte, verfiel ich dem Größenwahn. Nadja: »120 m² reichen.« Ich: »Für 120 m² baue ich nicht. Da kann ich auch in 'ner Wohnung bleiben. 220 m² sollten's schon sein.« Nadja: »Und wer hält diese 220 m² bitte sauber?«

Ich: »Niemand, wenn wir nicht einmal Platz haben, das Putzzeug zu verstauen oder eine Putzfrau in unsere Sardinenbüchse einzuladen.«

Wortgefecht beendet, eifriges Besichtigen fortgesetzt. Sind wir nicht herrlich spießig? Der Kompromiss findet sich aber dann doch immer im realistischen Bereich. So wollen wir nach einigen weiteren gegenseitig wertschätzenden Gesprächsabschnitten gern ein helles, lichtdurchflutetes Haus, das eine Wohnfläche von etwa 160-180 m² haben soll. Es soll möglichst viele bodentiefe Fenster haben und am liebsten weiße Holzelemente. Optimal wäre irgendetwas zwischen Landhausstil und moderner Inneneinrichtung. Auch die Dachneigung sollte nicht, typisch deutsch, bei 38° liegen, sondern etwas flacher, mediterraner sein. Natürlich haben wir auch eifrig Fotos von Dingen gemacht, die uns besonders gefallen haben. Für den ersten Einstieg ins Thema waren wir also zufrieden!

Eine sündhaft teure Currywurst später fiel uns noch ein Haus nahe dem Ausgang des Parks auf, das wir noch nicht besucht hatten. Zwar war es von außen betrachtet nicht das, was nun unbedingt unseren Wünschen entsprach, dennoch machte es irgendwie einen soliden und einladenden Eindruck. Wir ließen die Eltern also die Reste ihres Mittagskaffees schlürfen und gingen in das letzte verbleibende Objekt. Solide anmutende Wände, scheinbar gute Schallisolierung, tolle Raumluft, schön gestaltete Raumaufteilung. Und das Beste: Ruhe. Niemand sprach uns an. Man grüßte freundlich und ließ uns durch das Haus laufen. Umgehend gingen wir zum Klospülungs- und Stepptanztest über: Nadja spülte und steppte wie eine Riverdance-Tänzerin beim Klogang, während ich im Untergeschoss lauschte, den Blick nach oben gerichtet wie der Priester auf der Suche nach dem Herrn. – 14. fliegender Standortwechsel, kurzer Kuss bei der Begegnung auf der Treppe. Ich stampfte und spülte, spülte und stampfte wie ein Besessener, Nadja suchte ihrerseits Erleuchtung an der Wohnzimmerdecke. Inzwischen ernteten wir misstrauische Blicke anderer Musterhausbesucher, aber dafür hatten wir auch ein Ergebnis: Angemessene Ruhe im Untergeschoss. Stampfen hörte man dumpf. Sonst nichts. Ich simulierte kriegerische Auseinandersetzungen in der Ehe und schlug eine Tür zu: Ein dumpfes »Bumm« mit angemessenem Bassanteil. Das Haus stand noch, wackelte nicht. Ich hechtete in Schlafzimmer und Küche: Kleiderschrank und Kühlschrank vorhanden! Kühlschrank sogar mit dem Mittagessen des Bewohners befüllt! Hatten wir es hier etwa mit einem bewohnbaren Haus und damit mit einem potenziellen Haushersteller unseres Vertrauens zu tun?
Zum ersten Mal an diesem Tag sprach ich die freundlich lächelnde Beraterin an und bat sie ebenso freundlich um etwas Informationsmaterial. Zunächst gab sie mir eine Karte von ihrem Kollegen, Herrn Heinzer, da sie nur Vertretungsweise vor Ort sei. Darüber hinaus versorgte sie uns mit »Bauleistungsbeschreibungen« und Hausprospekten der Firma Finger-Haus, dem Hersteller dieses Objekts. Sie bot uns Getränke an. Sie ließ uns in Ruhe. Immer dann wenn wir Fragen hatten, antwortete sie bereitwillig und kompetent, ließ uns dann wieder in Ruhe. Eine sehr harmonische Atmosphäre.

Beladen mit Informationsbroschüren und Bauleistungsbeschreibungen verschiedener Hersteller, gingen wir einige Zeit später wieder an Bord des

Schiffes von Käpt´n Mette Senior, setzten Kurs auf heimatliche Gefilde und versuchten, die Currywurst nicht wieder über die Reling gehen zu lassen, während der Käpt´n vermeintlich feindliche Kutter umschiffte.

Informationswirrwar

Freitag, 05. Juni

Inhalt und Umfang definieren | Risiken identifizieren | Persönlichkeit beweisen

Nachdem wir vor gut zwei Wochen im Musterhauspark waren, habe ich mich einmal in die Bauleistungsbeschreibungen und das Infomaterial von FingerHaus eingelesen. Zusätzlich habe ich mir Bauleistungsbeschreibungen anderer Hersteller aus dem Internet besorgt, kann inzwischen – dank des gekauften Buches – meinen eigenen Bebauungsplan lesen und weiß, dass es recht wenige Einschränkungen für uns gibt. Dachneigungen sind von 20-45° erlaubt, wir dürfen zwei Vollgeschosse, nicht höher als 9,50 m bauen, die Ausrichtung des Giebels ist vorgegeben und natürlich auch die maximal zu bebauende Grundfläche. Ganz einfach! Bezüglich der Bauleistungsbeschreibungen ist das Ergebnis jedoch ernüchternd. Ohne Bauerfahrung sind sie schlicht nutzlos für den Bauherren: Auf mehreren Seiten wird hier teils in Fachchinesisch erklärt, was der Bauunternehmer alles für den Bauherren erledigt. Natürlich geht hieraus nicht hervor, was alles NICHT erledigt wird, wo der Bauherr Eigenleistung oder zusätzliches Geld beibringen muss. Das lässt sich nur dann erahnen, wenn man eben mehrere Bauleistungsbeschreibungen miteinander vergleicht und sozusagen einen Maximalumfang ermittelt. Dann weiß man aber noch immer nicht, was alle Hersteller »unterschlagen«. Hierin steckt also eine Kostenfalle und damit ein nicht zu unterschätzendes Risiko für uns. Würden wir erst bei der Bauausführung bemerken was alles fehlt, müssten wir dann neu planen und würden in der Folge vermutlich unser Budget sprengen. Ich nenne das mal den »Flughafen-Effekt«. Nichtsdestotrotz hatte der Kampf mit den Bauleistungsbeschreibungen auch etwas Positives: Die Beschreibung von FingerHaus scheint wesentlich umfangreicher zu sein, als jene der Konkurrenz. Darüber hinaus scheinen die verwendeten Materialien hochwertiger zu sein als bei anderen Herstellern. Für mich äußert sich das beispielsweise in der Verwendung von Fenstern in Dreifachverglasung eines Markenherstellers, dessen Name mir seit Jahren geläufig ist, während bei anderen Unternehmen lediglich Doppelverglasung von nicht näher genannten Herstellern Verwendung findet. Natürlich lässt sich aus dem Bekanntheitsgrad eines Produkts nicht unweigerlich seine Qualität ableiten, eine solide Positionierung am Markt ist aber zumindest eine erste Indikation für eine gewisse Qualität, wie ich denke. So etwas scheint zumindest zu erklären, warum bei FingerHaus die Preise eben auch ein wenig höher sind, wenn man dem Internet glauben darf. Oh ja, das Stichwort Preise: Auch diese sind aufgrund der unterschiedlichen Bauleistungsbeschreibungen absolut nicht miteinander vergleichbar, sondern nur reine Zahlen um der Zahlen willen. Es ist so, als würde man an ein Auto einen Preis schreiben, ohne auch nur ein Wort über Motorisierung und Ausstattung zu verlieren. Es bleibt somit das dumme Gefühl, in einem Haifischbecken zu sein und herausfinden zu müssen, ob es sich hierbei nur um reinen Marketingrummel handelt, oder ob diese »Schaufensterinformationen« auch irgendwo Hand und Fuß haben.

Es herrscht Chaos in meinem Kopf. Für mich zeichnet sich ab, dass ich mir in Kürze Gedanken darum machen werde, zum einen die Risiken, die ich jetzt schon sehe, zu dokumentieren und auf der anderen Seite Punkte zu sammeln, die uns bei der Auswahl des Bauunternehmers und der Art des zu bauenden Hauses einfach wichtig sind. Schließlich ist faktisch noch nichts passiert, die zu beachtenden Themen sammeln sich aber schon. Ich möchte mich davon zunächst aber nicht verwirren lassen, denn dieses Gefühl kenne ich aus dem Beruf: Am Anfang eines neuen Projekts mit gänzlich neuen Zielen prasseln die Informationen nur so auf einen ein, bevor sie sich irgendwann ordnen lassen und ein großes Ganzes ergeben. Jetzt heißt es »durchhalten« und möglichst strukturiert und nüchtern vorgehen. Ich schreibe die mir auffallenden Punkte also zunächst auf eine ungeordnete »Zu-Berücksichtigen-Liste« und versuche mich nicht irritieren zu lassen.

Zusätzlich wollen wir uns morgen wieder ins Haifischbecken wagen und noch einmal mit etwas mehr Zeit das Finger-Musterhaus in Wuppertal besuchen. Sofern das Haus nämlich wirklich der Standardbauweise von FingerHaus entspricht, würden wir hier abseits jeglicher Bauleistungsbeschreibung jedenfalls noch einmal ergründen können, ob es dem entspricht, was wir uns auch für unser Haus wünschen. Da ich ja noch die Karte Herrn Heinzers von FingerHaus hatte, habe ich ihn einfach einmal angerufen, um zu erfragen, ob er am Samstag vor Ort sei. Ich bekam eine positive Antwort und zusätzlich die Anweisung, am Eingang unseren

»Termin« zu erwähnen und somit den Eintrittspreis für den Park zu sparen. Aha, das geht also auch: Wer Geld da lassen will, kommt auch gratis herein!

Das Klospülungsphänomen

Samstag, 06. Juni

Inhalt und Umfang definieren

Gesagt, getan: Heute waren wir wieder im Musterhauspark. Wir haben uns noch einmal einige Häuser angeschaut, die uns wegen irgendwelcher Details in Erinnerung geblieben waren. Den Großteil der Zeit haben wir jedoch im FingerHaus verbracht. Wie bereits bei unserem ersten Besuch empfing man uns hier sehr freundlich und mit angemessener Zurückhaltung. Konkret stellte sich Herr Heinzer persönlich vor, der mich mit tiefer Stimme und einem freundlich lächelnden Gesicht irgendwie an eine Mischung aus Peter Lustig und dem Herrn aus »Die Sendung mit der Maus« erinnerte. Auf alle Fälle mochte ich ihn, wohl wissend, dass er mein Geld wollte und versuchte deshalb freundlich, aber auch analytisch nüchtern zu bleiben.

Um ins Gespräch zu finden, erzählten wir ihm von den Erfahrungen in anderen Häusern sowie von unseren Stepptanz- und Klospülungstest. Er lächelte wissend und wiederholte mit großer Freude die Tests mit uns, um uns sogleich zu erzählen, dass diese herrliche Ruhe im Untergeschoss dem Wand- und Deckenaufbau mit verschiedenen Dämmmaterialien zu verdanken sei. Insbesondere Wasserleitungen würden bei FingerHaus grundsätzlich in schallisolierter Variante verbaut. Aha! Das erklärte nun auch, warum man hier nicht für die Wetten-dass ...?!-Wette üben konnte! Das Klospülungsphänomen, an dem die Menschheit seit Jahrhunderten rätselte, war gelöst! Eine Holzwand bedeutet also nicht im gleichen Atemzug auch Hellhörigkeit.
Einmal angeregt, erzählte Herr Heinzer uns von weiteren Details, die die vermeintliche Qualität eines FingerHauses ausmachten. Darunter auch die Markenfenster, die übrigens im Standard größer sind, als die anderer Hersteller. Die Kooperation mit namhaften Heizungsherstellern, Auszeichnungen der Firma FingerHaus und deren Produkte, besondere Angebote

und so weiter und so weiter. Er erklärte uns die Tücken von Bauleistungsbeschreibungen, auf die ich auch schon gestoßen bin und bestätigte, dass plakative Preise keinerlei Wert haben, sondern nach einem »Grundpreis« nur individuell ermittelt werden können. »Das würde ich auch sagen, wenn ich im gehobenen Preissegment unterwegs wäre«, dachte ich, »du alter Verkäufer, du«. Ehe ich jedoch dazu kam, eine ausgeprägte Verkaufsgesprächsallergie zu entwickeln, vergaß Herr Heinzer aber nicht, uns nach unseren Wünschen und Ideen zu fragen. Das war uns neu. Das hatte bisher niemand getan. Herr Heinzer fragte nicht, wie ich schon befürchtete, nach Verträgen, nicht nach Geld, nicht nach Terminen. Im Gegenteil: Er bat uns einfach, auf ihn zuzukommen, wenn wir weitere Fragen hätten oder konkreter werden wollten.

Das war uns neu. Das hatte bisher niemand getan. Das war ja ... höflich ...?! Und so beendeten wir den Besuch nach einiger Zeit damit, nett geplauscht und weitere Informationen und Eindrücke gesammelt zu haben. Nicht mehr, aber auch nicht weniger. Wir tauschten noch einmal die Kontaktdaten aus und Herr Heinzer lud uns ein, doch einmal das eine oder andere Kundenhaus im Bau zu besichtigen und – gern auch allein – mit den Bauherren zu sprechen. So viel Offenheit hatten wir eigentlich nicht erwartet. Ein angenehmer Ausflug.

Geheimdienstaktivitäten

Samstag, 20. Juni

Inhalt und Umfang definieren | Risiken identifizieren

Noch etwas befangen von den positiven Eindrücken aus dem FingerHaus, habe ich die Abende der letzten Woche damit verbracht, im Internet zu recherchieren. Ich wollte dieser Firma und am besten auch noch diesem Heinzer ordentlich auf den Zahn fühlen. Ich wollte ihm den Finger in die offene Wunde drücken und alle Lügen und falschen Versprechungen aus ihm rauspressen. Ich würde den Haken schon finden! Warum? Nun ja, das hängt sicherlich mit der größten Angst zusammen, die ich mit dem Hausbau verbinde. Ich möchte einfach nicht an ein Unternehmen geraten, das auf halber Strecke Insolvenz anmeldet. Ich möchte nicht in eine Bauruine einziehen müssen und finanziell am Ende sein, wie man es immer wieder im Fernsehen sieht. Sicher, viele Menschen bauen Häuser und leben darin problemlos, dennoch will ich größtmögliche Vorsicht walten lassen. Insbesondere dann, wenn ein Unternehmen derart »geeignet« erscheint, wie FingerHaus. Es wurde Zeit, die Geheimdienstmasche im Dienste des Risikomanagements unseres Projekts anzuwenden:

Ich prüfte den Eintrag ins Handelsregister. Keine Insolvenzanträge, keine sonstigen Schieflagen. Das Unternehmen gibt´s schon ewig. Check! Ich prüfte diese ganzen Zertifikate wie RAL, BDF, DHB und das Siegel der Deutschen Fertigbau Qualitätsgemeinschaft. Alle diese Siegel vergibt sich die Branche scheinbar selbst, aber immerhin stehen dahinter immer echte Dachverbände, was zumindest für eine bracheninterne Qualitätsprüfung steht. Wohl wissend, dass hier Schummelei nicht ganz ausgeschlossen ist, vergebe ich ein leises »Check!«

Ich suchte nach Zeitungsartikeln und Verbraucherstimmen, stieß dabei sogar auf ein Forum von FingerHaus-Kunden. Ich durchforstete es ohne nennenswertes Ergebnis nach Streitfällen und prüfte, wer die Internetseite dieses Forums betrieb. Das zumindest war eine Privatperson und nicht FingerHaus selbst. Vielleicht aber ein Mitarbeiter des Unternehmens? Halbes Check!

Was ich auch tat, das Negativste, das ich bisher über FingerHaus gefunden habe, sind irgendwelche kleinen Pannen auf der Baustelle, die ohne weitere Debatten durch FingerHaus selbst behoben worden sind. Es gibt bisher keine Stimmen, die absolut negativ über dieses Unternehmen sprechen. Kann das sein? Das Fehlen übler Nachrede macht mich irgendwie noch misstrauischer und ich würde neben diesen »virtuellen« und sehr manipulierbaren Informationen gern etwas Realität in die Recherche bringen wollen.
Auch aus diesem Grund haben wir uns entschieden, Herrn Heinzers Einladung nachzukommen und heute die Reise nach Solingen anzutreten, um dort ein FingerHaus im Bau zu besichtigen und eine »echte« Baufamilie zu treffen. Das Wetter meinte es gut mit uns: Strahlender Sonnenschein und Temperaturen nahe der 30°-Marke machten den Ausflug nach Solingen zu einer wirklich angenehmen Tour. Jedenfalls sofern man ein Auto mit Klimaanlage fährt. In Solingen angekommen,

sahen wir auch schon einen mobilen Kran, der eifrig Hausteile von Lkw-Anhängern in Richtung Baustelle hob, wo sie sogleich verbaut wurden. Das Untergeschoss stand bereits. Spätestens jetzt hatte ich ein etwas schlechtes Gewissen, mitten in dieser heißen Phase am Bau zu sein und erwartete eine Baufamilie in einer Ausnahmesituation. Hier wurde grad deren künftiges Zuhause zusammengesetzt. Eine hochemotionale Angelegenheit. Und hier sollten wir nun nach Informationen für unser eigenes Haus Ausschau halten?

In diesem Moment stand Herr Brutenkamp, der Bauherr, vor uns und stellte sich freundlich vor. Etwas irritiert davon, dass er keinerlei Arbeitskleidung trug, schüttelten wir ihm freundlich die Hand, bevor er uns einlud uns zu setzten. »Wohnzimmer schon eingerichtet?«, fragte ich lachend. »Nee,«, erwiderte er ebenfalls lachend, »so schnell geht´s dann doch nicht. Dort drüben, neben dem Haus vor der Garage!«, und wies auf eine Biergarnitur mit Getränken und Knabbereien. »KLIRRRR!«, machte es da aus Richtung des Hauses. Ein Element des Wintergartens war, hängend am Kran, irgendwo gegengeschlagen, und eine große Scheibe war zu Bruch gegangen. Spätestens jetzt erwarteten wir mit schmerzverzerrtem Gesicht, dass auch die Gesichtszüge Herrn Brutenkamps in selbige Position wechseln würden. Doch der blieb ganz locker und fragte abermals, ob wir uns nicht setzen wollten. Etwas perplex sagte Nadja: »Ich glaube, da ist was schiefgegangen, schauen Sie mal.« Herr Brutenkamp lächelte und sagte: »Das macht nichts, das wird schon geregelt. Kommen Sie, wir setzen uns und trinken erst einmal was.« Und in der Tat ließ man sich auf der Baustelle nicht beirren. Man nahm einen dicken Stift, schrieb »Kranfahrer« auf die Reste der zerborstenen Scheibe, rief »Alles klar, weiter!« »Jo, alles klar!«, und baute einfach weiter.

Herr Brutenkamp erklärte, dass er sich überhaupt keine Sorgen um solche Dinge mache, da er als Bauherr zu diesem Zeitpunkt ohnehin nur Zuschauer sei. Alles Weitere würde von FingerHaus geregelt. Er nehme nur ein fertiges Haus entgegen. Und gezahlt würde ohnehin immer Anteilig zum Baufortschritt.

Da zu diesem Zeitpunkt niemand von FingerHaus selbst in der Nähe war, nutzte ich die Gelegenheit und fragte Herrn Brutenkamp mit tiefen und geheimnisvollem Blick in die Augen: »Mal ehrlich unter uns: Würden Sie wieder FingerHaus engagieren? Man hört ja so viel von irgendwelchen Hausbaufirmen.« In diesem Moment beobachtete ich wie ein Geheimagent seine Mimik und hörte aufmerksam hin. Würde nur das kleinste Zittern in seiner Stimme hörbar sein oder seine Augen unkontrolliert blinzeln, hätte ich ihn als feindlichen Agenten enttarnt und diesen Hausbau als reine Show, als Inszenierung der allmächtigen Hausbaulobby entlarvt! Seine spontane Antwort: »Klar, ist schon das zweite Haus, was ich mit denen baue. Jederzeit wieder.« Kein Zittern, kein Blinzeln. Noch dazu waren wir überrascht. Einmal ein Haus zu bauen mag ja anstrengend sein, aber dann noch ein zweites?

Herr Heinzer bog mit seinem Auto um die Ecke. Freudig winkend stieg er aus, öffnete den Kofferraum und brachte der Baufamilie frische Getränke und etwas Schnaps zum Richtfest. »Mache ich immer so bei meinen Baufamilien!«, rief er in unsere erstaunten Gesichter und lief mit einer Bierkiste schnurstrax an uns vorbei in Richtung Kühlschrank, der am Baustromkasten angeschlossen war. Spätestens jetzt dachte ich wieder an eine Inszenierung der allmächtigen Hausbaulobby. Etwas später kam er auf uns zu und lud uns ein, gemeinsam mit Herrn Brutenkamp das Haus von innen zu betrachten, da der Kran ohnehin grad pausierte. Wir wagten uns also ins Innere der Baustelle. In diesem Moment fiel mir auf, dass mitten im Bau absolute Ordnung vor dem Haus und auch im Haus herrschte. »Eine billige Inszenierung!«, dachte ich wieder. Alles stand an seinem Platz, es gab keine Stolperfallen oder sonstige Unordnung. Das galt auch für die Mitarbeiter. Man grüßte freundlich in ungebrochenem Deutsch und ging zügig seiner Arbeit nach. »Alles Statisten!«, machte mein Hirn sich wieder bemerkbar. Das machte alles schon einen wirklich guten Eindruck und deckte sich fast zu gut mit den Informationen aus dem Internetforum.

Nadja und ich schauten uns an. Beide suchten wir nach dem Haken. Nichts gefunden bisher. Sehr verdächtig. Wir bleiben dran.

E-Mail für dich!

Samstag, 27. Juni

Was wir bisher von FingerHaus gesehen haben, scheint das Unternehmen zumindest dazu zu qualifizieren, uns ein Angebot machen zu dürfen. Das hätte zumindest den Charme, dass ich einmal ein Gefühl dafür bekomme, ob meine bisherigen Preisvermutungen irgendwie realistisch sind. Herr

Heinzer zumindest konnte sich nicht dazu durchringen, Aussagen über mögliche Preise zu treffen, solange er nicht wirklich wisse, was wir überhaupt bauen möchten. An dieser Stelle wiederum beißt sich die Katze irgendwie in den eigenen Schwanz, denn Nadja und ich würden gern auch vom Preis abhängig machen, was wir denn überhaupt bauen wollen. Was bringt uns eine Villa, an der noch unsere Urenkel zu zahlen haben?
Es bleibt also nichts, als sich aneinander anzunähern. Und damit wir uns nicht auf einem tieferen Niveau nähern, als es notwendig wäre, habe ich mich unerhörter Weise entschlossen, gemeinsam mit Nadja eine Art erste Wunschliste zu erstellen, die ich Herrn Heinzer schicken werde, um zu sehen, was er daraus macht. Diese Wunschliste enthält erst einmal alle unsere Wünsche, fernab jeglicher Gedanken an Kosten oder Realitäten. Inspiration haben wir ja zwischenzeitlich ausreichend im Musterhausparks und im Internet sammeln können. Neben einigen Bildern von Häusern, die uns rein äußerlich gefallen, haben wir die relevanten Auszüge aus dem Bebauungsplan in ein Dokument kopiert. Auch einige Bilder von netten Grundrissen haben wir aus dem Internet heruntergeladen und auf unserem Wunschzettel hinterlegt. Um Herrn Heinzer ein Gefühl darüber zu geben, in welche Richtung wir gehen wollen, haben wir spontan folgende Stichworte hinzugefügt:

- viel Licht
- luftig
- barrierefrei
- mediterran (wenn auch nicht übertrieben) / elegant
- gemütlich aber nicht »altbacken«
- klare Linien
- zeitlos
- funktional

Zu guter Letzt haben wir eine Tabelle erstellt, die Ausstattungsmerkmale, die wir aus Musterhäusern kennen, in eine »Muss-«, »Kann-« und in eine »Nice-to-have«-Spalte aufteilt. Natürlich haben wir zunächst einmal die Vorgabe gemacht »schlüsselfertig« zu bauen, also nicht einen Handschlag selbst zu erledigen. Ich denke, dass das hinsichtlich des Preises utopisch sein wird, aber einen Versuch ist es uns wert. Leistungen streichen können wir ja immer noch.

Das sollte Herrn Heinzer nun erst einmal reichen, um herauszufinden, was wir bauen dürfen, wollen und können. Wenn er am Montag in sein E-Mail-Postfach schaut, wird er sich dieser Informationsflut gegenüber sehen. Ich bin sehr gespannt, was er daraus macht. Natürlich haben wir die Liste allgemein genug gefasst, um sie auch anderen Hausanbietern zukommen zu lassen, was auch in dieser Form geschehen wird.

Da es spätestens beim Thema Preis auch um die Finanzierungsmöglichkeiten gehen wird, haben wir schon einmal vorgearbeitet: Wir haben uns unsere Kontoauszüge des letzten Jahres vorgenommen und alle unsere regelmäßigen Ausgaben in einer Liste erfasst und kategorisiert. Das hat zum einen den Sinn, dass wir unnötige Ausgaben endlich einmal bereinigen können, zum anderen wissen wir nun sehr genau, welches Geld wo hin fließt und was am Monatsende übrig ist.

In einem zweiten Schritt haben wir in die Zukunft geplant und uns gefragt, wie wir hinsichtlich unseres Projekts überhaupt mit dem Budget umgehen wollen. Hier stellt sich weniger die Frage, wie wir Geldmittel freisetzen, als mehr die Frage nach einer grundsätzlichen Herangehensweise an die Budgetplanung (»Beschaffung planen«): Da Nadja schwanger und berufstätig ist, wird sich unsere Einkommenssituation naturgemäß bald etwas ändern. Grundsätzlich wollen wir also konservativ planen, um auch noch Notreserven zu haben. Somit möchten wir langfristig mit einem »verminderten« Haushaltseinkommen rechnen. Inhaltlich, also bei der Durchführung der Beschaffung und der Budgetrechnung werden uns unsere erstellten Tabellen die Verhandlungen mit Banken erleichtern, weil von vornherein klar ist, wie viel Geld im schlechtesten Fall für eine Kreditrate verfügbar ist. Es ist also wichtig, Szenarien der eigenen Zukunft zu entwerfen: Wie läuft es im Optimalfall? Was ist der »Worst Case«? Was ist die wahrscheinlichste Variante?

Hat man diese Daten erhoben und die zur Verfügung stehenden Mittel für alle Szenarien ermittelt, so kann man anhand einer simplen Formel errechnen, wie viel Geld mit einer Wahrscheinlichkeit von 50 Prozent zur Verfügung stehen wird (einfache Dreipunkt-Schätzung):

(Optimistischer Wert + (4•wahrscheinlichster Wert) + Pessimistischer Wert)/6

An einem fiktiven Beispiel würde dies Folgendes bedeuten:

(1500 € + (4 • 1100 €) + 800 €)/6 = 1116,66 €

In diesem Fall könnte man also mit 1.116,66 € planen, die für die Kreditrate verfügbar sind.

Diese Formel ist sehr praktisch, da man sie im Projektverlauf immer wieder verwenden kann, um eine blanke Bauchätzung greifbarer zu machen. Dies gilt sowohl für Budgetberechnungen, aber auch für die Einschätzung der Dauer der Aktivitäten. Wie lange benötigt der Anstreicher zum Streichen? Im günstigsten Fall eine Woche, wahrscheinlich aber zwei. Geht was schief, wird er drei Wochen benötigen. Ich kalkuliere daher mit zwei Wochen:

(1 + (4 • 2) + 3)/6 = 2

Selbst wenn wir hiermit »nur« eine Wahrscheinlichkeit von 50 % ermitteln, so werden sich positive und negative Abweichungen verschiedener Schätzungen in aller Regel ausgleichen, so dass ein solcher Planungsansatz meiner Erfahrung nach eine recht hohe Genauigkeit bietet.

Wie bereits erwähnt, wollen wir sehr konservativ planen. Daher haben wir den in unserem Fall errechneten Betrag für die Kreditrate noch einmal um 100 € vermindert. Sicher ist sicher und alles, was hinterher übrig ist, kommt dem jährlichen Familienurlaub zugute. Im professionellen Umfeld würde man solche Reserven als »Management Reserve« bezeichnen, also Geld, das für unvorhersehbare Fälle bereitsteht.

Kosten schätzen

Wie bereits im Tagebucheintrag erläutert geht es im Prozess »Kosten schätzen« darum, sich dem finalen Projektbudget anzunähern, indem Schätzwerte aus den bereits identifizierten Arbeitspaketen, Angebote oder aus Risiken resultierende Kosten gemäß des Kostenmanagementplans generiert werden. Dieser Prozess ist ebenfalls iterativ: Je detaillierter die Zielvorstellung wird, umso konkreter lassen sich die entsprechenden Schätzungen vornehmen. Einige Positionen werden bis zu ihrer Realisierung Schätzwerte bleiben müssen, da sich erst dann die tatsächlichen Kosten herausstellen. Es ist also zu empfehlen, die Schätzung sorgsam und detailliert vorzunehmen, um die endgültige Budgetplanung auf möglichst realistischen Werten fußen zu lassen. Dieser Prozess wird uns also über weite Teile des Hausbaus begleiten. Derzeit versuchen wir noch, einzelne Budgetpositionen annäherungsweise mit Zahlen zu versehen.

Budget festlegen

»Budget festlegen« befasst sich in Abgrenzung zu »Kosten schätzen« mit der Zusammenführung der einzelnen Schätzwerte zu einem Gesamtbudget. Dieses Gesamtbudget und die Verteilung der erforderlichen Ausgaben über den Verlauf des Gesamtprojekts bilden im Anschluss die sogenannte »Cost Baseline«, die Aufschluss darüber gibt, zu welchem Zeitpunkt im Projekt wie viel Budget abgerufen sein müsste. Wir haben es also mit den »Soll-Kosten« zu tun, die natürlich auch mit den zur Verfügung stehenden Finanzmitteln vereinbar sein müssen. Achtung: Die Cost Baseline enthält nicht die im Gesamtbudget enthaltenen Management Reserve, sehr wohl aber die im Rahmen der Risikoplanung berücksichtigten Contingency Reserve. Hier unterscheidet die Lehre des PMBoK® strikt und das Nachlesen lohnt sich!

Antwort für mich!

Inhalt und Umfang definieren

Montag, 29. August

Es ist schon erstaunlich: Herr Heinzer hat mich heute direkt angerufen und sich für unsere Wunschliste bedankt. Wenn wir wollten, würde er schon einmal erste Ideen am kommenden Wochenende liefern. Ideal wäre es, wenn wir noch eine weitere Baufamilie besuchen würden, die ein Hausmodell baut, das grundsätzlich schon für uns passen könnte. Ort des Geschehens sei wieder einmal Solingen. Ich werde das einmal mit Nadja besprechen. Lust hätte ich schon, weitere »reale« Kunden und Häuser zu sehen.

Das Haus am Ende der Welt

Samstag, 08. August

Inhalt und Umfang definieren | Kosten schätzen

Es ist wieder Samstag, es ist wieder tolles Wetter, wir sind wieder in Richtung Solingen gefahren, um ein FingerHaus im Bau zu besichtigen. Diesmal ist es aber nicht der Tag der Hausaufstellung, sondern das Haus steht bereits an Ort und Stelle und die Bauherren sind damit beschäftigt, Eigenleistung beim Innenausbau zu erbringen. Ehe wir uns dies aber anschauen konnten, wollte die Baustelle erst einmal gefunden werden, denn das Navi in unserem Auto schickte uns wild durch die Solinger Berge, durch Innenhöfe von Bauernhöfen, durch Wege, die so eben die Breite unseres Autos hatten, vorbei an Mars und Jupiter bis ans Ende der Welt. Vor Ort angekommen, stand es dann auch da: ein knallrotes FingerHaus. Ja, ich sagte »knallrot«. »Wer zum Henker baut ein knallrotes Haus mitten im grünen Nirgendwo? Ist das der Voranstrich? Wird´s noch ‘n Leuchtturm?«, fragte ich Nadja mit ungläubigen Gesicht. Nicht ganz ausgesprochen, stand auch schon der Bauherr gemeinsam mit Herrn Heinzer in der Haustür. Beide winkten eifrig. Wir waren also richtig, an einem knallroten Haus mitten im Nirgendwo. »Sie haben das Ziel erreicht«, sagte Uschi, unsere Navitante.

Wir stiegen aus, grüßten freundlich, besichtigten das Haus, bekamen Getränke, plauschten mit den Bauherren. Natürlich setzte ich auch wieder in einem von Herrn Heinzer unbeobachteten Augenblick den geheimnisvollen Blick auf und stellte die Geheimdienstfrage: »Gab es Probleme? Würden Sie wieder mit FingerHaus bauen?« Ich beobachtete jede Regung der Gesichtszüge und empfing wiederum die eine Antwort: »Jederzeit wieder, das war alles absolut problemlos bisher.« »So viele Leute kann der Heinzer doch gar nicht bestechen«, dachte ich. Wie zum Teufel funktioniert diese Inszenierung nur? Ist vielleicht sogar der amerikanische Geheimdienst darin verwickelt?

Herr Heinzer selbst war unterdessen fleißig gewesen. Während wir noch im Dachgeschoss mit der Baufamilie plauderten, hatte er an einem Steh-

tisch im Erdgeschoss Kuchen bereitgestellt und lud uns zu einem kleinen Snack ein. Wie versprochen hatte er uns eine Beispielplanung mitgebracht, die unseren Wünschen nahe kam und hatte auch schon einen Preis an diese Planung geschrieben. Der lag allerdings um gute fünfundvierzig Tausend Euro über dem Budget, was ich mir ausgemalt hatte. Schließlich war das nur der Hauspreis. Da würden ja noch Kosten für Möbel, Grundstück und so weiter hinzukommen.
»Haltung wahren, Mette, Haltung wahren!«, sagte ich mir, während mir eine Schweißperle aus einer Pore meiner Stirn schoss. »Piffff!« Ich versuchte mir einzureden, dass das immer so ist: Der erste Preis wird hoch angesetzt, um sich irgendwann in realistischen Preisregionen einig zu werden. Andererseits: Sollte das hier nicht der Fall sein, wäre unser Vorhaben am Ende, noch bevor es begonnen hat.

»Herr Heinzer, das ist ja wirklich schön, aber wenn das der Preis ist, dann hat unser Vorhaben ein Ende, noch bevor es begonnen hat«, sagte ich in ruhigem Ton und mit betroffenem Blick. »Immerhin habe ich eine Finanzbeamte geheiratet. Die genehmigt dieses Budget nicht«, fuhr ich fort, um die unangenehme Nachricht mundgerecht zu verpacken.

Jetzt hatte ich ihn. Herr Heinzer musste jetzt sein wahres Vertriebsgesicht zeigen und das tat er auch. Mit gehobenen Augenbrauen schaute er durch das Fenster in die weiten hügeligen Landschaften Solingens und atmete tief ein.

»Frau Mette, Herr Mette«, begann er, » Sie haben mir ja eine tolle Liste Ihrer Wünsche geschickt. Das wär schön, wenn das alle so machen würden und hat mir bei der Arbeit sehr geholfen. Ich habe also geschaut, dass ich möglichst alle Wünsche erfülle, aber auch dass ich Dinge weglasse, die Sie erfahrungsgemäß nur Geld kosten. Wissen Sie, ein Hausbau ist immer ein Kompromiss. Da kommen viele Faktoren zusammen. Die finanziellen und auch die Kompromisse zwischen den Bauherren.«

Ich: »Ja, aber das Schöne an echten Kompromissen ist ja, das alle damit zufrieden sind. Kompromisse mache ich also gern, ein für mich nicht passendes Geschäft aber nicht. Da verzichte ich lieber ganz, bevor ich mich hinterher ärgere.«

Er: »Aber vielleicht können Sie einige Dinge streichen und trotzdem gut damit leben, dass Sie eben auch Geld gespart haben. Schauen Sie, der Kamin würde beispielsweise schon einige Tausend Euro sparen.«

Ich: »Ganz ehrlich Herr Heinzer, wenn es nicht für einen Kamin reicht, brauche ich auch nicht zu bauen. Ich meine, warum baut man denn ein Haus? Doch wohl auch, um eine gewisse Lebensqualität zu realisieren. Und dazu gehört für mich eben auch ein Kamin.«

Ratloses Kopfschütteln bei Herrn Heinzer, stechender Blick von Nadja in meine Richtung. Scheinbar war es Zeit, etwas weniger militant zu wirken. Glücklicherweise sagte Herr Heinzer nun, dass er noch einmal schauen wolle, was sich machen lasse.

Nach kurzem Plausch machten wir uns auch schon wieder auf den Weg in Richtung Auto und sagten Navi-Uschi, sie solle uns nach Hause bringen. Erstaunlicherweise tat sie das diesmal nicht auf die gleiche Weise, wie wir angereist waren: Sie schickte uns direkt auf die Hauptstraße, die etwa 200 Meter entfernt lag. Zeitersparnis: 30 Minuten. Blödes Ding!

Die Erlebnisse am Abend resümierend, frage ich mich tief im Innern noch immer, wie ich einen sicheren Partner zum Hausbau finden soll. Geld wollen ja alle verdienen, wir wollen möglichst wenig Geld für möglichst viel Haus ausgeben. Der hierin enthaltene Konflikt findet sich wohl bei allen Vertragspartnern mehr oder minder stark ausgeprägt. Auch bei Finger-Haus, wie wir ja heute erfahren haben. Ich kann mich also lediglich auf die bereits erhobenen Fakten, Alternativangebote anderer Firmen und auf mein Bauchgefühl verlassen. Alles zeigt hier in Richtung FingerHaus. Trotzdem werde ich dieses Misstrauen nicht los. Vielleicht liegt das an dem riesigen Batzen Geld, der aus der privaten Kasse kommt. Aber wäre ich nicht ebenso misstrauisch, wenn ich von Herrn Heinzer eine Villa zum Discountpreis angeboten bekommen hätte? Ich werde versuchen, möglichst kühlen Kopf zu bewahren und anhand der erlernten Techniken möglichst viele Fakten zu schaffen. Mehr kann ich einfach nicht tun. Cool bleiben Mette, cool bleiben.

Bauherrentag Frankenberg – Vorfreude

Samstag, 12. September

Kosten schätzen | Beschaffungsmanagement planen

Ein Tag der Freude ist ungezügelter Vorfreude gefolgt: Es ist Bauherrentag bei FingerHaus in Frankenberg und wir sind dabei. Angesichts der riesigen Schwangerschaftskugel kurz vor dem neunten Monat, die Nadja vor sich herschiebt, bin ich beeindruckt und besorgt zugleich, dass sie eine Autofahrt von drei Stunden je Strecke auf sich nimmt. Nach mehrmaliger Rücksprache mit Nadja und international anerkannten Experten aus Gynäkologie und Raumfahrt können wir die Fahrt aber wohl wagen. Am heutigen Abend werde ich wissen, ob sie Recht hatten oder wir uns auf einer Landstraße wiederfinden, auf der ich einen Bauern mit »Holen Sie heißes Wasser und Handtücher! Und rufen Sie einen Arzt! Glotzen Sie meiner Frau nicht so da hin!« anschreie. Inzwischen sind auch einige Angebote anderer Haushersteller eingegangen und die Ernüchterung ist groß: In den meisten Fällen hat man uns pauschale Angebote aus der Schublade gezaubert und einen Preis daran geschrieben, ohne aber auf irgendeinen unserer Wünsche einzugehen. Ein Blick in die Bauleistungsbeschreibungen zeigt darüber hinaus, dass erschreckend viele Dinge nicht auftauchen, die im Gegenzug aber in der Bauleistungsbeschreibung bei FingerHaus stehen. Soll das heißen, dass man das alles extra zahlen muss? Dann wird´s ja sogar teurer als bei FingerHaus. Den sprichwörtlichen »Vogel« schießt die gefühlte Nummer 2 der Holzfertighausbranche in Deutschland ab: Hier bietet man uns ein verklinkertes Haus an, das gar nicht gefordert war. Das Sahnehäubchen: Lediglich die Klinkersteine sind inklusive. Laut Bauleistungsbeschreibung entstehen für das Gewerk des Verklinkerns jedoch gesonderte Kosten. Zu Deutsch: Material ja, Handwerk nein. Der große Kostenblock wird also dezent unterschlagen und kaschiert. Das ist mal ein echter Knaller und führt pauschal zur Disqualifikation. Entsprechende Internetquellen bestätigen ein solches Geschäftsgebaren zusätzlich. Rückfragen scheinen hier nicht erwünscht zu sein: Für Antworten dieser Art ist niemand erreichbar. Es ruft auch niemand zurück.

Und das bei allen Konkurrenten durch die Bank. Allenfalls Textbausteine kommen mir entgegen geflattert, die wiederum keinen Informationsgehalt aufweisen. Solch ein Verhalten disqualifiziert schon vor Vertragsabschluss, wie ich finde. Wie soll´s denn erst laufen, wenn während der Bauphase Probleme auftauchen? Man merke sich: BAULEISTUNGSBESCHREIBUNGEN VERGLEICHEN! – Auch wenn´s mühsam ist. Nützlich ist hier immer jemand, der sich am Bau auskennt und einschätzen kann, was sich hinter all den neuen Begriffen verbirgt. Naja, jetzt ist´s erst einmal Zeit loszufahren in Richtung Frankenberg (Eder) ...

Bauherrentag Frankenberg – Wieder da!

Samstag, 12. September

Inhalt und Umfang definieren | Kosten schätzen | Beschaffungsmanagement planen

... und »Schwubs!«, da sind wir wieder. Die Frau mit dem Planeten im Bauch hat alles gut überstanden, ich musste keinen Bauern anbrüllen. Nachdem beim Bauherrentag diverse Leckereien in Form von Bratwürsten, etc. in Nadja eingefüllt wurden, war absehbar, dass sich Gesichtsfarbe und Atemfrequenz auch weiterhin innerhalb normaler Parameter bewegen würden. Insgesamt war es ein recht interessanter Tag. Zwar gab es nicht viele Neuigkeiten, der gute Eindruck konnte jedoch gefestigt werden. Sehr interessant war, dass man Einblick in die zur Verfügung stehenden Ausstattungsmerkmale für Fingerhäuser bekommen hat. Natürlich haben wir etliche Fotos geschossen, damit wir später prüfen können, was die Produkte denn kosten, wenn man sie in Eigenregie beschafft. Vielleicht kann man hier ja noch sparen. Schon jetzt lässt sich sagen: Hier sind keine No-Name-Fabrikate zu finden. Zusätzlich gab es Führungen durch die Produktion, so dass man mal live sehen konnte, wie die Wandelemente der Häuser gefertigt werden, bevor sie auf die Baustelle kommen. Sehr interessant. Ich habe mir auch hier erlaubt, hier und dort einmal Abstand von der Gruppe zu nehmen und hinter die Kulissen zu schauen. Das Ergebnis: alles ordentlich. Bis zur letzten Schraube und bis zum letzten Anstrich kommen ausschließlich Markenprodukte zum Einsatz. Der angesprochene Mitarbeiter spricht fließend hessisches Deutsch, kommt aus dem Nachbarort und ist gelernter Zimmermann. Ein gutes, politisch korrektes Gefühl. Neben der Tatsache, dass unser Haus in unserer Region produziert wird, ist die Verwendung hochwertiger Produkte natürlich ein besonders gutes Gefühl. Wenngleich uneingeschränkte Sicherheit wohl kaum erreichbar ist, ist mir dieser Faktor hinsichtlich der späteren Raumluft wichtig: Es wäre ein Desaster, würden giftige oder allergieauslösende Materialien in dem Haus verbaut werden, in dem wir unser Familienleben verbringen wollen. Die gefühlt größte Sicherheit ist hier nur erreichbar, wenn oft verwendete Markenprodukte zum Einsatz kommen. So zumindest die Theorie, denn die Beauftragung von Laboren können wir uns nun wirklich nicht leisten. Neben dem marketingwirksamen »Hausbauscheck« über 500 € im Falle eines späteren Vertragsabschlusses mit FingerHaus, den wir für unseren Besuch erhalten haben, gab es jedoch noch eine weitere wichtige Information: Es gibt eine Kooperation zwischen FingerHaus und einem der führenden deutschen Heizungshersteller. Eine aktuelle Aktion ermöglicht beim Kauf eines Hauses den Einbau einer Fußbodenheizung, beheizt durch eine Erdwärmepumpe, inklusive der dazu nötigen Erdbohrung für insgesamt unter 14.000 €. Berücksichtigt man die Tatsache, dass sonst allein die Bohrung etwa 10.000 bis 12.000 € kostet und wir es hier wieder mit einem Markenprodukt zu tun haben, wäre das schon ein Schnäppchen, sofern nichts »Kleingedrucktes« hinzukommt.

Auch Herr Heinzer hatte natürlich Zeit für uns und versorgte uns wieder einmal mit Materialien für das leibliche Wohl. Im Festzelt bei Live-Musik haben wir uns über alles Mögliche rund um den Hausbau unterhalten. Weitere Verhandlungen haben wir jedoch ganz bewusst nicht geführt. Er gibt uns Zeit, andere Angebote zu prüfen. Darüber hinaus möchte ich es fairer Weise dabei belassen, allen Anbietern gleiche Informationen zu unseren Wünschen bereitgestellt zu haben, bis der Entscheidungsprozess abgeschlossen ist. Das gehört nun einmal zur Ethik, die man als Projektleiter an den Tag legen sollte: Behandle alle Beteiligten fair und mit Respekt, denn das wirkt sich positiv auf das Projektergebnis aus! Bei weiterem Interesse melden wir uns daher also erst nach den Angeboten der Konkurrenten wieder bei Herrn Heinzer, nachdem auch er ein verbindliches Angebot abgegeben hat. Sehr angenehm.

4. Planung

Tag der Entscheidung

Montag, 30. November

Es ist viel passiert in den letzten Wochen. ICH BIN PAPA!!! Die kleine Marie ist gesund zur Welt gekommen und gaaanz objektiv betrachtet das süßeste und bestriechenste Kind der Welt. Ich nenne sie wahlweise »Mausezahn« oder »Mausefurz«, ihre Mama ist wohlauf und wir haben uns bereits in unser neues Leben zu dritt eingefunden. Schlagartig haben sich alle Prioritäten verschoben, der Nestbautrieb ist noch stärker geworden!

Wie mit Herrn Heinzer vereinbart, haben wir inzwischen diverse Angebote eingeholt und gesichtet. Leider ohne nennenswerten Erfolg: kritische Rückfragen sind nach wie vor nicht erwünscht oder werden nur unzureichend beantwortet. Inzwischen ist mir also klar, warum sich Herr Heinzer seiner Sache so sicher ist und uns in aller Ruhe hat schauen lassen. So ungern ich es eingestehe: Es ist Zeit, die gesammelten Informationen als Ergebnis hinzunehmen und in den Anbietervergleich einfließen zu lassen. Zwar kenne ich bereits jetzt das Ergebnis, dennoch will ich es noch einmal dokumentieren, indem ich die eine oder andere Nutzwertanalyse durchführe. Wir müssen also einige Entscheidungen treffen: Wollen wir nun ein Stein- oder ein Holzhaus? Wollen wir ein Fertighaus oder eines vor Ort bauen? Zum Schluss ist dann noch die Frage zu klären, mit welchem Anbieter wir bauen möchten. Selbstverständlich hat auch Herr Heinzer inzwischen ein verbindliches Angebot abgegeben, das sich deutlich unserem Budget angenähert hat. Die Nutzwertanalyse gestaltet sich einfach: Man lege die Kriterien fest, die in die Entscheidung einfließen sollen und gebe ihnen eine Gewichtung, je nach Priorität (hier 1-10). Anschließend gebe man jedem Kriterium Punkte für jeden möglichen

Entscheidungsweg, je nach dem ob es stark zutrifft oder eben nicht (wieder 1-10). In unserem Fall können wir dies tun, da wir ja in den letzten Monaten eine Menge Informationen aus unterschiedlichsten Quellen gesammelt haben. Multipliziert man nun Gewichtungen und Punkte, so gibt es ein Zwischenergebnis je Kriterium und Entscheidungsweg. Die Summe aller Kriterien innerhalb eines Entscheidungsweges gibt Aufschluss darüber, wie sinnig der Entscheidungsweg gegenüber den anderen Alternativen ist. Je mehr Punkte erreicht werden, umso sinniger der Weg. Zu berücksichtigen ist jedoch, dass es sich hierbei um eine sehr subjektive Einschätzung handelt. Viele Kriterien sind nicht messbar. Dennoch hat man nachvollziehbar dokumentiert, wie man zu einer Entscheidung gelangt ist.

Kriterium	Informationsquelle	Gewichtungs-faktor	Holzrahmenbau Punkte	Holzrahmenbau Ergebnis	Mauerwerk Punkte	Mauerwerk Ergebnis
Angenehmes Raumklima	Durch Besichtigungen bewertet	10	10	100	7	70
Gute Schallisolation	Durch Besichtigungen bewertet	8	7	56	9	72
Stabilität bei Sturm	Gutachten Internet	7	7	49	9	63
Brandschutz	Gutachten Internet / Fernsehbericht	7	6	42	6	42
Stabilität bei Erdbeben oder Bergschäden	Gutachten Internet / Fachliteratur	5	8	40	5	25
Ungezieferunanfälligkeit	Wandaufbau betrachtet	7	6	42	10	70
Schäden bei Wassereinbruch	Infos nur durch Berater erhalten	4	7	28	4	16
Kosten des Baus	Vergleich von Indikationen	9	8	72	8	72
Bauzeit	Auswertung von Erfahrungsberichten	9	10	90	8	72
Umweltfreundlichkeit	Fachliteratur	8	8	64	7	56
Wärmeisolation	Energiepässe von Musterhäusern / Fachliteratur	10	10	100	10	100
				683		**658**

Kriterium	Informationsquelle	Gewichtungs-faktor	Fertighaus Punkte	Fertighaus Ergebnis	Bau vor Ort Punkte	Bau vor Ort Ergebnis	Kauf Bestandsobjekt Punkte	Kauf Bestandsobjekt Ergebnis
Hohe Stabilität	Gutachten Internet / Fernsehbericht	10	10	100	10	100	10	100
Flexibilität in der Planung	Befragung Hersteller	7	8	56	8	56	2	14
Geringer Zeitaufwand	Planbeispiele der Hersteller	9	10	90	4	36	6	54
Niedrige Anschaffungskosten	Angebote / Preise von Referenzhäusern	9	7	63	4	36	6	54
Vermeidung von Folgekosten	Internetrecherche	8	8	64	8	64	2	16
				373		**292**		**238**

Kriterium	Informationsquelle	Gewichtungs-faktor	Fingerhaus Punkte	Fingerhaus Ergebnis	Konkurrenzbau GmbH Punkte	Konkurrenzbau GmbH Ergebnis
Subjektiver Eindruck der Unternehmens	Persönliche Kontakte / Internetauftritt	8	9	72	8	64
Meinungen im Internet	Bauforen	6	10	60	4	24
Eindruck von Referenzkunden	Wenn möglich, Besuch vor Ort	9	10	90	0	0
Paket-Preis	Vergleich Preisindikationen	8	6	48	8	64
Im Paket-Preis enthaltene Leistungen	Bauleistungsbeschreibungen	8	8	64	4	32
Transparenz-Eindruck	Persönliche Kontakte	7	9	63	5	35
Verwendete Baumaterialien	Informationsmaterial der Hersteller	7	9	63	8	56
Beratungsqualität	Persönliche Kontakte	9	10	90	4	36
Erreichbarkeit	Persönliche Kontakte	9	10	90	4	36
				640		**347**

Abb. 5 Nutzwertanalysen

Inzwischen steht also fest: Wir möchten ein Fertighaus in Holzständerbauweise bauen. Als Anbieter erscheint FingerHaus uns als der sinnvollste Vertragspartner. Die wesentlichen Faktoren, die uns zu dieser Entscheidung geführt haben sind das Raumklima, der schnelle Baufortschritt und Qualität des Hausherstellers. Verzettelt haben wir uns allerdings mit der ursprünglichen Einschätzung, dass Fertighäuser deutlich günstiger sind, als gemauerte Häuser, die vor Ort erstellt werden. Preislich spielen beide Varianten in einer ähnlichen Liga. Fertighäuser bieten lediglich den Vorteil, dass die Doppelbelastung zwischen Wohnungsmiete und Kreditraten aufgrund des rapiden Baufortschritts deutlich geringer ausfällt.

Wir werden also mit Herrn Heinzer und auch mit den anderen Unternehmen, die ein Angebot erstellt haben, Kontakt aufnehmen und Ihnen jeweils mitteilen, ob sie noch im Rennen sind oder aber nicht. Faktisch wird also nur Herr Heinzer die Information erhalten, dass er noch dabei ist. Aus taktischen Gründen wird er aber nicht erfahren, dass FingerHaus der absolute Favorit ist. Fairerweise sagen wir ihm das nach Abschluss der Verhandlungen.

Bevor wir das Angebot jedoch weiter verhandeln, werden wir die bereits jetzt erkennbaren Risiken listen. Vielleicht gibt es Dinge, mit denen wir Risiken von vornherein vermeiden können, die aber vielleicht Bestandteil des Angebots sein sollten. Spontan fällt mir hier die »Kostenüberschreitung durch Nachbemusterung« ein. Was sich hierunter verbirgt, ist ein klassisches Problem vieler Bauherren gewesen, die wir befragt haben: In einem Angebot sind in aller Regel eine gewisse Anzahl von Steckdosen enthalten. Will man mehr, so kostet dies natürlich auch mehr. In dieser Art geht es mit anderen Ausstattungsmerkmalen weiter, bis nicht unerhebliche Beträge zusammenkommen. Diesem Risiko möchten wir durch gute Verhandlung und gute Vorbereitung vorbeugen, um auf der Kostenseite nicht aus dem Ruder zu laufen. In diesem Sinne gilt es nun zunächst, alle Risiken zu listen und darüber hinaus hinsichtlich ihrer Eintrittswahrscheinlichkeit und ihrer Auswirkung zu bewerten:

#	Beschreibung Risiko / Grund	Auswirkung des Risikos	Eintritts-wahrscheinlichkeit	Risiko-faktor	Risiko-klasse	Maximale Kosten	Präventive Maßnahmen
1	Hausbauunternehmen geht pleite	10	10 %	1.00	niedrig	200.000 €	Prüfung des Unternehmens in Internet, Handelsregister, etc.
2	Verbindlichkeiten von Verwandten müssen übernommen werden.	6	10 %	0.60	niedrig		Gemeinsames Planungsgespräch zur Absicherung
3	Ehe leidet unter Hausbau	9	60 %	5.40	hoch		Kommunikationsvereinbarungen, geringe Einbindung Kirstens in fachliche Umsetzung
4	Haus ist nicht pünktlich einzugsbereit, Miete und Hauskredit müssen gleichzeitig bedient werden. (Zusatzkosten je Monat)	5	60 %	3.00	mittel	1.000 €	Konservative Zeitplanung, Versuchen Hausbau-unternehmen vertraglich haftbar zu machen
5	Unfall an der Baustelle verursacht Schaden	7	50%	3.50	mittel	10.000 €	Versicherung abschließen, auf Einhaltung von Arbeitssicherheitsbestimmungen achten
6	Bauausführung ist nicht adäquat	8	40 %	3.20	mittel	70.000 €	Einbindung eines Bausachverständigen und stetige Begleitung des Baufortschritts
7	Nachbarn torpedieren den Bau wg. Lärm	4	30 %	1.20	niedrig		Frühzeitige Einbindung, Stakeholdermanagement
8	Ein Ehepartner verstirbt	9	40 %	3.60	mittel		Testament mit gegenseitiger Begünstigung ausarbeiten

Neubewertung unter Berücksichtigung präventiver Maßnahmen				
#	Auswirkung des Risikos	Eintritts-wahrscheinlichkeit	Risiko-faktor	Budget-Rückstellung
1	10	0.5 %	0.05	1.000 €
2	6	0 %	0.00	0 €
3	9	20 %	1.80	0 €
4	5	20 %	1.00	200 €
5	2	50 %	1.00	5.000 €
6	8	10 %	0.80	7.000 €
7	4	10 %	0.40	0 €
8	2	40 %	0.80	0 €

Abb. 6 Einfache Risikotabelle

Natürlich haben wir die letzten Wochen auch genutzt, um Finanzierungsangebote verschiedener Banken einzuholen. Auch hier zeigt sich, dass ein direkter Vergleich der Angebote recht mühsam ist. Da wir aber ein klares Bild von der Situation am Markt haben wollen, haben wir diese Zeit jedoch investiert. Derzeit gibt es zwei Institute, die in die nähere Auswahl kommen. Herr Heinzer hatte uns zusätzlich avisiert, mit einem »unabhängigen« Finanzierungsberater namens Herr Pede zusammenzuarbeiten, der noch dazu für uns kostenlos sei. Zwar habe ich eine gewisse Abneigung gegen solch vermeintlich »unabhängige« Berater, aber wir werden zunächst verschweigen, dass Nadja gelernte Bankerin ist und ich mich mit entsprechender Literatur der Verbraucherzentrale aufgeschlaut habe. In Verbindung mit unserer eigenen Analyse des Marktes werden wir schnell herausfinden, wie vertrauenswürdig dieser Berater wohl sein mag. Im Internet habe ich zumindest bisher nichts Verwertbares zu diesem Namen finden können. Es ist schon ein komisches Gefühl: Plötzlich wird alles so konkret. Wir scheinen kurz vor der Unterschrift zum Bau unseres Zuhauses zu sein.
Ich werde einen Termin mit Herrn Heinzer abstimmen, an dem wir das Angebot einmal näher besprechen. Gut wäre es, wenn er auch Herrn Pede mitbringen würde. Allerdings soll dieser Termin erst im kommenden Jahr stattfinden. Wir wollen uns ein ruhiges Jahresende gönnen!

Qualitative Risikoanalyse durchführen

In der qualitativen Risikoanalyse werden identifizierte Risiken zunächst hinsichtlich ihrer Eintrittswahrscheinlichkeit und ihrer möglichen Auswirkungen bewertet und priorisiert. Die zentrale Frage ist hier: Welches Risiko muss besondere Beachtung finden, weil es besonders gefährlich ist? Die einfachste Technik hierzu ist es, ganz ähnlich der Nutzwertanalyse, Auswirkungskritikalität und Eintrittswahrscheinlichkeiten mit Werten auf einer Skala von beispielsweise 1-10 bzw. 10-100 % zu versehen. Multipliziert man nun beide Werte je Risiko miteinander, so ergibt sich ein Punktwert, anhand dessen Risiken sinnvoll priorisiert werden können.

Quantitative Risikoanalyse durchführen

Die quantitative Risikoanalyse knüpft direkt an die qualitative Risikoanalyse an. Die zentrale Frage hier: Was kostet das jeweilige Risiko an Finanzmitteln, sofern es in vollem Umfang eintreten würde? Multipliziert man im Anschluss diesen Wert mit der zuvor festgelegten Eintrittswahrscheinlichkeit in Prozent, so führt dies zu einem Geldbetrag, der für dieses Risiko in die Budgetplanung aufgenommen werden sollte. Hinweis: Durch den Prozess »Risikobewältigungsmaßnahmen planen« lässt sich eine Eintrittswahrscheinlichkeit gegebenenfalls reduzieren, woraufhin sich auch die Rückstellung im Budget ändert.

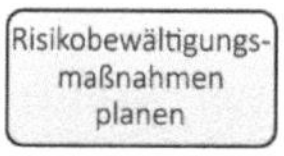

Die wesentliche Frage im Prozess »Risikobewältigungsmaßnahmen planen« dreht sich darum, wie ein Risiko vermieden, delegiert oder abgemildert werden kann. Auch Risikoakzeptanz, also die bewusste Inkaufnahme des Risikos, ist hier eine Option. Kann ich ein Risiko jedoch vermeiden oder beispielsweise durch eine Versicherung übernehmen lassen, so lassen sich hierdurch die potenziellen Kosten dieses Risikos deutlich senken: Eintrittswahrscheinlichkeit oder Auswirkung ändern sich positiv unter Berücksichtigung der geplanten Maßnahmen, so dass auch die erforderliche finanzielle Rückstellung sinkt. Hier ist also Kreativität gefragt. Natürlich ist darauf achtzugeben, dass Vermeidungsstrategien auch realistisch sind.

Verhandlungsrunde

Samstag, 30. Januar

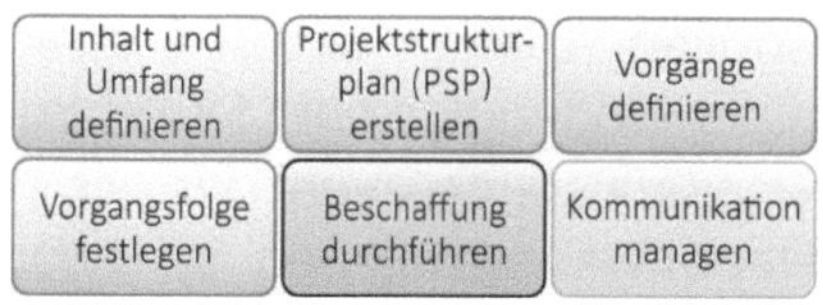

Frohes Neues! Ich hab lang nichts mehr geschrieben, und das ist auch gut so. Wir haben uns die Zeit genommen, etwas abzukühlen und unser Leben mit klein Marie zu genießen. Zusätzlich haben wir uns entschieden, das Projekt Hausbau abzublasen, womit auch dieses Bautagebuch sein Ende findet. Kleiner Scherz.

Vielmehr ist heute der Tag, an dem wir uns mit Herrn Heinzer und Herrn Pede getroffen haben, um über das Angebot von FingerHaus zu reden. Draußen schneit es wie im Himalaya, und Marie hat ihre erste Reise nach Wuppertal in einen ebenso verschneiten Fertighauspark erlebt. Die Autobahnfahrt beschränkte sich auf 60 km/h, aber so hat man wenigstens auch was von der Landschaft gesehen.

Angesichts der identifizierten Risiken habe ich Herrn Heinzer zuvor noch einige Fragen und Anmerkungen zum Angebot geschickt. Unter anderem habe ich auch unsere Risikoliste offen kommuniziert. Nur auf diese Weise wird FingerHaus unsere Beweggründe kennen und auf unsere Wünsche eingehen können. Eine offene Kommunikation ist hier ein ganz wesentlicher Bestandteil. So werden wir beispielsweise keinen Vertrag unterschreiben, solang wir kein Grundstück notariell beglaubigt in unserem Besitz haben. Dies wird wiederum nicht geschehen, solang wir keine Finanzierungszusage in unseren Händen haben. Finanzierungszusage und Grundstück brauchen jedoch Zeit. All dies sind Informationen, die zum Verständnis Herrn Heinzers beitragen. Andernfalls würde er sich womöglich wundern, warum wir verhandeln und verhandeln, aber niemals unterschreiben. Eine offene Kommunikation ist daher wichtig, um das gegenseitige Verständnis und das gute Verhandlungsklima zu sichern.

Zusätzlich habe ich das Geodreieck in die Hand genommen, um noch gewisse Details zum Grundriss vorzuschlagen, die ich gern im Rahmen eines Festpreises einarbeiten würde. Darüber hinaus haben wir schon jetzt eine Liste von Detailfragen, die wir möglichst früh klären wollen, um auch hier in eine fundierte Planung einsteigen zu können: Nur wer auch die Details seiner Aufgaben versteht, kann sie gemäß der Erwartungen erfüllen. Diese Fragen erstrecken sich von der Frage über den Einbau einer bodengleichen Duschtasse, bis hin zur Verwendung einer Regenwasserzisterne, von der wir mittlerweile so gut wie abgerückt sind. Die Regenwassernutzung ist zwar eine tolle Sache, verfärbt trotz Filterung über lange Zeiträume jedoch Toiletten gräulich-braun. Hinzu kommt, dass auch Hersteller von Spül- und Waschmaschinen Probleme mit der Garantie ihrer Geräte machen, sofern man sie mit Regenwasser betreibt. Diese Faktoren, gemessen an den Kosten für die Anlage, machen die Investition eher weniger lohnend, wenn man sich vorstellt, dass man hier zusätzliche Elemente verbaut, die irgendwann mal defekt sind oder gewartet werden müssen. Ganz ähnlich verhält es sich beim Stichwort »Solaranlage« und »Photovoltaik«. Diese Anlagen müssten wir, wie auch das Haus, finanzieren und damit auch Zinsen für diese Finanzierung zahlen. Rechnet man nun mit dem spitzen Bleistift, so kommt man recht schnell zu der Erkenntnis, dass sich diese Investitionen nahezu im gleichen Jahr amortisieren, in denen auch die durchschnittliche Lebensdauer wichtiger Anlagenkomponenten erreicht ist. Man handelt zwar politisch korrekt, auf der finanziellen Seite ist es jedoch eine Nullnummer, sofern man die Anlagen mit Hilfe des Darlehens finanziert. Zahlt man cash, ist es eine tolle Sache. Für uns momentan jedoch eher uninteressant. Wir lassen allenfalls die entsprechende Verkabelung für eine Photovoltaikanlage legen, so dass wir diese zu einem späteren Zeitpunkt nachrüsten können und fokussieren uns darauf, ein möglichst energieeffizientes Haus zu bauen. Der Verzicht auf diese Elemente gibt uns zusätzlich mehr Spielraum für die Verhandlungen mit FingerHaus.

Unter anderem habe ich Herrn Heinzer gebeten, eine Liste der Kosten zu erstellen, die neben dem reinen Haus noch auf uns zukommen werden. Die habe ich zwar bereits selbst, dennoch möchte ich auf diese Weise prüfen, ob meine Einschätzungen zu den Kosten für Erdarbeiten, Hausanschluss, Bauantrag und so weiter, irgendwie hinkommen. Sollte ich in dieser frühen Phase mit falschen Zahlen planen, wäre das fatal. Eigeninitiative ist also lobenswert, Expertenrat ist aber immer wichtig, um auch nah an der Realität zu bleiben. Zusätzlich zu Herrn Heinzers Einschätzung, dessen Hauptaugenmerk naturgemäß darauf liegt, mich nicht mit einer Kostenexplosion von einer Unterschrift abzuhalten, werde ich mir auch noch »Dummy-Angebote« von Tiefbaufirmen etc. einholen, um so einen Mittelwert für die Kalkulationen zu bilden.

Insgesamt war in den letzten Wochen zu merken, dass Herr Heinzer offensichtlich nicht gewohnt war, dass jemand derart viele Details im Angebot vermerken möchte. Dennoch war er aufgeschlossen und konstruktiv, was uns ein zusätzlich gutes Gefühl und mehr Sicherheit auf der Kostenseite vermittelt.

Derart vorbereitet sind wir mit unseren Gesprächen recht schnell vorangekommen. Herr Heinzer hatte auf jede Frage eine sinnige Antwort, ist uns bei unseren Wünschen entgegengekommen und hat darüber hinaus Verbesserungsvorschläge machen können. Zwar mussten wir an der einen oder anderen Stelle schon etwas härter verhandeln, dennoch war die Grundstimmung immer sehr konstruktiv. Nicht zuletzt zeigt sich, dass eine klare Formulierung der Wünsche und eine gewisse Einarbeitung ins Thema sehr hilfreich ist. Auch hinsichtlich der Problematik der nötigen Unterschriften konnte Herr Heinzer uns entgegenkommen: Er hat uns, neben einem Muster des Werkvertrags, zusätzlich einen Vorvertrag mitgegeben, den wir uns in Ruhe anschauen können. Dieser besagt, dass wir folgenlos vom Kauf zurücktreten können, sofern Grundstücksübernahme oder Finanzierung scheitern. Lediglich die bis zu diesem Zeitpunkt erbrachten Leistungen des Architekten müssten wir in diesem Fall tragen. Da diese einen Betrag von etwa 3.000 € nicht übersteigen, könnte das eine gute Alternative für uns sein. Diese Kosten können wir im Fall der Fälle gefahrlos tragen.

Besonders angenehm war, dass wir gemeinsam bereits eine Art Meilensteinliste erstellen konnten, so dass auch Nadja und ich nun ein Bild von den Hauptaktivitäten beim Hausbau haben: Neben den Vorbereitungen, die wir bereits selbst ausgearbeitet haben, geht es mit einem wahren Planungsmarathon weiter, zu dem auch die »Hausbemusterung« zählen wird. Darüber hinaus gibt es einen Block für Finanzierungsthemen und der Vertragsunterzeichnung mit dem Hauslieferanten, alle Themen die mit Behörden in Zusammenhang stehen und dem eigentlichen Bau, der sich in die Vorbereitung des Grundstücks, dem Bau der Bodenplatte, bis zur Hausaufstellung und dem Innenausbau erstreckt. Selbstverständlich werden unter diesen »Kapiteln« viele, viele weitere Arbeitspakete stehen, dennoch haben wir nun schon einen groben »Projektstrukturplan«. Noch gibt dieser Strukturplan keine zwingende zeitliche Abfolge der Themen wieder. Hieraus ist lediglich ersichtlich, wie sich die vielen anstehenden Arbeiten auf Themengebiete verteilen lassen. Denkbar ist es auch, zu einem späteren Zeitpunkt für einzelne Themengebiete separate Verantwortliche zu definieren.

- **Hausbau**
  - Vorbereitung
  - Vorverhandlung mit Bauunternehmen
  - Planung
  - Finanzierung & Versicherung
  - Amt & Anträge
  - Bau
    - Grundstück vorbereiten
    - Bodenplatte bauen
    - Hausaufstellung
    - Innenausbau
    - Inbetriebnahme
    - Abnahme
  - Umzug
  - Abschluss

Abb. 7 Projektstrukturplan in tabellarischer Form

Übrigens lässt sich ein Projektstrukturplan sowohl grafisch in einer Art Organigramm als auch tabellarisch darstellen. Hier sind der Kreativität kaum Grenzen gesetzt. Ich persönlich bevorzuge hier die tabellarische Variante, weil ich insgeheim bereits hier versuche, die Dinge in eine logische Reihenfolge zu bringen, bzw. in weiteren Schritten aus dieser Themensammlung die zeitliche Planung entwickle. Die Lehre des Projektmanagements sieht in diesem Stadium der Planung jedoch explizit keine zeitliche Abfolge vor, da zur Planung jener Abfolge Ressourcenverfügbarkeit, Dauer und Abhängigkeiten der einzelnen Arbeitspakete bekannt sein müssen, was hier eindeutig noch nicht der Fall ist. Man verzeihe mir also meine geradezu »provokante« Herangehensweise. *grins*

Herr Pede ist uns durch seine Zurückhaltung und seine konservative Herangehensweise positiv aufgefallen. Zwar konnten wir ihm schon viele Informationen zu unserer finanziellen Situation liefern, diese wollte er jedoch nicht vor Ort bewerten, sondern sich zunächst in Ruhe damit auseinandersetzen. Wir sind also auch hier sehr gespannt.

Das Ergebnis des heutigen Tages: Herr Heinzer wird das Angebot noch einmal überarbeiten und auf unsere Wünsche eingehen. Das Ganze sendet er uns per Mail und wir telefonieren dazu. Auch Herr Pede meldet sich zunächst telefonisch, so dass wir dann weitersehen. Die meisten unserer Fragen konnten klar und positiv beantwortet werden, so dass ich das Ergebnis als Erfolg bezeichnen möchte! Übrigens hat auch Marie die meiste Zeit schlafend verbracht. Ein sehr konstruktives Bauherren-Kind!

Projektstrukturplan (PSP) erstellen

Die Erstellung des Projektstrukturplans bezeichnet die Unterteilung der Liefergegenstände eines Projekts zunächst in grobe Themenbereiche oder Arbeitspakete. Auf diese Weise wird die grobe Vision des Projekts in einem ersten Schritt weiter konkretisiert und bildet somit die Grundlage für die spätere Detailplanung. Die Projektstrukturplanung lässt sich sowohl grafisch in Form eines Organigramms (hierarchische Abhängigkeiten von Themen) oder auch in Tabellenform realisieren.

Vorgänge definieren

Vorgänge definieren ist der Prozess, der sich mit der weiteren Konkretisierung der im Projektstrukturplan definierten Themenbereiche oder Arbeitspakete befasst. In diesem Schritt geht es nun eine Detailebene tiefer: So werden nicht mehr nur Arbeitspakete definiert, sondern bereits einzelne Arbeitsschritte oder Vorgänge erarbeitet, die zur Realisierung eines Arbeitspakets erforderlich sind. Der Detailgrad bleibt hier dem Projektleiter überlassen. Wichtig ist jedoch, dass jeder Arbeitsschritt derart konkret ist, dass er sich nachfolgend mit Schätzungen hinsichtlich seiner Dauer, seiner Kosten und den erforderlichen Ressourcen versehen und im weiteren Verlauf entsprechend steuern lässt.

Vorgangsfolge festlegen

Die Festlegung der Vorgangsfolge ist der erste Schritt zu einer zeitlichen Projektplanung. Hier werden nun Abhängigkeiten zwischen einzelnen Vorgängen betrachtet. Ziel ist es, den effizientesten Weg zur Realisierung der Projektziele zu finden. Welche Aktivitäten können parallel starten? Welche müssen aufeinanderfolgen, da eine Abhängigkeit besteht? Welche äußeren Faktoren nehmen Einfluss auf die einzelnen Vorgänge? Einfach betrachtet könnte man sagen, dass das

Haus nicht gebaut werden kann, ehe nicht eine Bodenplatte gebaut wurde und diese belastbar ist. Hier besteht also eine Abhängigkeit: »Hausbau« kann nicht eher starten, ehe »Bodenplatte« abgeschlossen ist. Sehr wohl könnte aber eine Aktivität »Küche planen« parallel zur Aktivität »Bodenplatte« laufen. Hier ist nicht nur Kreativität, sondern auch die Einbindung der jeweiligen Experten gefragt, da diese die entsprechenden Abhängigkeiten in aller Regel sehr gut kennen. Auch hier ist ein kontinuierliches Detaillieren sinnvoll. In einem ersten Schritt haben wir also die Expertise unseres Fachberaters hinzugezogen, um die Dinge in eine logische Reihenfolge zu bringen. Im weiteren Verlauf werden hier aber weitere Gespräche mit den Handwerkern erforderlich sein, um eine valide Planung zu erstellen.

Beschaffung durchführen

»Beschaffung durchführen« bezeichnet alle Aktivitäten rund um die Auswahl aller für das Projekt erforderlichen Vertragspartner oder Produkte sowie deren Bestellung. Es versteht sich von selbst, dass die Verfügbarkeit und die Qualität der ausgewählten Dienstleister und Waren dem Projektziel angemessen sein müssen. Im Unternehmensumfeld kommt hinzu, dass es vielleicht Rahmenverträge mit Dienstleistern gibt, die zu berücksichtigen sind.

Da es in unserem Projekt zu diesem Zeitpunkt erstmals wirklich konkrete Verhandlungen gibt, ist der Prozess an dieser Stelle vermerkt. Sicherlich sind aber auch alle Aktivitäten, die wir bisher zur Lieferantenauswahl durchgeführt haben, diesem Prozess zuzuordnen.

Blaue Tinte & Sekt

Montag, 08. Februar

Beschaffung durchführen

Heute, diverse Mails und Telefonate nach unserem letzten Termin in Wuppertal, ist ein wichtiger Meilenstein erreicht. Herr Heinzer hat uns daheim besucht, um den Werkvertrag für unser künftiges Zuhause gemeinsam zu unterschreiben. Zwar greifen wir wegen der noch ausstehenden Risiken hinsichtlich des Grundstücks und der Finanzierung auf das Rücktrittsrecht zurück, dennoch ist mit den Unterschriften unter dem Werkvertrag der formale Projektauftrag erteilt, so dass auch FingerHaus nun in der Lage ist, alles Notwendige in Bewegung zu setzten.

Nadja und ich haben heute einen Vertrag mit einem Budget von zwei Hochleistungssportwagen unterschrieben. Ich falle um. Zugegeben, kurz habe ich schon noch gezögert. Nach der ersten Unterschrift gingen die anderen acht aber dann doch recht schnell von der Hand. Natürlich haben wir den Vertrag vorher gründlich geprüft und von einem befreundeten Juristen checken lassen, damit wir den heutigen Tag genießen können. Trotzdem bleibt bei mir immer dieses Gefühl von »der vielleicht folgenschwersten Entscheidung unseres Lebens«, obwohl wir uns ja zu allen Seiten absichern, wo es nur geht. Aber dieses Gefühl liegt wohl in der Natur der Sache. Da muss man nach jeglicher Absicherung dann wohl einfach durch.
Sicherheitshalber haben Nadja und ich jeweils beide unterschrieben. Auf diese Weise sind wir gleichberechtigte Auftraggeber und sind gleichermaßen handlungsfähig, sofern einer von uns aus irgendwelchen Gründen einmal nicht verfügbar sein sollte. Mord, Blitzschlag, Lottogewinn. Man weiß ja schließlich nie, was kommt. Natürlich haften wir auf diese Weise auch gemeinsam, was aber der unromantische Teil der Szene ist.
Natürlich hat Herr Heinzer sich auch diesmal nicht lumpen lassen: Nach der Vertragsunterzeichnung gab´s Sekt und einen netten Plausch. Da war es aber schon zu spät, was die Wirkung meines Deos angeht ...

Kühles Superhirn

Samstag, 20. Februar

Herr Pede hat Wort gehalten. Er hat sich mit unserer Finanzsituation beschäftigt. Beeindruckend: Er hat sich nicht nur mit unserer Finanzsituation beschäftigt. Vielmehr hat er sich auch informiert, wie wir unsere Zukunft planen und welche Wünsche noch auf unserer Liste stehen. Diverse Male hat er uns angerufen, wenn ihm noch Details fehlten. Niemals aufdringlich fragend hat er sich ein Bild von uns gemacht, das über die blanken Zahlen hinausging, mit denen er dann aber ebenso kühl gerechnet hat, bevor er uns sein Ergebnis darlegte. Für mich sehr überraschend, kam er weder mit einer Riester- noch mit einer Bausparlösung um die sprichwörtliche Ecke. Zu unserem Erstaunen empfahl er uns, unabhängig von jeglichem Anbieter zunächst einmal ein simples Annuitätendarlehen, das man sowohl auf Haus- als auch auf Förderbank verteilen sollte.

Nun war der Mann uns wirklich sympathisch: Er hatte unser Bedürfnis nach Nachvollziehbarkeit der Darlehen und auch unser Streben nach einer konservativen Planung aufgenommen und umgesetzt. Gleichzeitig hatte er schon einige Beispielrechnungen verschiedener Banken dabei und riet uns von den oft beworbenen Modellen wie Riester oder Bausparen ab. Aus seinen Beispielen ging schnell hervor, dass er die Konditionen, die wir bereits am Markt ausgelotet hatten, immer um den einen oder anderen Prozentpunkt unterbieten konnte. Er vergaß darüber hinaus nicht, uns von einer Überschreitung eines gewissen Darlehensbetrages abzuraten: »Ab diesem Punkt beginnt es auch im Alter unrealistisch zu werden. Und denken Sie daran, Sie möchten doch auch noch irgendwann in den Urlaub fahren. Zusätzlich kann man nur vermuten, wie das Zinsniveau in zehn bis zwanzig Jahren aussieht, denn hier müssen Sie ja noch anschlussfinanzieren. Das kann dann schon mal heikel werden«, sagte er. Auch diese Aussage war erfrischend, deckte sie sich doch mit jener Grenze, die wir ebenfalls als kritisch erkannt hatten. Die meisten Banken würden uns allerdings deutlich mehr Geld geben. Ob´s gut für uns wäre oder nicht. Prüfung bestanden, Herr Pede!

Ich stellte trotzdem wieder eine der Spionagefragen: »Herr Pede, bei all dem was Sie jetzt für uns tun ... Von wem bekommen Sie Ihr Geld? Schicken Sie uns anschließend eine Rechnung?« Die Antwort war so einfach wie kurz: »Herr Mette, ich koste SIE überhaupt nichts. Selbstverständlich bekomme ich eine Abschlussprämie von der Bank, mit der Sie anschließend zusammenarbeiten möchten. Davon lebe ich. Diese Prämien sind bei den Banken aber relativ gleich, so dass ich weitgehend unabhängig agieren kann.«

Nun würde ich denken, dass mir das ja jeder erzählen kann. Vor allem ein Finanzhai! Da sich sein Beratungsergebnis aber exakt mit jenem konservativen Weg deckt, den wir uns bereits selbst skizziert hatten, ist Herr Pede ab heute unser Partner. Auch das haben wir ihm mitgeteilt!

Die Information freudig aufgenommen, wird Herr Pede in den kommenden Tagen die Beispielrechnungen durch »echte« Angebote ersetzen. Er möchte sich jedoch noch ein wenig Zeit lassen, da sich das Zinsniveau momentan zu unseren Gunsten zu entwickeln scheint. Hier möchte er noch das eine oder andere Pünktchen herauskitzeln.

Ein schnelles Amt!

Inhalt und Umfang definieren

Dienstag, 02. März

Es ist kaum zu glauben: Erst gestern hatte ich am frühen Morgen im Bauamt angefragt, ob ich einen amtlichen und aktuellen Auszug aus dem Bebauungsplan haben könne. Zwar hatte ich ja bereits vorher eine Ausgabe von Schwiegerpapa erhalten, aus Sicherheitsgründen benötigt FingerHaus jedoch noch einmal die aktuelle Ausgabe. Schließlich will ja niemand etwas planen, was anschließend dann doch nicht gebaut werden darf.
Und jetzt die Überraschung: Bereits heute lag das Ding im Briefkasten! Nicht nur, dass die Post schnell gewesen sein muss, nein, auch der Mitarbeiter im Bauamt hat sein Versprechen wahr gemacht und das Dokument ratzfatz losgeschickt. Ich bin beeindruckt! Weiter damit zu FingerHaus! Der Plan ist wichtig, um zu verifizieren, ob wir unsere bisherigen Wünsche überhaupt in die Tat umsetzen können.

Die Unterschrift unter den vorläufigen Werkvertrag hat übrigens einiges in Bewegung gesetzt. FingerHaus hat uns inzwischen ganz formal als Kunden willkommen geheißen. Wir sind jetzt »Bauherren«. Hört, hört! In diesem Zuge hat man auch einen Termin zum Architektengespräch vereinbart. Auch in diesem Fall kommt nicht Moses zum Berg, sondern der Berg zu Moses: Wir werden uns mit Herrn Stabfest, den für uns zuständigen Architekten, am Grundstück treffen und haben vereinbart, anschließend am Tisch der Schwiegereltern in die Detailplanung unseres Hauses einzusteigen.

Malmarathon

Dienstag, 09. März

Inhalt und Umfang definieren

Ich bin völlig fertig. Nadja auch. Marie ratzt eh. Wir haben grad sage und schreibe acht Stunden mit unserem Architekten, Herrn Stabfest, verbracht. Es waren fruchtbare, aber auch zerstörerische acht Stunden. Fruchtbar fürs Haus, zerstörerisch für uns.

Eigentlich hat alles ganz gut angefangen: Am Grundstück sahen wir in einiger Entfernung an einem sonnigen Urlaubstag, den ich extra zu diesem Zweck genommen hatte, einen gutgelaunten, wenn auch etwas feminin wirkenden Architekten. Feminin? Na ihr wisst schon: Wir Männer haben glücklicherweise alle das Recht, auch unsere weibliche Seite zu zeigen. Mir war das sehr willkommen, kann ich doch nur auf gute Erfahrungen geschäftlicher Art mit feminin wirkenden Herren zurückblicken. Trotzdem ... Ich konnte einfach nicht anders, ich musste es tun. Ich stupste Nadja an und murmelte kichernd: »Stab-fest ... Da ist der Name aber Programm, was?« Innerhalb von Millisekunden die Gesichtsfarbe von Zartrosa auf Tiefrot wechselnd, versetzte Nadja mir auch schon einen gezielten Handkantenschlag zwischen die Rippen und zischte: »Klappe, Mette!« Ich beschloss sogleich, meine weiteren Analysen in meine Gedankenwelt zu verlagern. Herr Stabfest sah aus wie eine Mischung aus Rockstar und Hairstylist. Also ein wenig so wie dieser Modeschöpfer, der unglückliche Hausfrauen im fortgeschrittenen Alter »Prinzessinnen« nennt und damit richtig Kohle macht. Neben einem sehr gepflegten Äußeren hatte Herr Stabfest tiefschwarzes, lockig gegeltes und wahrscheinlich gefärbtes Haar und trug einen goldenen Ohrring, der die gefühlte Größe eines Nasenrings für einen Rassebullen hatte. Die Frage nach weiteren Piercings drängte sich mir auf, ich stellte sie jedoch nicht. Geschmackvolle Kleidung mit detailverliebten Accessoires versteht sich bei dieser Konstellation von selbst. Dem Mann hätte man nur eine Gitarre umhängen und ihn mit der Band TOTO auf die Bühne stellen müssen. »Da hätte er sich nahtlos eingeGLIEDert«, dachte ich sonnig lächelnd. »METTE!«, zischte es wieder mit einem Hieb von der Seite. »Was denn?«, grinste ich, denn ich hatte ja gar nichts gesagt, sondern nur etwas gedacht. »Ich weiß, was du grad gedacht hast!«, zischte es wieder. »Reiß dich zusammen!« –Manchmal wird meine Ehefrau mir unheimlich.

Bei Herrn Stabfest angekommen, grüßte uns dieser freundlich und etwas nasal sprechend. Ich lächelte schon wieder, aber das macht man ja auch so, wenn man jemanden freundlich begrüßt. Ich stellte fest, dass nun auch Nadja mehr lächelte, als sie es sonst bei Begrüßungen macht. »Keinen Lachflash bekommen Mette, bleib professionell«, dachte ich fortan immer dann, wenn Herr Stabfest Luft einsog, um einen neuen nasalen Satz zu beginnen. Bezeichnet mich als infantil. Jetzt, da ich das alles aufschreibe, schäme ich mich ja fast für meine Gedanken, aber es tut mir leid: In dieser Situation hatte ich einfach nicht damit gerechnet und fand es einfach nur schrecklich erheiternd. Das ist alles absolut unpolitisch, ich bin für Gleich-STELLUNG eines jeden Individuums in jeglicher Lebenslage, ich möchte, dass auch Pinguine politische Verantwortung übernehmen dürfen! – Entschuldigung Herr Stabfest!

Meine positiven Erfahrungen wurden fortgeschrieben: Herr Stabfest machte einen klasse Job: Er begutachtete das Grundstück, überprüfte die Straßen, stellte sicher, dass FingerHaus hier einen Kran platzieren konnte. Er verglich das Grundstück und sogar den Sonnenstand mit den Zeichnungen, die ich bereits zur Ausrichtung des Hauses angefertigt hatte, um sicherzustellen, dass Garage und Terrasse richtig ausgerichtet sind. Die Garage stellt man in der Regel auf die sonnenabgewandte Seite und nutzt die sonnenzugewandte Seite für Terrasse & Co, je nach Geschmack und Sonnenliebe. Nicht zuletzt prüfte er auch noch einmal alle in den Bebauungsplan eingezeichneten Elemente, bis er zu einem Ergebnis kam: »Frau Mette, Herr Mette, das Bodengutachten hatten Sie uns ja schon zur Verfügung gestellt. Nach der Prüfung vor Ort kann ich Ihnen sagen, dass Sie nicht nur ein wunderschönes Grundstück haben, sondern es ist perfekt für Ihr Vorhaben. Hier können wir ohne Probleme ein Haus für Sie bauen!«

Mit dieser Feststellung ging es dann auch schon an den schwiegerelterlichen Esstisch, an dem Herr Stabfest die Zeichnungen unserer bisherigen Planung auspackte. Hinzu kam ein Etui mit feinen Stiften. »Feine Stifte?!«, fragte ich ungläubig, »Macht man sowas heute nicht digital?« »Eigentlich schon«, sagte Herr Stabfest. »Ich kann aber besser arbeiten, wenn ich in

den Plan zeichne. Die Änderungen werden dann später in den Rechner übernommen. Einige Kollegen machen das auch direkt mit dem PC, ich mag es auf diese Weise lieber. Da bin ich schneller.«
»Schneller ist gut«, dachte ich. Dann ging der Marathon los: Die folgenden Stunden verbrachten wir damit, Wände zu verschieben, Fenster einzuzeichnen und auf den Erfahrungen Herrn Stabfests zu lauschen. Wer hätte zum Beispiel Gedacht, dass der von uns erdachte Wäscheschacht, der von der oberen Etage direkt in den Hauswirtschaftsraum führen sollte, eine Schallbrücke eröffnen würde, die ihresgleichen suchte? »Ganz ehrlich, so ein Ding ist praktisch und bringt FingerHaus noch dazu Geld ein. In der Praxis machen Sie oben aber kein Auge mehr zu, wenn unten die Waschmaschine läuft. Da hilft auch kein Deckel. Damit haben sie auch noch eine zusätzliche Gefahrenquelle für ihr Kind im Haus. Tragen Sie die Wäsche doch lieber von Hand hinunter«, riet uns Herr Stabfest. Das war genau die Art von Beratung, die wir brauchten. Der Mann betrachtete unsere Ideen und setzte sich seriös damit auseinander, sparte hier und dort sogar bares Geld ein.

Unter dem Strich werden Waschmaschine und Trockner nun in einer anderen Ecke stehen, das Gästeklo wird größer als von uns angedacht und auch der Kamin wird an anderer Stelle positioniert. Ansonsten bleibt es bei unserer Planung. Einen Wermutstropfen gibt es trotzdem: Bei meinen Malereien hatte ich nicht bedacht, dass es innerhalb der Dachspitze Querverstrebungen gibt. Mit diesen Verstrebungen, einer Dachneigung von 26° und der Isolierung des Daches verbleibt ein Dachboden, der eine Höhe von etwa 38 cm hat. Herr Stabfest riet uns angesichts dieser Tatsache, die Dachbodenbeleuchtung sowie die Einschubleiter zum Dachboden zu streichen, da man dort oben allenfalls einen Akkuschrauber platzieren könne. Eigentlich war der Dachboden dafür vorgesehen, die berüchtigten Kisten mit Weihnachstdeko und derlei Zeug zu lagern. Diese Lagerfläche ist nun dahin. Shit happens. Wir möchten halt kein Dach mit einer Neigung von 45°, das mehr Platz für den Dachboden liefern würde. Der Optik wegen. Dafür haben wir nun die geplante Garage auf neun Meter verlängert. Irgendwo müssen wir ja die Sachen lagern, wenn wir schon keinen Keller bauen. Sagte ich Garage? Ach ja, das klitzekleine Problemchen mit der Garage: Eigentlich hatten wir geplant, der Einfachheit halber eine Fertiggarage zu bauen. Herr Stabfest teilte uns jedoch mit,

dass die Garage zuerst gestellt werden müsse, da ein Kran sie aufgrund des Dachüberstandes unseres Hauses nach Aufstellung des Hauses nicht mehr einfliegen lassen könne, ohne unser Dach zu zerstören. Zusätzlich gibt es Fertiggaragen scheinbar nur mit Regenwasserablauf, der sich am hinteren Ende der Garage befindet. Wir müssen das Wasser jedoch nach vorn ableiten. Nach langen Diskussionen, Rückfragen beim Garagenlieferanten und allem hin und her steht fest: Wir bestellen die Fertiggarage ab und bauen eine Garage in Eigenregie. Glücklicherweise haben wir entsprechende Kontakte zu einem Garagenbauer. Ich hoffe nur, dass das ins Budget passt.
Ein weiterer Punkt ist, dass Herr Stabfest uns mitteilen musste, dass wir etwa 150 m^3 Boden austauschen müssen, weil der Boden auf unserem Grundstück nicht tragfähig ist, wie er dem Bodengutachten entnehmen konnte. Das Haus würde sich also auf Dauer absenken und neigen. Das sei aber kein Problem: Der entnommene Boden wird in solchen Fällen durch Schotter ersetzt, der schichtweise verdichtet wird. Dann bewegt sich da nichts mehr. Das wird allerdings auch etwas mehr kosten als die bisher für die Bodenarbeiten kalkulierten 6.000 €. Hier muss ich also noch einmal nachschärfen. Positiv schlägt hingegen zu Buche, dass ich mich bereits beim hiesigen Bergbauunternehmen nach der Gefahr zu erwartender Bergschäden informiert habe. Inzwischen habe ich schriftlich, dass wir keinerlei präventive Maßnahmen ergreifen müssen. Ein Freifahrtschein: Sollte es nun doch Bergschäden geben, haftet der Bergbau!
Faszinierend war es schon, mit welcher Präzision Herr Stabfest die Änderungen in die Pläne einzeichnete. Da saß jeder Strich. Und er konnte das die vollen acht Stunden durchziehen, während uns schon der Hintern wehtat. Dennoch: Jetzt haben wir einen stimmigen Plan für unser Haus!

Geld wie Heu!

Mittwoch, 17. März

Budget festlegen | Beschaffung durchführen

Ich habe ihn hinter mir. Den Termin, vor dem ich mich schon ein Leben lang gefürchtet habe. Heute war Herr Pede bei uns und hat uns ein verbindliches Angebot der Bank vorgelegt. Zusätzlich hat er Wort gehalten und exakt niedergelegt, wie viel Geld wir innerhalb der Laufzeit des

Darlehens in welchem Monat benötigen, so dass wir volle Transparenz haben.

Im Grunde sind die Geschehnisse schnell erzählt: Wir haben eine Kombination aus verschiedenen Krediten einer Bank und der staatlichen Förderbank aufgenommen und liegen damit bei einem Mischzins von etwa 3,6 % p. A. Das ist ein absoluter Topwert, den wir ohne Wirtschaftskrise vermutlich nicht gehabt hätten. Danke Krise! Wir haben uns dazu entschieden, bereits jetzt zu unterschreiben, um uns dieses Zinsniveau zu sichern. Voraussichtlich werden wir noch Bereitstellungszinsen zahlen müssen, da wir das Geld ja erst nach Baubeginn, also in einem Dreivierteljahr benötigen. Das Risiko ansteigender Zinsen rechtfertigt den heutigen Abschluss und damit diese Zusatzausgabe jedoch: Würden wir noch warten und nur ein Prozentpunkt hinzukommen, würden wir über die Gesamtlaufzeit des Kredits deutlich mehr bezahlen. Umgekehrt könnte es natürlich auch kommen, selbst wenn wir uns schon an einem historischen Zinstief befinden. Es ist halt ein Glücksspiel.

Nun ist es amtlich. Wir haben Geld wie Heu. Dieses mag zweckgebunden sein, aber wir können darüber verfügen. Erst einmal ein gutes Gefühl. Der schlechte Teil des Gefühls ist, dass wir die nächsten 30 Jahre lang verschuldet sein werden. Ich persönlich behelfe mir mit dem Gedanken, einen Gegenwert in Form eines notfalls zu verkaufenden Hauses zu haben, das in einer guten Gegend steht, was den Wertverlust in Grenzen halten sollte. Zusätzlich zahle ich derzeit eine Miete, die der Hausrate in nicht viel nachsteht. Ist die Doppelbelastung erst einmal überbrückt, werden wir also ganz genauso leben, wie jetzt auch. Nur in einem schöneren Haus.

Sicherheitshalber steckt auch in diesem Vertrag ein Rücktrittsrecht. Denn das Grundstück befindet sich noch immer nicht in unserem Besitz. Das sollte aber nur Formsache sein.

Ergebnis des Architektengesprächs

Montag, 05. April

Inhalt und Umfang definieren | Kosten steuern

Es liegt Post im Briefkasten. FingerHaus präsentiert die Ergebnisse des Malmarathons mit Herrn Stabfest und hält in einem Protokoll alle Änderungen fest. So weit, so gut. Was mich jedoch am allermeisten interessiert, ist das Blatt ganz am Ende, welches die Überschrift: »Mehr/Minderkostenrechnung« trägt. Hier steht schwarz auf weiß, was unsere Planungsorgie uns tatsächlich kostet. Und? Naaa? Zeig schon! Na los ...!

183 € und eine Garage gespart!

Meine erste Hausbau-Finanzmittel-Positiv-Erfahrung! Hier zeigt sich, dass die hartnäckige Verhandlung mit Herrn Heinzer Früchte trägt. Durch die detaillierte Planung im Vorfeld ist tatsächlich kaum eine Leistung während des Gesprächs mit dem Architekten hinzugekommen. Naja, und das was dann doch hinzukam wurde durch andere Dinge kompensiert, die wir ganz freiwillig gestrichen haben. So mag ich das!

Tiefbauindikation

Dienstag, 06. April

Kosten schätzen

Hatte ich mich nicht gestern noch über gesparte 183 € gefreut? Verdammt! Ja, das hatte ich. Dafür habe ich heute ein Fax von der Tiefbaufirma, die ich mit der Information ausgestattet habe, dass gemäß Bodengutachten gut 150 m³ Boden ausgetauscht werden muss. Dummerweise erhöht dies die Kosten von bisher geplanten 6.000-7.000 € auf über 10.000 €! Das wiederum macht keinen Spaß, denn damit muss ich erste Budgetpuffer anzapfen, noch bevor wir überhaupt angefangen haben. Das kostet mich den Gartenzaun! Naja, ich hatte eh nicht dran geglaubt, diesen zu bauen. Trotzdem: Das schlechte Gefühl, schon in dieser frühen Phase des

Projekts Kosten zu überschreiten, kratz an meinem Ego und ist mir peinlich gegenüber Nadja. Ich möchte ja auch ihr Vertrauen in meine Planung nicht verlieren. Kompensieren lässt sich das für den Moment nur durch den Gedanken, dass wir für den Hauptteil, also für das Haus selbst, einen Festpreis haben. Der von vornherein als unsicher Identifizierte Budgetposten hat uns dummerweise direkt am Anfang erwischt. Viel mehr kann allerdings faktisch nicht kommen. Abweichungen werden sich künftig im Hunderterbereich, aber nicht mehr in den Tausenden niederschlagen. Dafür reichen die Budgetpuffer. Ich möchte dennoch meinen Gefühlen freien Lauf lassen: SCHEISSE!

Projektauftrag unter Eheleuten

Samstag, 10. April

Inhalt und Umfang definieren

Da wir ja nun einen fertigen Projektauftrag mit dem Dienstleister unseres Vertrauens unterschrieben haben, gilt es nun, uns auch unter uns darüber klar zu werden, wie das Innenleben unseres Hauses aussehen soll. Auch hier sollte man – je nach Projekt und Anzahl von Stakeholdern – darüber nachdenken, Ziele und Umfang genau zu definieren und schriftlich niederzulegen. Die Einschätzung unserer Ehe bewegt uns jedoch dazu, kein internes Vertragswerk aufzusetzen und stattdessen mittels zwischenmenschlicher Kommunikation ein einheitliches Zielbild zu entwickeln. Warum ich das erwähne? Nun, natürlich mag man es belustigend finden, ein Dokument über die Innenausstattung des eigenen Hauses aufzusetzen. Tatsächlich gibt es im professionellen Umfeld aber umso traurigere Analogien: Oftmals wird geglaubt, dass innerhalb der eigenen Abteilung kein Projektauftrag vonnöten sei. Schließlich sei man ja unter sich. Ein trauriger Irrtum, denn während des Projektverlaufs stellt sich in solchen Fällen umso häufiger heraus, wie unterschiedlich das Zielbild der einzelnen Beteiligten war und wie sehr man somit während der Umsetzung dieser unterschiedlichen Zielbilder voneinander abweicht. Es sei also abermals gesagt: Die gemeinsame und detaillierte Definition der Projektziele und der damit in Verbindung stehenden Rahmenbedingungen ist unerlässlich!

Im Falle unserer Hausausstattung verfolgen wir also eine etwas abweichende Herangehensweise, weshalb wir heute noch einmal recht spontan den Weg in Richtung Fertighauspark gewagt haben. Mag es dort zwar viele Häuser geben, die für uns nicht in Frage kommen, wurden diese jedoch ausnahmslos von Innenarchitekten gestaltet. Somit sind sie hinsichtlich der Farbauswahl und gestalterischen Elemente eine wahre Quelle der Inspiration für das eigene Haus. Vor allem dann, wenn man über die müden Verkaufsversuche der »Berater« entspannt hinweglächeln kann. Mit der Kamera bewaffnet haben wir alles das festgehalten, was für uns irgendwie in Frage kommt. Die Fotos werden anschließend zu Hause ausgewertet und aussortiert. Übrig bleibt nur das, was für unser Haus als Farb- oder Einrichtungsmuster dienen soll. Auf diese Weise haben wir eine gemeinsame Grundlage dessen, was wir realisieren wollen. Natürlich haben wir auch heute das FingerHaus besucht. Herr Heinzer war zwar nicht vor Ort, einen Kaffee hat uns sein Vertreter aber natürlich trotzdem serviert!

Schwein pfeift auf eigenem Boden

Dienstag, 20. April

Beschaffung durchführen

Ich glaube, mein Schwein pfeift! Wo bin ich überhaupt gelandet? Auf dem Planeten der Affen? Oder bei »Schweine im Weltall«? Ich möchte sagen, ich bin ein wenig ungehalten. Ungehalten darüber, dass sich vor gut drei Tagen mal eben wesentliche Voraussetzungen für unseren Hausbau geändert haben. Wir haben schlicht kein eigenes Grundstück mehr, was die grundlegenden Annahmen zur Finanzierung des Projekts und damit den Zinssatz für die Kredite doch arg ändern wird.

Ich atme einfach tief durch und fange mal am Anfang an: Wie erwähnt gehört das Kleinod münsterländischen Lehmbodens, auf dem unser Haus gebaut werden soll, Nadjas Familie. Konkret handelt es sich hierbei um eine Erbengemeinschaft, so dass ein Teil des Grundstücks den Schwiegereltern gehört. Der andere Teil gehört Nadjas Onkel. »In der Familie ist man ein Team«, sagt dieser immer. Somit war es bisher auch sonnenklar, dass das Grundstück an Nadja überschrieben werden sollte. Lediglich die

Erschließungskosten für Straße und Kanalisation würden wir übernehmen. Der Notartermin wurde festgelegt, alles reine Formsache. Vor drei Tagen und damit drei Tage vor unserem Notartermin klingelte jedoch das Telefon. Am anderen Ende der Leitung war der »Teamplayer« und verkündete in einem Nebensatz, dass er sich das mit dem Überschreiben des Grundstücks anders überlegt habe. Stattdessen sollten wir das Grundstück nun pachten. Das sei ja auch nicht mit einem erheblichen finanziellen Aufwand verbunden und würde das familiäre Erbe zusammenhalten.
Vermutlich ganz auf die eigene Steuererklärung fixiert, vergaß der Teamplayer leider, dass sich dadurch auch die Bewertung unseres Vorhabens von Seiten der Bank und damit auch der Zinssatz für das Darlehen deutlich ändert. Inwieweit war zu diesem Zeitpunkt noch nicht klar. Klar war aber, dass wir ohne eine erneute Prüfung und eine erneute Finanzierungszusage der Bank gar nicht sagen konnten, ob wir uns unser Vorhaben noch leisten konnten. Und das drei Tage vor dem Notartermin. All diese Argumente halfen nichts. Nadjas Eltern konnten den Teamplayer nicht umstimmen. Selbst der Notar konnte keinen tieferen Sinn in der Vorgehensweise entdecken. Fakt ist: Wir pachten ein Grundstück, das der Familie gehört und zahlen nach einer Marathonsitzung mit Herrn Pede und Änderung der Finanzierung nun etwa 100 € mehr Kreditrate pro Monat, weil uns das Grundstück der Familie nicht gehört und es damit nicht beliehen werden kann. Schönen Dank an den Teamplayer!
Ich bemängle an dieser Stelle nicht einmal, dass uns dieses Grundstück nicht gehört. Selbst im Rahmen der Pacht können wir uns keineswegs beschweren. Unanständig ist es lediglich, so kurzfristig grundlegende Dinge einfach zu ändern und uns damit vor nicht unerhebliche Herausforderungen zu stellen. Wir haben es hier mit Egoismus in Vollendung zu tun, der sich versucht unter dem Deckmantel des »Teamplay« zu verstecken. Diesen Stakeholder hatte ich eindeutig unterschätzt.

Wie auch immer, sehen wir es positiv: Wir haben heute mit knirschenden Zähnen und ohne weitere zwischenmenschliche Kommunikation einen Erbpachtvertrag unterschrieben, der uns das Grundstück für 99 Jahre zu Bauzwecken überlässt. Grundstück gesichert!

Kein Zurück

Mittwoch, 12. Mai

Beschaffung durchführen

Gut ein Monat ist nun nach dem Groll des Notartermins vergangen. Als frisch gebackene Grundstücksbesitzer haben wir sogleich eine Grundstücksversicherung abgeschlossen. Diese ist nicht teuer und haftet für den Fall, dass sich irgendwer auf unserem unbebauten Grundstück die Ohren bricht. Sei es drum. In der Zwischenzeit war auch FingerHaus in unserem Namen fleißig: Man hat uns den Bauantrag sowie den Bohrantrag für die Erdwärmeanlage geschickt. Unsere Aufgabe lag nur noch darin, inhaltlich zu prüfen, zu unterschreiben und die Dokumente an die entsprechenden Behörden weiterzuleiten. Was für ein Luxus! Hatte ich doch solche Angst vor dem Formularwesen der Behörden, hat FingerHaus hier gleich alles übernommen!

Den Bauantrag haben wir feierlich und höchstselbst im Bauamt abgegeben. Dahinter steckte die Intention, auch hier Stakeholdermanagement zu betreiben. Mit dem Bauamt werden wir im Verlauf des Baus noch zu tun haben. Es wird sicherlich eine Menge Schriftverkehr geben. Meiner Erfahrung nach macht es die Sache deutlich angenehmer, wenn man auch das Gesicht hinter dieser doch recht anonymen Post kennt. Damit möchte ich keine Gesetze aufweichen, aber die Gesprächsatmosphäre positiv beeinflussen. Allen Kritikern sei gesagt: Das hat rein gar nichts mit Korruption und Geschenken zu tun, sondern ist Grundlage von Höflichkeit und Wertschätzung. Somit hat sich der sehr kurze Besuch im Amt durchaus gelohnt: Wir kennen den für uns zuständigen Sachbearbeiter und auch er hat gesehen, dass sich hinter diesem Bauantrag eine ganz normale Familie verbirgt. Nicht mehr und nicht weniger.

Der positive Eindruck im Bauamt hat sich übrigens bewahrheitet: Ich hätte es nicht für möglich gehalten, aber heute, gut einen Monat später liegen die Genehmigungen im Briefkasten!

Damit ist nun alles sicher: Die Finanzierung steht, das Grundstück ist in unserem Besitz (wenn auch nicht unser Eigentum), alle Baugenehmigungen sind erteilt. Somit konnte ich heute das Rücktrittsrecht vom Vertrag mit FingerHaus endgültig ausräumen. Nun gibt es kein Zurück!

Der Teuffel von Frankenberg

Montag, 12. Juli

Sagte ich, es gibt kein Zurück? Ja, das sagte ich. Augenscheinlich weiß das auch FingerHaus, denn hier hat offenbar die rote Alarmleuchte für das Projekt »Mette-Castle« geleuchtet: Keine drei Tage nach der Ausräumung des Rücktrittsrechts lag eine Einladung zur Bemusterung in unserem Briefkasten. Bei der Bemusterung werden die Details für das Haus geklärt. Welche Dachziegel sollen es sein? Welche Putzfarbe? Wie sollen die Unteransichten des Daches aussehen? Welche Treppe soll es sein? Wo sollen Steckdosen gesetzt werden? Und so weiter und so weiter. Für dieses Prozedere werden von FingerHaus zwei bis drei volle Tage eingeplant, da die Menge dieser Details nicht gering ist. Zusätzlich eröffnen sich den Bauherren Fragen, mit denen sie sich zuvor noch nicht beschäftigt haben. Der hieraus resultierende Beratungsbedarf kostet ebenfalls Zeit. Nicht zu vergessen ist, dass die Bemusterung eine der Hauptquellen für ungeplante Kosten ist: Möchte man nämlich plötzlich doch goldene statt schwarze Dachziegel, so birgt dies auch zusätzliche Kosten. Ganz ähnlich ist es natürlich auch mit Steckdosen: Jede gegenüber der Bauleistungsbeschreibung zusätzliche Dose kostet bares Geld. Angenehm ist allerdings, dass sich FingerHaus für die Dauer der Bemusterung um Kost und Logis bestens kümmert!

Dies war also der Tag, an dem sich zeigen sollte, ob das Risikomanagement hinsichtlich des Risikos der Budgetüberschreitungen sowie die hieraus resultierende, konservative Budgetplanung und Angebotsverhandlung funktionieren würden: Wir haben sehr viel Zeit damit verbracht, das grundlegende Angebot von FingerHaus für unser Vorhaben möglichst detailliert zu verhandeln. Im Vorfeld haben wir beispielsweise Anzahl und Position der besagten Steckdosen festgelegt, um bei der Bemusterung nicht in die Kostenfalle zu tappen. Da die Wahrscheinlichkeit jedoch recht hoch war, nicht alles berücksichtigt zu haben, haben wir einen weiteren Posten von etwa 5.000 € eingeplant, der bei der Bemusterung auf uns zukommen könnte. Logischerweise war dieser Bemusterungstermin also sowohl von Vorfreude als auch von gewissen Kostenängsten geprägt.

Die Kostenängste wurden durch eine recht unelegante Begrüßung des für uns zuständigen Sachbearbeiters, Herrn Teuffel, nicht gerade gemindert: Bevor es überhaupt losging, lag vor uns ein Papier im besten Vertragsdeutsch, dessen Inhalte ich nicht kannte, das ich aber unterschreiben sollte. Herr Teuffel kannte den Inhalt aber umso besser. Er erläuterte mir in der Geschwindigkeit eines Bankberaters, der mal eben schnell und nebenbei eine Zusatzversicherung verkaufen will, was da wohl so alles drin stand. Besonders schlechte Laune machte mir, dass jeder zweite Satz mit »Der Bauherr ist verpflichtet ...« begann. Das klang nach Kosten. Glücklicherweise ging es augenscheinlich nur um die pünktliche Bereitstellung von Bauwasser, Baustrom und dergleichen. Darauf war ich vorbereitet, denn exakt der Baustrom stellte mich vor eine gewisse Herausforderung: Ich wusste nicht, wo ich ihn herbekommen sollte. Deshalb hoffte ich auf Beratung seitens FingerHaus. Aber: Fehlanzeige. Herr Teuffel wusste hierauf nur die Antwort, dass sich darum der Bauherr zu kümmern hat. »Na toll«, dachte ich, »das fängt ja gut an. Doch in die Baufalle getappt.« Wir halten fest: So was kann man besser regeln, ohne dem Bauherrn die gute Laune zu vermiesen.
Im weiteren Verlauf taute Herr Teuffel allerdings etwas auf. Spätestens zum Mittagessen beim hessischen Italiener hatte er auch den einen oder anderen Tipp parat, wie wir an Baustrom kommen könnten. Allerdings war er einfach kein geborener Kundenberater. Zwar war er stets bemüht, Beratung, die über die Produktbeschreibung des Herstellers hinausging, konnten wir ihm aber nicht abringen. Das schien allerdings reines Pech zu sein: Die Beraterin im Nachbarbüro tat mir ihrer Baufamilie nämlich exakt das, was wir so vermissten. Traf man jene Baufamilie in der Ausstellung der zu bemusternden Gewerke, bekam man mit, wie hier eifrigst und hochwertigst beraten wurde. Überhaupt war alles bei FingerHaus so, wie man

es sich wünscht: alle freundlich, alle unterstützend. Nur Herr Teuffel konnte irgendwie nicht die volle Performance entfalten. Dumm gelaufen.

An dieser Stelle zahlte es sich also ein weiteres Mal aus, dass wir uns zuvor recht gewissenhaft mit den Details unseres Hauses beschäftigt hatten. Damit konnten wir recht schnell durch die Liste der zu bemusternden Dinge gehen. Zusatzkosten entstanden uns lediglich durch »Luxus-Ergänzungen« wie Edelstahltreppenstangen, eine Treppe in dunkler Eschen-Optik, weiße Dachbalken etc. Zwar wundert man sich, warum weiße Dachbalken mit 1000 € zu Buche schlagen, graue Dachbalken hingegen im Standardpreis enthalten sind, aber irgendwo muss ja auch ein Hausbauunternehmen Geld verdienen. Mein persönliches Highlight: Als Familie mit einer maximalen Personengröße von 1,70 m werden wir Toiletten haben, die satte 4 cm höher hängen, als es im Standard der Fall ist. Das kostet übrigens nichts, erhöht allerdings den Sitzkomfort enorm. Man kommt sich während der Bemusterung zwar etwas blöd vor, wenn man in voller Montur auf verschiedenen Toiletten mitten im Raum Platz nimmt, aber es hat sich gelohnt!

Alles in allem konnten wir die Bemusterung nach eineinhalb Tagen abschließen und sind mit Mehrkosten von knapp 3.000 € ausgekommen. Risikomanagement geglückt! Allerdings hat sich auch eine Information bestätigt, die wir schon vorher hatten: Die Lieferzeit für unser Haus wird tatsächlich etwa neun Monate betragen. Zwar sei es immer möglich, dass sich andere Bauvorhaben verzögern und unser Haus damit früher geliefert werde, wir sollten aber eher von besagten neun Monaten ausgehen. Damit geht dann wohl jetzt das große Warten los. Sicherheitshalber habe ich Herrn Himbel gefragt, ob wir nicht zumindest die Bodenplatte schon vor dem Winter diesen Jahres bauen sollten, denn diese muss ja zum einen einige Zeit aushärten, zum anderen kann man bei Frost keinen Beton verarbeiten. Sollte der Winter also lang werden oder das Haus früher lieferbar sein, würden wir hier keine Probleme bekommen. Herr Himbel hatte hier allerdings nur ein smartes Lächeln übrig: »Herr Mette, ganz ruhig, verlassen Sie sich drauf: Wir sagen Ihnen früh genug Bescheid, wenn‘s losgehen kann. Wir machen das hier täglich. Der Bauleiter für die Bodenplatte meldet sich dann bei Ihnen.«

Nicht zuletzt muss ich übrigens auch ein Lob an klein Marie loswerden: Sie zumindest hat den größten Teil der Bemusterung einfach verschlafen. Schlief sie nicht, war sie das liebste und stillste Baby der Welt auf Mamas Arm. Danke Marie!

Ressourcen für Vorgänge schätzen

»Ressourcen für Vorgänge schätzen« befasst sich damit, für jeden identifizierten Vorgang einzuschätzen, wie viel Material, welche Fähigkeiten oder welche Personen in welcher Anzahl benötigt werden, um den Vorgang zu erledigen. Die Ergebnisse dessen lassen sich anschließend in einer Ressourcenstrukturplanung visualisieren, die der Projektstrukturplanung ähnelt. Auf diese Weise lässt sich recht schnell erkennen, in welchem Arbeitspaket wie viel Aufwand steckt. Die Ergebnisse der Ressourcenstrukturplanung fließen selbstverständlich auch in die Budgetplanung ein. Im Falle unseres Hausbauprojekts obliegt die Ressourcenplanung in weiten Teilen FingerHaus, als Generalunternehmer.

Vorgangsdauer schätzen

Das Ziel des Prozesses »Vorgangsdauer schätzen« ist es, den benötigten zeitlichen Aufwand je Vorgang des Projektes anzunehmen. Hierbei ist es wichtig, den Aufwand in Relation zu den beteiligten Ressourcen zu setzen. Zwei Mitarbeiter werden einen Vorgang – je nach Art der Arbeit – in vielen Fällen in annähernd der Hälfte der Zeit erledigen können, als es ein Mitarbeiter kann. Zwar lässt sich diese Aussage keinesfalls pauschalisieren und der zeitliche Aufwand für eine Aktivität lässt sich nicht beliebig durch Steigerung der Mitarbeiterzahl reduzieren. Jedoch ist mit diesem Gedanken der Sinn der Schätzmethode klar. Die Tatsache, dass sich eine steigende Anzahl von Mitarbeitern nicht immer positiv auf die Dauer auswirkt, wird spätestens dann klar, wenn man sich vorstellt, man wolle 30 Malermeister damit beauftragen, eine Wand zu streichen: Ganz davon abgesehen, dass sich die Malermeister gegenseitig behindern würden, würde auch der Koordinationsaufwand für die vielen Mitarbeiter steigen. Auch für diesen Prozess eignet sich das beschriebene Drei-Punkt-Schätzverfahren.

Terminplan entwickeln

Aus den zuvor angestellten Schätzungen zu Dauer und Ressourcenbedarf sowie den angestellten Überlegungen zu Reihenfolge und Abhängigkeiten der Aktivitäten wird im Prozess »Terminplan entwickeln« eine sinnige Abfolge mit konkreten Start und Endterminen für jeden Vorgang entwickelt. Hier helfen oftmals Software-Tools, die auf die Planung von Projekten spezialisiert sind. Die fertige Planung repräsentiert das »Soll«, die sogenannte Schedule Baseline. Die

Entwicklung dieses Terminplans ist eine Disziplin für sich. Was passiert beispielsweise, wenn die optimale zeitliche Abfolge von Arbeitspaketen ermittelt ist, sich aber herausstellt, dass die dafür nötigen Mitarbeiter hoffnungslos überlastet wären, sofern man diesem Zeitplan folgen wollte? In diesem Fall müsste überprüft werden, ob eine Erhöhung der Mitarbeiteranzahl Sinn machen könnte, was allerdings auch die Kosten erhöhen würde. Eine andere Methode wäre es, Arbeitspakete oder Mitarbeiterzuordnungen anders anzuordnen, so dass die Belastung der Mitarbeiter punktuell reduziert und auf einen größeren Zeitraum verteilt wird (Resource Leveling). Dies ändert jedoch wiederum den Zeitplan. Hierzu ist es zunächst wichtig, den kritischen Pfad seines Projekts zu identifizieren, also jenen längsten Weg durch alle Teilvorgänge des Projekts, deren Dauer nicht erhöht werden kann (Critical Path Method), um zu überprüfen, ob eine solche Verschiebung überhaupt möglich ist und inwieweit sie den kritischen Pfad verändern würde. Die Netzplantechnik ist hier eine wichtige Planungshilfe, da sie Dauer und früheste Anfangs- und Endtermine eines jeden Vorgangs visualisiert.

Dies ist ein wiederkehrender Moment der Projektplanung, in dem sich entscheidet, wie realistisch die Schedule Baseline wird. Nur wer hier ehrlich und realistisch plant, wird zu einem Projektplan kommen, der gehalten werden kann. Es ist also dringend davon abzuraten, hier Dinge zu schönen, um Ziele einzuhalten. Ist ein Ziel unrealistisch, so muss dies thematisiert werden!

Kosten steuern

Der Prozess »Kosten steuern« befasst sich mit der Überwachung der Cost Baseline gegenüber den aktuellen, tatsächlichen Kosten. Gibt es positive oder negative Abweichungen (Cost Variance), muss die Planung gegebenenfalls aktualisiert und eine Änderung an den Projektzielen initiiert werden. Durch die Berechnung des Cost Performance Index (CPI=Projektleistung/aktuelle Kosten) lassen sich die Erkenntnisse weiter untermauern: Dieser Index gibt Aufschluss darüber, inwieweit bei einer Budgetüberschreitung im Projektverlauf Einsparungen vorgenommen werden müssten, um im weiteren Verlauf wieder der Planung zu entsprechen. Weitere Informationen zu diesem sehr weitläufigen Thema finden sich in der Literatur auch unter dem Stichwort »Earned Value Analyse«.

Ab in die Kombüse!

Samstag, 17. Juli

Beschaffung durchführen | Risiken identifizieren

Am heutigen Tage brachen wir auf, um meinen persönlichen Horror zu therapieren. Ich habe nicht etwa Angst vor Spinnen oder dergleichen, nein, vielmehr haben wir festgestellt, dass uns die im Rahmen eines Küchengutscheins von FingerHaus angebotenen Küchen nicht zusagen. Das war auch überhaupt kein Problem, denn FingerHaus hat besagten Gutschein wieder zurückgenommen und den Angebotspreis entsprechend reduziert. Naturgemäß ist es aber nun an uns, eine geeignete Küche zu organisieren und in das Budget einzupassen. Naja, und da ich weiß, dass die Küchenplanung sowohl fachlich als auch finanziell eine Welt für sich ist, hege ich hier entsprechende Ängste. Aus Nadjas Sicht ist das alles überhaupt kein Problem, kennt sie doch aus Jugendzeiten einen Herrn, der ihrem Charme nicht ganz abgeneigt war und zufällig Möbelhausbesitzer ist. Da wärmt man alte Leidenschaften augenscheinlich gern noch einmal an und präsentiert nach Jahren der getrennten Wege den eigenen Nachwuchs und den inzwischen optimierten Wimpernschlag. Lange Rede, kurzer Sinn: Heute war unser Termin im Möbelhausküchenstudio unseres ... ähh ... Nadjas Vertrauens, irgendwo im Münsterland zwischen Kühen, Hühnern und Schweinen. Schnell ein Käffchen mit dem zugegebenermaßen sehr netten »Konkurrenten« eingenommen, fanden wir uns auch schon in Abteilung Küche wieder und wurden mit dem eigens für uns zuständigen Küchenplaner, Herrn Bertel, bekannt gemacht.

Ich möchte niemanden mit dem genauen Ablauf der Küchenplanung langweilen. Nur so viel: Es ist in der Tat eine eigene Welt. Da wir aber alle Baupläne uns Maße unserer künftigen Räumlichkeiten bereits hatten, wähnten wir uns zumindest in einer guten Ausgangslage. Erster Trugschluss. Es verging Stunde um Stunde. Mülleimer hin, nanobeschichtete Spüle her. Cappuccino-Front versus Magnolie-Front. Haselnuss trifft Kirschbaum, Hochglanz sticht Matt aus. Während Nadja freudigst mit Herrn Bertel plante, schauten Marie und ich uns fragend an. Selbst das Mittagessen haben wir im Küchenstudio eingenommen. Auf Kosten des

Hauses versteht sich. Und da war es wieder, dieses Unwort: Kosten! Das, was Nadja da plante, würde Millionen kosten! Ich warf ihr immer wieder den Kostenüberschreitungsnotbremsenblick zu, aber sie war nicht zurechnungsfähig. Sie war im Rausch. Sie streichelte Spülbecken!
Herrn Bertel sorgte das naturgemäß gar nicht. Er klickte eifrig in seinem Computer Nadjas Tempel der Lust zusammen und ignorierte jegliche Anmerkung meinerseits, die sich auch nur annähernd auf eine Budgetobergrenze bezog.
Sechs Stunden später kamen wir zum großen Finale: die Preiskalkulation. Herr Bertel klickte und schwieg. Er klickte wieder, hob die Augenbrauen und nannte uns absolut entspannt einen Preis, der in etwa einhundert Prozent über unserem Maximalbudget lag.

Na? Wer hatte da die ganze Zeit mit dem Kostenüberschreitungsnotbremsenblick gearbeitet und wurde ignoriert? Wer hatte denn hier die ganze Zeit auf das Maximalbudget hingewiesen? Naaaaaa?

Sichtlich genervt sagte ich: »Wir schreiben das Jahr 2010. Stunde sieben im Küchenstudio. Game Over. Ikea, ich komme!«

»Nein, nein, Herr Mette!«, sagte Herr Bertel. »Ich stelle das Ganze nun in die Blockverrechnung ein und kalkuliere noch einmal neu. Warten Sie mal.«

»Blockverrechnung?«

»Ja, Blockverrechnung: Wenn Sie einzelne Schränke oder Türen kaufen, sind diese deutlich teurer, als würden Sie eine gesamte Küche kaufen. Dann wird nämlich blockverrechnet.«

Er klickte abermals. Der Preis, der nun an unserer Küche stand, war um ein Drittel günstiger. Das machte die Sache schon attraktiver, passte aber dennoch nicht ins Budget. Ich holte Luft, ehe mich Herr Bertel direkt unterbrach:

»So, mit diesem Preis gehen wir jetzt mal zum Chef. Mal sehen, was der noch so machen kann.«

Gesagt, getan. Während ich versuchte, Marie bei Laune zu halten, verschwand Nadja im Chefbüro. Ich weiß nicht, was die beiden da drin getan haben, aber Nadja kam mit einem Lächeln und einem Preis heraus, der exakt in unser Budget passte. Erstaunlich. Der Tag hat sich gelohnt.

Herr Bertel bereitete sogleich alles für die finale Bestellung vor, musste uns jedoch mitteilen, dass die ausgewählte Küchenplatte in der Farbe »Noche« ein Auslaufmodell sei.

»Das ist schlecht«, sagte ich mit Blick auf den Kalender. »Unser Haus steht ja erst im Frühjahr kommenden Jahres. Da wird das Auslaufmodell längst ausgelaufen sein.«

»Kein Problem, Herr Mette. Ich bestelle die Küche gleich am Montag und lagere sie hier ein. Dann müssen wir nur noch liefern, wenn das Haus steht.«

»Das ist toll! So machen wir das.«

Dennoch schreibe ich diesen Punkt einfach mal in meine Risikotabelle. Ich möchte jedenfalls nicht erleben, dass man bei Lieferung feststellt, dass man keine Küchenplatte hat. Mein Plan sieht jedenfalls vor, dass der Zeitraum zwischen Küchenlieferung und Einzug recht gering sein wird. Da sollte schon alles passen.

Für heute nehmen wir beruhigend zur Kenntnis: Nadja wird eine Markenküche mit Hochglanz-Cappuccino-Fronten, abgesetzt mit Elementen in Noche bekommen. Zusätzlich gibt es eine nanobeschichtete Keramikspüle, ein 90-cm-Induktionskochfeld, beleuchtete Schränke mit Auszügen und einen Backofen in Arbeitshöhe. Wie bescheiden ...
Wir werden uns mit Herrn Bertel in Verbindung setzen, sobald die Fliesen im Haus liegen und die Küche eingebaut werden kann. Er wird dann noch einmal die Maße der Räumlichkeiten verifizieren und den Stelltrupp losschicken.

Stuhlgang am Tisch, ohne Klo

Samstag, 07. August

Beschaffung durchführen | Kosten steuern

Wir haben Geld, wir haben ein Grundstück, wir werden ein Haus haben. Und was wir noch haben, ist: Lagerfläche. Lagerfläche im Keller der Schwiegereltern, keine 500 m entfernt von unserem Grundstück. Diese Faktoren sind für uns Grund genug, nicht einfach tatenlos in der Landschaft herumzustehen, nein, vielmehr werden wir unser Eigenkapital auf den Kopf hauen, jawohl! Warum das Eigenkapital? Ganz einfach: So lang wir die Kredite der Bank nicht in Anspruch nehmen, müssen wir auch keine Raten und keine Zinsen zahlen.

Konkret haben wir in den letzten Tagen gezielt Baumarkteröffnungen, Baumarktschließungen, Baumarktjubiläen und Baumarktsinnlosparties mitgenommen, um alle erdenklichen Sonderangebote dieser Baumarktwelt abzugreifen. Inzwischen haben wir Esstisch fürs Haus und wir haben Stühle zu diesem Esstisch, wir haben eine Couch. Wir haben Vorhänge für die Fenster und Laufschienen für diese Vorhänge. Alles aus unterschiedlichen Läden und alles Schnäppchen. Und wo lassen wir das alles? Richtig: Im Keller der Schwiegereltern, wo es friedlich schlummert und darauf wartet, verbaut zu werden. Manchmal ist es auch gut, Zeit zu haben! Insbesondere der Esstisch hat einiges dieser Zeit in Anspruch genommen. Die war aber auch sinnvoll investiert: Sollte er zunächst im Möbelhaus A noch 1450 € kosten, habe ich in Möbelhäusern in ganz NRW deren ultimativen Kampfpreis angefragt. Nach gut drei Wochen hatte ich dann ein Angebot von Möbelhaus G in Remscheid: 680 €!!! Einziger Haken: Selbstabholung und Barzahlung. Das mit der Barzahlung war nun kein Problem, das mit der Selbstabholung schon eher. Eigentlich dachte ich, dass ich einen Tisch schon noch allein in den Kombi bekommen würde. Da war mir aber noch nicht bewusst, dass dieser Tisch exakt 84 kg wog und mit Karton so grade eben in den Kombi passte. Das Ding hat mich in der Tat Blut, Schweiß und Jahre meines Lebens gekostet!

Ernüchternd ist auch die Tatsache, dass wir bisher keinerlei hochwertige, aber dennoch günstige Toiletten und Waschbecken finden konnten. Aber das wird sicher noch.

Verbauter Ausblick

Mittwoch, 10. November

Stakeholder-einbindung managen

Ja, so langsam scheint sich wirklich etwas zu tun. In einigen Tagen werden die ersten Besichtigungen der Baustelle stattfinden, bevor dann irgendwann die Bagger anrollen. Es ist eindeutig Zeit, in die Kommunikation mit den nächsten Stakeholdern einzusteigen. In diesem Fall sind das die direkten Nachbarn.

Nachdem wir uns am letzten Wochenende an der Haustür kurz vorgestellt haben, habe ich Ihnen eine E-Mail geschickt: Darin enthalten: die Skizzen der Außenansicht unseres künftigen Eigenheims und eine kurze Erläuterung des Zeitplans. Unser Haus wird den Ausblick der Nachbarn deutlich einschränken. Zwar war von vornherein klar, dass auf dem Nachbargrundstück ebenfalls ein Haus gebaut wird, dennoch ist es ja dann sicherlich nicht das Schönste, wenn der Fall auch wirklich eintritt. Ich habe mir daher vorgenommen, die Nachbarn möglichst früh einzubinden. So haben sie auch genug Zeit, sich auf den Bau einzustellen. Zusätzlich wissen sie auf diese Weise, dass wir uns gewisse Gedanken machen und sie sich im Falle von Beeinträchtigungen durch den Bau an uns wenden können. Ich denke, dass das ein ganz guter Einstieg in die künftige Nachbarschaft ist.

Zumindest weckt hier die direkte Antwort auf meine Mail große Hoffnung: An einem der kommenden Wochenenden sind wir auf einen Kennenlernkaffee bei ihnen eingeladen. Gemeinsam wollen wir auch mal schauen, ob sie uns bei der Baustromproblematik helfen können, indem wir den Strom von ihrem Sicherungskasten abzweigen.

5. Umsetzung & Controlling

Die nächsten Schritte

Montag, 22. November

Inzwischen ist es Ende November, und es geht nach langem Warten mit der Baubesprechung am Grundstück los. Der Weg, der mich hierhin gebracht hat, lässt aber bereits jetzt etwas Dampf aus meinen Ohren emporsteigen. Kann sich jemand erinnern, wie ich bei der Bemusterung im Hochsommer die Frage an Herrn Himbel von FingerHaus gestellt habe, ob wir uns nicht vor dem Winter um die Bodenplatte kümmern sollten? Schließlich komme das Haus ja in der ersten Aprilwoche und der Winter könne lang dauern. Die Bodenplatte brauche ja auch Zeit auszuhärten. Antwort: »Herr Mette, ganz ruhig, verlassen Sie sich drauf: Wir sagen Ihnen früh genug Bescheid, wenn´s losgehen kann. Wir machen das hier täglich. Der Bauleiter für die Bodenplatte meldet sich dann bei Ihnen.«

Nachdem sich also Anfang November noch immer nichts getan hatte und sich in meinem persönlichen Projektplan eine rote Ampel anbahnte, drängte ich bei Herrn Himbel darauf, mit dem Bauleiter für die Bodenplatte zu sprechen, da ja auch noch die Ausschreibung für die Tiefbauarbeiten raus musste. Und das war schließlich meine Aufgabe. Nur, ohne die Einschätzung des Bauleiters wollte ich hier nichts beauftragen, zumal ich ja gar nicht wusste, was beauftragt werden musste. Und wie bitte, sollte ich dafür Sorge tragen, dass die Gründung für die Bodenplatte fachlich korrekt ausgeschrieben und realisiert wird, wenn ich doch keinen blassen Schimmer davon hatte, wie die Anforderungen des Bodenplattenbauers waren? Wer machte das denn jeden Tag, lieber Herr Himbel-FingerHaus? SIE ODER ICH?! Nach einigem freundlichen Zögern war Herr Himbel so freundlich, mir die Telefonnummer Herrn Rentmanns von der Firma

Sodenbau zu geben, den ich ebenso friedlich und zufrieden, mit einem Lächeln auf den Lippen, sogleich anrief.

Herr Rentmann, ein Ingenieur, der mit beiden Beinen auf dem Boden – oder der Bodenplatte – stand, war absolut erfreut über meinen Anruf und half mir bei allen Fragen bezüglich der Ausschreibung. Mehr noch: Er bot mir an, die wichtigsten Tiefbauunternehmer der Gegend anzufragen und damit den Großteil der Ausschreibung selbst zu übernehmen! Das fand ich natürlich grandios, denn damit entging ich der Fehlerquelle, aufgrund mangelnder Fachkenntnis zu wenige Anforderungen in die Ausschreibung zu integrieren. Mein persönlicher Knaller des Tages war allerdings ein kleiner, aber bezeichnender Satz Herrn Rentmanns in diesem, unserem ersten Telefonat: »Wir sollten das mit der Bodenplatte möglichst noch in diesem Jahr hinbekommen. Das könnte sonst knapp werden mit dem Frost. Irgendwann versteht auch FingerHaus, dass Winter harte Realität ist in Deutschland.« Muss ich mehr sagen? Ich sag nix. Wichtig war, dass wir in den folgenden Wochen nach der Ausschreibung Herrn Rentmanns eine passende Tiefbaufirma gefunden haben. Ich dagegen hatte die Aufgabe, Versorger und Tiefbauer zu einem Vor-Ort-Termin zusammenzutrommeln. Hier wollte Herr Rentmann mit allen die Planung besprechen, so dass auch alle Aktivitäten zum gleichen Ziel führen sollten. Nun ja und exakt hier befanden wir uns nun:

Vor Ort waren die Firma Sodenbau, vertreten durch Herrn Rentmann als Bauleiter für die Bodenplatte, Die Fa. Elbing aus Warendorf für die Verlegung der Versorgungsleitungen, Herr Timo vom Wasserversorger und die Fa. Fliege, vertreten durch Herrn und Frau Fliege, die die Erdarbeiten durchführt. Nur die Telekom hat gefehlt, aber da hat ja niemand was anderes erwartet. Um die hab ich mich dann später per Telefon »gekümmert«, um sie mal einzunorden. Nachdem sich Herr Rentmann mit den Versorgern über die Hauseinführung geeinigt hatte (Abstände, Querschnitte ...), ging´s auch schon um das Thema Tiefbau. Für mich sprachen die Herren in Rätseln. Eine halbe Stunde später waren aber augenscheinlich alle Fragen zwischen den Herren geklärt, so dass Herr Rentmann alles protokollieren konnte. Alle Beteiligten erhielten Durchschläge, so dass nun jeder wusste, was er zu tun hat. Hoffte ich. Zwischendurch hat Herr Rentmann noch mal mit Herrn Groch, unseren

Garagenbauer telefoniert, um den erforderlichen Unterbau für die Garage festzulegen: 30 cm Schotter, frostfrei wird das Ganze durch einen Betonsockel beim Garagenbau gemacht. Na dann! Ich bin einverstanden, so lang Herr Rentmann es ist. Meine Jobs: Baustrom und Bauwasser organisieren, sobald der Bau der Bodenplatte startet; Dichtheitsprüfung für die Abwasserleitungen beauftragen und die Grob- und Feinabsteckung beim Vermesser beauftragen.

Am Dienstag, 30.11 sollen wir dann bei Flieges anrufen. Dann weiß man, wann der nächste Bagger verfügbar ist. Am Mittwoch oder Donnerstag jener Woche soll der Bagger dann aufs Grundstück rollen. Herr Rentmann wird die Arbeiten in der KW 49 abnehmen.

Das Wichtigste zum Tiefbau: Man hat sich gegen eine Drainage unter der Bodenplatte entschieden. Die Ableitung des Wassers wäre ohnehin schwierig, da die Drainage zu tief liegen würde, um das Wasser in einen Graben abzuführen. Stattdessen wird Wasser abführendes Material beim Unterbau verwendet. Somit wird kein Wasser an die Bodenplatte dringen. Wann diese gegossen wird, ist fraglich: Es steht Frost vor der Tür. Das ist aber nicht kritisch, da das Haus ohnehin erst im April kommt. Es ist also genug Zeit, eine frostfreie Zeit zu finden. Sollte es wieder wärmer werden, können wir zwischen KW 51 und KW 53 beginnen.

Projektdurchführung lenken und managen

»Projektdurchführung lenken und managen« ist ein Schlüsselprozess bei der Ausführung der Projektarbeit und damit Teil des Wissensgebiets »Integrationsmanagement«. Der Prozess bezeichnet die eigentliche Leitung der ausführenden Prozesse der anderen Wissensgebiete und der Arbeiten am Produkt. Hier werden die Ergebnisse der anderen Prozesse der Phase Ausführung gebündelt und Entscheidungen getroffen, die das Erreichen der Projektziele begünstigen, bzw. es werden entsprechende Änderungen an diesen Zielen initiiert. Im Hausbauprojekt kommt dieser Prozess für mich immer dann zum Einsatz, wenn ich an der Baustelle selbst aktiv bin und dort koordiniere. Eben genau in jener Detailebene der Ausführung, die nicht im Voraus planbar ist.

Baustrom kann nicht jeder

Donnerstag, 25. November

Knapp eine Woche ist es her, da saßen wir bei unseren künftigen Nachbarn, der Familie Sörens, um uns vorzustellen. Nicht ganz uneigennützig, denn da war ja noch ein Thema namens Baustrom: Wir müssen irgendwo eine Leitung anzapfen, damit die Baustelle mit Strom versorgt werden kann, bis der finale Hausanschluss liegt. Das ist bei uns nämlich etwas schwierig: Der nächste öffentliche Stromkasten liegt 80 m weit entfernt. Das würde ein richtig dickes Kabel erforderlich machen. Zusätzlich müssten Straßen in 4 m Höhe überbrückt werden. Das wiederum wäre teuer. Glücklicherweise haben sich die Nachbarn nach dem ersten Kennenlernen bereit erklärt, einen Anschluss in ihrer Garage zur Verfügung zu stellen. »So ein Glück«, dachten wir noch ... Gestern rief dann Herr Dorn, der von mir beauftragte Elektromeister, an: In der Garage der Nachbarn liegt keine Leitung, deren Kapazität für unsere Zwecke ausreichen würde. Man müsste sich stattdessen direkt an den Sicherungskasten der Familie im Technikraum des Hauses anhängen. Dies würde wiederum bedeuten, dass sie den ganzen Winter über das Fenster offenhalten müssten, was sie verständlicher Weise nicht wollen. »Houston, wir haben ein Problem!«, sagte ich zu Herrn Dorn, der auch keine Idee hatte, wie wir nun Strom an die Baustelle bekommen sollten. Die Ausrüstung, Straßen zu überbrücken, habe er jedenfalls nicht. Letzte Möglichkeit: Eine »Vorab-Leitung« des Versorgers, sprich: Straße aufreißen und Leitung anzapfen. Einige Telefonate später, genaugenommen waren es sechs, hatte ich es dann geschafft und den für uns zuständigen Sachbearbeiter, Herrn Korander, seines Zeichens schlechtgelaunter Brummbär, ausfindig gemacht: Etwas debattiert uuuunnnnd: Der Versorger wird für 345,10 Brutto-Euro, natürlich zusätzlich zur regulären Erschließung, die Firma Elbing mit der Verlegung jener Vorab-Leitung beauftragen, an die Herr Dorn den Baustromkasten anschließen kann.

Elbing? Die kenn ich doch! Die waren auch zur Baubesprechung zugegen. Also habe ich zusätzlich schon einmal bei Elbing angerufen: Die sind in der Lage, recht kurzfristig zu kommen. Drei Wochen habe ich noch. Schön ist, dass wir dann unseren ganz eigenen Strom haben. Unschön: Er ist teurer. Baustrom aus einer Vorableitung kostet eben mehr als Haushaltsstrom aus einem Sicherungskasten. Wahrscheinlich ist er frischer oder aus ökologischem Anbau. Naja, der Versorger wird sich sicher irgendein Argument dafür zurechtgelegt haben. Wie teuer die Kilowattstunde konkret wird, das weiß ich noch nicht. Hier muss der berühmte Budgetpuffer greifen. Naja, sollen sie erst mal die Straße aufreißen, um an eine Leitung zu kommen ...

Zu kalt für Baustrom?

Montag, 29. November

Projektdurchführung lenken und managen

Nachdem ich es ja endlich geschafft hatte, den Versorger von einer Vorab-Leitung für den Baustrom zu überzeugen, ist am Freitag die Auftragsbestätigung für die Firma Elbing Tiefbau eingetroffen. Heute habe ich mit Herrn Ressmann, dem Bauleiter der Fa. Elbing, telefoniert, um einen Termin für die Arbeiten abzustimmen. Dummerweise sagte mir dieser, dass er bei diesen Temperaturen (wir haben um die -2°C) das Pflaster der Straße nicht hochbekommt, ohne sämtliche Steine zu zerbrechen. Das würde weitere Kosten verursachen. Wir müssen also warten, bis es etwas wärmer ist. Dumm gelaufen. Noch bin ich aber entspannt. Schließlich benötigen wir Strom erst an jenem Tag, an dem die Bodenplatte gegossen werden soll. Und dies wiederum kann nicht geschehen, so lange wir argen Frost haben. Wir müssen es also nur hinbekommen, die Straße genau dann aufzureißen, wenn es etwas wärmer ist. Herr Ressmann hat noch einige weitere To-dos auf Cappenberg vor der Brust. Somit lauert er ohnehin auf wärmeres Wetter. Er hat mir zugesagt sich zu melden, sobald es losgeht. Mein Etappenziel ist also erreicht: Die Fa. Elbing hat die Dringlichkeit unseres Baustrombedarfs auf dem Radar. Damit bin ich beruhigter: Ich habe alles Notwendige eingetütet, um pünktlich Strom auf die Baustelle zu bekommen. Der Rest ist nur noch vom Wetter abhängig. Naja, und dafür bin ich dann ja ausnahmsweise nicht verantwortlich.

Genesis war nur der Anfang!

Dienstag, 30. November

Projektdurchführung lenken und managen | Terminplan entwickeln

Heute ist unser großer Tag: Ich darf die Firma Fliege anrufen und fragen, wann der Bagger verfügbar ist. Wir werden also wissen, wann es endlich losgeht. Ein wenig Angst vor einer Absage habe ich schon: Wir haben noch immer -2°C, Tendenz fallend, und es liegen locker 7 cm Schnee auf dem Grundstück. Ich setze dennoch alle Hoffnung in deutsche Hydraulik-Technik, die sich souverän durch arktische Permafrostböden fressen kann und mit unvorstellbarer Kraft, unbeirrt und voller schöpfungsdurchdrungener Lebenslust Neues erschafft! Genesis war nur der Anfang ... äähm ... Ich schweife ab ...

Zehn Minuten später: Frau Fliege hat mich gebeten, ihren Mann auf dem Handy anzurufen. Dieser spiele mit dem Gedanken, schon heute Nachmittag anzufangen. Schock!!!! Ich bin heute im Büro!!!! Dieser Schlüsselmoment der Schöpfung kann doch nicht ohne uns stattfinden! Sollte sich das Universum derart gegen uns verschworen haben? NEIN, DENN ICH, DON METTE, WERDE IHM ENTSCHLOSSEN DIE STIRN BIETEN!!! Nachdem ich also mit Herrn Fliege telefoniert habe weiß ich, dass er lediglich plant, heute den Bagger aufs Grundstück zu stellen. Losgehen soll es dann aber erst morgenfrüh um neun. Das passt. Mein Chef ist vorgewarnt, so dass ich morgen zur Baustelle fahren kann. Endlich mal wieder ein Familienausflug mit Abenteuerfaktor! Das mit der Stirn war jetzt zugegebenermaßen weniger spektakulär, aber es findet sich sicher noch ausreichend Gelegenheit, sich mit dem Universum anzulegen. Um 13 Uhr soll laut Herrn Fliege dann der Vermesser zur Grobabsteckung kommen, damit er auch weiß, wo er ein Loch buddeln muss.
Ich rufe also beim Vermessungsbüro Ganther an, das ich schon in den letzten Tagen auf eine Spontanaktion vorbereitet hatte. Nächster Schock: »Neee, Herr Mette. Dat bekommen wir so kurzfristich nich hin. Da habbich schon wat«, sagte die Sekretärin. Nachdem ich den Revolver bereits geladen und an meine Schläfe geführt hatte, kam mir noch eine Idee: Nach einigem guten Zureden und meinem berühmten Dönerangebot als

Bestechungsmittel habe ich eine Zusage: Ganther kommt um 13 Uhr. Stirn bieten mal anders, Döner geht immer! Döner geht immer? Ja, Döner geht immer. In ausweglosen Situationen appelliere ich gern an Humor und Mitgefühl meines Gesprächspartners: »Wenn Sie das möglich machen, gebe ich einen Döner aus!« So bekommt man sie alle zum Arbeiten. Es kann tatsächlich losgehen!

Energiepass & Statik

Dienstag, 30. November

Beschaffung durchführen

Heute hatten wir Post von FingerHaus: Die statische Berechnung und der Energiepass sind da. Eine Ausführung für unsere Akten, eine für das Bauamt. Letztere geht am Donnerstag in die Post. Zum Inhalt: »Böhmische Dörfer«, wie Oma sagen würde. Diese Zahlen verstehe ich nicht. Das Einzige, das sich mir erschließt: Der Pfeil, der den Energieverbrauch unseres Hauses im Energiepass anzeigt, befindet sich ganz tief im grünen Bereich. Etwa da, wo auch Passivhäuser angesiedelt sind. Besser geht´s also kaum!

Und ich sah, dass es gut war ...

Mittwoch, 01. Dezember

Projektdurchführung lenken und managen

Heute war es endlich so weit. Um Punkt fünf Uhr war ich plötzlich hellwach. Ja, er war es. Es war DER Tag. Der Tag, an dem ich das erste Törchen im Adventskalender öffnen durfte! Naja, und der Tag, an dem der erste Bagger aufs Grundstück rollen, die Mette'sche Schöpfung ihren Lauf nehmen sollte.

Die Firma Fliege würde heute mit dem Tiefbau beginnen. Um Punkt neun waren wir wie verabredet an der Baustelle und der Bagger brummte schon fleißig. Und ich sah, dass es gut war! Die zuvor beschriebene Macht brachialer »deutscher Hydraulik-Technik«, die sich durch Permafrostböden fressen kann, war zwar von »Fiat-Hitachi«, und selbst die Zugmaschinen waren aus England, aber das lassen wir jetzt mal außen vor. Minus 7°C am Morgen und -3,5°C am Mittag ließen mich ohnehin recht unromantisch und in Bezug auf Baumaschinen geradezu weltbürgerlich werden. Alles lief wie geschmiert: In Zusammenarbeit mit Schwiegermama versorgte ich die Jungs der Fa. Fliege mit Kaffee und koordinierte das übliche »Was-Wann-Wo«. Zwar hatte man Pläne dabei, Zusatzinfos vom Bauherren scheinen aber dennoch ein wertvolles Gut zu sein. Jedenfalls war es tolles Teamwork und ich durfte sogar höchst selbst mal »baggern«! Ein riesen Spaß! So ein Ding will ich zu Weihnachten!!!! Und man sah, dass es grade noch mal gut gegangen war.

Um 12 Uhr, eine Stunde früher als geplant, war dann auch die Fa. Ganther zur Vermessung und Grobabsteckung vor Ort. Auch das passte bestens, denn die Arbeiten gingen so gut voran, dass es schon Zeit für diesen Schritt wurde. Kurz noch einmal mit Herrn Rentmann, dem Bauleiter für die Bodenplatte, telefoniert, um letzte Unklarheiten bezüglich der geplanten Höhen auszuräumen, und auch diese Jungs schritten professionell zur Tat. In der Zwischenzeit waren die Anwohner von halb Cappenberg natürlich »rein zufällig« am Ort des Geschehens vorbeispaziert. Bei Eiseskälte. Manche mehrmals. Nun ja, frische Luft ist ja das A & O. Vielleicht ist es auch die frische Luft, die das Gerücht durchs Dorf getragen hat, wir hätten bereits fünf Kinder. Hey, wenn Ihr das lest: Als nächstes bauen wir euch einen Saunaclub mit Säuglingstation ins Dorf!!!! Am späten Nachmittag, wir tendierten schon wieder gen -6°C, war Feierabend angesagt. Die Fa. Fliege wird die Arbeiten in den kommenden ein bis zwei Tagen beendet haben. Dann sollte es auch schon eine Einfahrt zum Grundstück geben und die Baugrube wieder verfüllt und verdichtet sein. Wir selbst werden wieder am Samstag vor Ort sein und hoffentlich sehen, »dass es gut war!«.

Unser eigener Parkplatz!

Freitag, 03. Dezember

Projektdurchführung lenken und managen | Stakeholdereinbindung steuern

Tagesziel: Beendigung der Gründungsarbeiten durch die Firma Fliege. Da gestern der Spediteur keine Kapazitäten frei hatte, kam auch kein Schotter, um die Baugrube zu verfüllen. Das sah heute schon anders aus: Mehr als zehn Lkw-Ladungen wurden bei uns abgeladen. Am Nachmittag schaute auch ich dann mal an der Baustelle vorbei und sah eine Einfahrt und eine verfüllte Baugrube, bei der grade die letzte Schicht verdichtet wurde. Auch heute sprach mich ein »Eingeborener« an. Zwar hielt er es nicht für nötig sich vorzustellen, beeindruckte mich jedoch umso mehr mit seinem Fachwissen über die Geologie unseres Grundstücks. Kurzum: Ich hätte nicht so viel Boden austauschen lassen sollen. »Das haben die anderen auch nicht gemacht«, führte er als Hauptargument an. Wahrscheinlich meinte er vor allem die, die einen Keller gebaut haben. »Gut«, sagte ich, »ich werde dem Gutachter mitteilen, dass ich auf seine 20-Seiten-Analyse der örtlichen Gegebenheiten pfeife, mein Haus auf Butter stellen und abwarten, bis ich waagerecht über meine Treppe ins Dachgeschoss spazieren kann. Danach verklage ich den Haushersteller wegen der komischen Treppe.« Darauf erwiderte er in Richtung des Baggerfahrers: »Das sackt doch ohnehin noch nach, nöch?« »Jup, deshalb laufen die Jungs auch mit der Rüttelplatte über jede einzelne Schicht Schotter. Deshalb haben wir 150 m^3 Boden ausgetauscht ... Damit er sich setzen kann, ein wenig arbeitet und nachsackt ... Damit das Haus es auch schön gemütlich hat. DU BAUEXPERTEEEEEEE!!!!« Das habe ich nicht gesagt, sondern nur gedacht. Über meine Lippen kam nur ein »Jup«, und ich wandte mich ab. Die Lippen des Baggerfahrers taten selbiges. Auch er wollte nicht weiter diskutieren. Sichtlich zufrieden und ohne wahrgenommen zu haben, was ich ihm zuvor durch die Blume gesagt hatte, fachsimpelte der Unbekannte noch ein wenig mit sich selbst, um bald darauf seinem BMW wieder die Sporen zu geben. Der wohnte nicht mal in unserer Straße! Der kam da tatsächlich nur reingefahren, um sich selbst quatschen zu hören! Und ich dachte schon, ich hätte es mit einem Nachbarn zu tun. Tse, Leute gibt´s. Wie auch immer: Die Erdarbeiten sind erledigt, wir sind stolze Besitzer eines riesigen Parkplatzes!

Stakeholder-einbindung steuern

»Stakeholdereinbindung steuern« ist der logische Folgeprozess der bisherigen Prozesse des Wissensgebiets Stakeholdermanagement. Haben wir zuvor noch Stakeholder identifiziert, geplant, wie wir sie in unser Projekt einbinden wollen und sie aktiv angesprochen, beschreibt dieser Prozessschritt die stetige Beobachtung und weitere Einbindung der Stakeholder. Wie verhalten sich die Beteiligten

zueinander? Wie kann man sie zueinander bringen? Wie erreicht man den größten Nutzen für die Projektziele. Gerade in diesem Prozessschritt wird deutlich, dass Stakeholdermanagement eine kontinuierliche Aktivität ist, die sich über das gesamte Projekt erstreckt und deren Einzelprozesse iterativ sind. Um ehrlich zu sein, kann von Einbindung des Unbekannten im Auto ja nicht wirklich die Rede sein. Ein positives Stakeholdermanagement ist mir an dieser Stelle eher nicht gelungen. Reduzieren wir das Stakeholdermanagement hier also darauf, dass ich ihm nicht an die Kehle gesprungen bin! Sicherlich wäre es aber sinnvoller gewesen, offen auf ihn zuzugehen und ihn einzuladen, sich bei mir über die Pläne des Baus zu informieren. Schließlich hätte es sein können, dass wir es hier mit einem Nachbarn zu tun haben. In dieser Hinsicht wäre es sinnvoll gewesen, in ihm einen Unterstützer zu finden, der sich dann automatisch auch weniger über etwaigen späteren Baulärm echauffieren würde. Aus dieser Sicht wird klar, wozu in diesem Moment die aktive Steuerung der Stakeholdereinbindung sinnig gewesen wäre.

Wasser marsch!

Projektdurchführung lenken und managen | Stakeholdereinbindung steuern

Samstag, 04. Dezember

Bauwasser braucht der Mensch. Um genau zu sein sind wir vertraglich dazu verpflichtet, 100 l Wasser zum Baubeginn zur Verfügung zu stellen. Soweit ich weiß, werden hiermit Werkzeuge und dergleichen gereinigt. »Nicht kleckern, sondern klotzen«, dachte ich mir: Ich habe bei Ebay einen 1000-Liter-Wassertank für 45 € erstanden. Für 20 € extra haben die Verkäufer ihn auch noch nach Cappenberg gebracht. Ich gedenke das Ding hinterher im Garten zu vergraben, an die Regenrohre des Hauses anzuschließen und als Regenwasserzisterne zu nutzen. So weit, so gut. Nur wie bekomme ich Wasser in den Tank, solange es kein Regenrohr gibt? Ganz einfach: Eine Mail an die freiwillige Feuerwehr von Cappenberg und der Zugleiter, Herr Jesse, rief hilfsbereiterweise umgehend bei mir an. Noch bevor ich mit zwei Kästen Bier gewunken hatte, hatte ich eine Zusage für die Wasserspende. Nette Leute! All das war für heute terminiert. Zuerst die Lieferung des Tanks mit Geldübergabe, dann das Befüllen und die Bierübergabe. Zwar kam der Tank eine gute Stunde zu spät, dafür hat das Befüllen mit dem Feuerwehrschlauch nur zwei Minuten gedauert. Ich bin gespannt, wie lang sie für das Leeren der Bierkästen brauchen. Ein Feuerwehrwagen mit Bier zwischen all dem Werkzeug war jedenfalls nett anzusehen. Das Ganze fand im Schneegestöber statt. Aber es kann schließlich auch nicht immer nur regnen! Nun fehlt nur noch der Baustromkasten und wir haben alle Pflichten vor Baubeginn erfüllt!

Auch heute gab es natürlich Besuch von Nachbarn: Offenbar hatte ich es diesmal mit »der hellen Seite der Macht« zu tun. Man stellte sich vor und schenkte mir das eine oder andere Lächeln. Hört, hört! Während wir Small Talk hielten und auf die Feuerwehr warteten, kam wieder das Thema Bodenaustausch zur Sprache. Warum hatte ich doch gleich so viel Boden ausgetauscht? Ach ja, das Bodengutachten! Und jetzt mein Spruch des Tages seitens der Nachbarn: »So was hatten wir gar nicht. Wir haben einfach angefangen zu bauen.« Meine Augen traten kurz aus ihren Höhlen hervor, aber ich brachte es fertig zu lächeln und lediglich ein optimistisches »Ach so. Naja, hat ja geklappt!« über die Lippen zu bringen. »Nur keine Unruhe ins Thema bringen«, dachte ich mir. Kein Wunder, dass keiner Boden ausgetauscht hat. Die wissen gar nicht, was sich unter ihren Füßen befindet. Die kennen den Terminus »keine dauerhafte Tragfähigkeit des Untergrundes bis in -1 m« nicht im Zusammenhang mit ihrem Haus. Da sprechen wir dann in 30 Jahren noch mal drüber. Ein Lob an FingerHaus: Ohne Baugrundgutachten fangen die gar nicht erst an zu planen.

Asche zu Asche

Sonntag, 05. Dezember

Risikobewältigungs-maßnahmen planen

Heute ist auf der Baustelle mal nichts passiert. Somit hatten wir genug Zeit, auch mal Organisatorisches zu erledigen. Auf dem Programm steht schon länger, das »Notfallreglement« festzuzurren. Notfallreglement? Sind wir paranoid? Nein, nein, aber wir sind eben auch keine Superhelden. Auch uns vom Glück verfolgten kann etwas passieren: Krankheit, Unfall, Tod oder gar noch Schlimmeres! Der Pannenkatalog hält da sicher einiges bereit. Im Fall der Fälle jedenfalls stehen die Hinterbliebenen dann allein mit einem Haufen Schulden da. Dann ist es zu spät, sich solche Gedanken zu machen, und Peter Zwegat klopft an die Tür. Auch dieses »unromantische« Aufgabenpaket muss man also beim Hausbau berücksichtigen, auch wenn niemand hofft, dass ein solcher Fall mal eintritt. Den wichtigsten Teil habe ich bereits im Rahmen der Baufinanzierung erledigt. Eine Risikolebensversicherung des Hauptverdieners war hier Pflicht. Die Deckungssumme ist üppig genug, so dass Nadja die dann übrig bleibende Restschuld durch ihr Einkommen stemmen könnte, ohne Marie dabei unverantwortbar vernachlässigen zu müssen. Inwieweit Nadja eine ähnliche Versicherung abschließt, bleibt noch zu überdenken. Schließlich müsste auch ich mich ja um Marie kümmern und entweder meine Arbeitszeit reduzieren oder für Betreuung sorgen. Beides schmälert den Geldbeutel und könnte die Besitztümer in Gefahr bringen. Der zweite unromantische Teil heißt »Testament«. Hierzu haben wir uns notariell beraten lassen. »Frau Mette, Herr Mette, grundsätzlich ist Sterben ja immer einfacher als Scheidung. Wenn Sie sich trennen wollen, geht das Hauen und Stechen ohnehin los. Macht aber nichts, denn bisher haben Sie ja nur Verbindlichkeiten und keine nennenswerten Werte generiert. Die Verträge haben Sie beide unterschrieben, so dass Sie beide zu gleichen Teilen drinhängen. Viel Raum für Hauen und Stechen bleibt hier also nicht. Wenn Sie an den Punkt kommen, an dem ein Wert entstanden ist, also ein Großteil der Schuld bei der Bank beglichen ist, dann sollten Sie sich Gedanken machen, was im Falle einer Trennung geschehen soll. Momentan ist das aber nicht ratsam, sondern nur teuer«, so der Notar. Was das Sterben angeht, so riet er uns zum »Berliner Testament«. Hierzu gebe es Vorlagen im Internet, mit denen man regeln könne, was im Fall der Fälle passieren soll. Er machte uns darauf aufmerksam, dass wir uns gegenseitig als »Alleinerben« und Marie als »Nacherben« einsetzen sollen, denn sollte einer von uns beiden sterben, so würde klein Marie automatisch den gesetzlich bestimmten Teil der Hinterlassenschaft bekommen. So weit nicht schlimm. Sollte Marie zu diesem Zeitpunkt jedoch noch nicht volljährig sein, ginge nichts mehr ohne das Vormundschaftsgericht, das Marie in diesem Fall vertreten würde. Und das wäre doch recht unschön, weil man über den Familienbesitz nicht mehr familiär verfügen könnte. Eine noch ungünstigere Variante: Ein Kugelblitz befördert Nadja ins Jenseits. Da sie alleinige Inhaberin des Erbbaurechts am Grundstück ist bzw. war, würde dies allein an Marie übergehen. Meiner Wenigkeit bliebe dann ein halbes Haus und keinerlei Recht am Grundstück sowie an der zweiten Hälfte des Hauses. Die Altersvorsorge wäre somit futsch. Marie könnte mich im ungünstigsten Fall vor die Tür setzen oder sonst wie ausbluten lassen. Da bliebe mir nur die Hoffnung auf den nächsten Kugelblitz oder auf Nadjas Rückkehr aus dem Jenseits. Beides dürfte wohl eher unwahrscheinlich sein, da beide Ereignisse nicht grad für die hohe Frequenz ihres Auftretens bekannt sind ... Auch wenn wir Marie nicht zutrauen so bösartig zu werden, würden wir als letzte Sicherheit noch eine Klausel einbauen: Sollte Marie versuchen, dass Alleinerbe des verbliebenen Ehepartners anzufechten, so geht Sie automatisch leer aus. Für immer. Also Marie, benimm dich! Sollten wir alle dem Kugelblitz begegnen, so würde die gesetzliche Erbfolge in Kraft treten. Liebe relevante Personen, bevor ihr nun in die Kugelblitzforschung investiert: Momentan erbt ihr nur Verbindlichkeiten! Lange Rede, kurzer Sinn: Heute haben wir unser Testament verfasst, in dem wir die entsprechenden Regelungen getroffen haben. Jeweils zur Hälfte schritten Nadja und ich handschriftlich zu Werke. Auf diese Weise lässt sich im Streitfall durch Schriftproben nachvollziehen, dass es sich hierbei tatsächlich um ein von uns beiden verfasstes Dokument handelt. Das fertige Werk haben wir zum Stammbuch gelegt. Achtung: dies ist ein versteckter Hinweis für den Kugelblitzfall. Jetzt sind wir auf der sicheren Seite. Kugelblitz hin, Kugelblitz her. Das Ganze war weniger aufregend, als ich zuvor gedacht hatte: Man glaubt ja immer, dass es ein geradezu deprimierender Augenblick sein muss, sein eigenes Testament zu schreiben. Nö. Eigentlich war das für mich nur eine Formsache, die Entscheidungen offiziell macht, die ich ohnehin schon längst getroffen habe. So wie die Formulare beim Heiraten. Die Entscheidungen sind längst getroffen, so dass die Dramaturgie des Augenblicks der Unterschrift eher nebensächlich ist. Für mich stärken solche Schritte allenfalls die emotionale Bindung zwischen uns. Ängste sind damit nicht verbunden.

Aus Sicht des Projektmanagements haben wir aber einen wichtigen Schritt getan: Wir haben nicht nur Risiken bedacht und Gegenmaßnahmen eingeleitet, nein, wir haben auch bedacht, was nach Beendigung unseres Projekts, also nach der Bauphase geschehen könnte. Das ist in unserem Fall zwar nur natürlich, weil wir ja selbst das Produkt des Projekts in den »Alltag« übernehmen müssen, bei Großprojekten ist es allerdings auch ratsam, einmal ein Auge darauf zu werfen, wie es denn mit dem Produkt für den Endkunden weitergeht. Nicht zuletzt ist das eine Frage der Qualität.

Bagger futsch

Montag, 06. Dezember

Beschaffung verwalten

Heute hat Herr Fliege angerufen: Er ist erst einmal fertig auf der Baustelle und hat den Bagger abgeholt. Was fehle, sei die 5 cm Splittdecke. Zurzeit liegt aber Schnee auf der Baustelle, so dass diese Leistung erst dann erbracht werden wird, wenn es auch mit der Bodenplatte weitergehen soll. Dann kommen ja auch noch die Abwasserrohre. Herr Fliege hat gefragt, ob er die erbrachten Leistungen schon einmal in Rechnung stellen könne. »Leben und leben lassen«, dachte ich mir. Wer weiß, wie lang der Winter dauert. So soll Herr Fliege auch zeitnah für die Arbeit entlohnt werden. Würde ich mir ja auch wünschen. Ich werde also morgen Herrn Rentmann anrufen, um ihn über den Stand der Dinge zu informieren.

Beschaffung verwalten

»Beschaffung verwalten« umfasst alle Aktivitäten hinsichtlich Einkauf und Beschaffung, die sich mit der Überwachung der im Vertragswesen vereinbarten Modalitäten gegenüber der tatsächlichen Realisierung befassen. Gegenüber einer inhaltlichen Qualitätskontrolle könnte man an dieser Stelle also das Stichwort »kaufmännische Qualitätskontrolle« nennen. Darüber hinaus ist es aber ein ebenso wichtiger Teil, die Beziehungen zwischen den Vertragspartnern zu pflegen und sicherzustellen, dass alle Rahmenbedingungen für die Geschäftsbeziehungen optimal sind. Die Berufsethik des Projektleiters verbietet es allerdings, einzelne Geschäftspartner in irgendeiner Weise zu bevorzugen oder gar zu bestechen. Fairness ist das oberste Gebot.

Info an Rentmann

Dienstag, 07. Dezember

Kommunikation steuern

Ich habe heute Herrn Rentmann darüber informiert, dass die Fa. Fliege zunächst mal fertig ist und welche Arbeiten noch ausstehen. Er sagte mir zu, sich mit Herrn Fliege an der Baustelle zu verabreden, um die Abnahme durchzuführen. Hier muss ich nicht dabei sein. Fachlich kann ich ohnehin nichts beitragen und Herr Rentmann entscheidet allein, ob er auf der Gründung bauen kann. Ich erwarte aber nichts Tragisches. Herr Rentmann im Übrigen auch nicht. Er hat mir aber noch einmal gesagt, dass aufgrund des Wintereinbruchs ohnehin alles stillliegt. Somit ist auch der wegen des Frosts noch fehlende Baustrom an unserer Baustelle kein Thema, bis es wieder wärmer wird.

Kommunikation steuern

»Kommunikation steuern« umfasst wie alle Prozesse der Prozessgruppe »Überwachung und Steuerung« die Kontrolle über die Einhaltung der in der Planungsphase festgelegten Modalitäten. In diesem Fall ist sicherzustellen, dass die geplanten Kommunikationswege eingehalten werden. Sollte dies nicht der Fall sein, ist zunächst nach den Gründen hierfür zu suchen. Oftmals ist es nämlich so, dass geplante Kommunikationswege nicht praxistauglich sind und sich nahezu automatisch andere Wege etablieren. Dies wäre ein Grund für die Anpassung der Planungsdokumente. Im negativen Fall müssten die Beteiligten jedoch auf die »Fehlkommunikation« aufmerksam gemacht werden und ihr Verhalten entsprechend ändern. Im aktuellen Tagebucheintrag beschränkt sich meine Aktivität allein darauf, dafür Sorge zu tragen, dass alle Beteiligten die für sie nötigen Informationen zum weiteren Baufortschritt bekommen.

Sodenbau will Geld

Mittwoch, 08. Dezember

Beschaffung verwalten | Kosten steuern

»Sehr geehrter Herr Mette, bei der Prüfung Ihres BV haben sich einige Abweichungen zu den im Standard enthaltenen Leistungen ergeben (...)« Irgendwie weiß man nach diesem Satz schon was da kommen wird, nicht? Dieser Brief ging heute bei uns ein. Kern des Vorgangs ist, dass bei uns mehr Rohrlänge für die Abwasserrohre benötigt wird, als vorgesehen. Aber wird im Leben nicht immer mehr Rohrlänge benötigt als man erwartet? Nein, an anderer Stelle sind es, zumindest bei unserem Haus, auch weniger Rohre. Unter dem Strich kommt ein Mehraufwand von 292 €

heraus. Ich werde weltmännisch zustimmen. Der entsprechende Brief mit meiner Unterschrift geht am Freitag in die Post.

Tag der Abrechnung

Samstag, 11. Dezember

Beschaffung verwalten | Kosten steuern

Heute ist die erste Rechnung für den Tiefbau der Fa. Fliege ins Haus geflattert, die jene Leistungen beziffert, die bereits erbracht wurden. 10.202 €. Und da sind die Abwasserrohre noch nicht drin, denn die werden erst dann verlegt, wenn Sodenbau mit der Bodenplatte beginnt. Auch eine Splittdecke fehlt noch. Insgesamt sind noch um die 2.000 € an Leitung offen. Insgesamt sind das gut 2.000 € mehr als erwartet. Nach eingehender Analyse scheint das in erster Linie daran zu liegen, dass das eingebaute RC-Material doppelt so teuer in der Beschaffung war, als im Angebot vorgesehen. Naja, das ist noch immer einige Tausend Euro günstiger als sämtliche anderen Angebote. Und das Baggerfahren war es ja schließlich wert! Dennoch werde ich mal sehen, ob sich hier in Hinblick auf die ausstehenden Leistungen noch etwas nachverhandeln lässt. Zwar ist die Abnahme des Bauabschnitts durch Sodenbau noch nicht über die Bühne, ich werde aber dennoch am Wochenende eine Auszahlungsanweisung für die Bank verschicken. Ich denke, grundsätzlich ist bei der bisherigen Ausführung nicht sehr viel Raum für Fehler, die ein Zurückhalten des Geldes rechtfertigen würden. Nachbesserungen können sich hier nur im kleinen Rahmen bewegen.

Stille Nacht, heilige Nacht

Samstag, 25. Dezember

Terminplan steuern | Risiken überwachen und steuern

Ja, es weihnachtet sehr! Es ist fantastisch: Weiße Weihnacht! Lange hat die mitteleuropäische Menschheit darauf gewartet. Ich weiß nicht genau, wie tief der Schnee auf Cappenberg ist. Es mögen 30, stellenweise 40 cm sein. Weiße Weihnacht. Weiße Weihnacht? Permafrost! Baustopp! So toll das für den Weihnachtsbaum auch ist, auf der Baustelle geht nix! Kein Baustrom, keine Bodenplatte. Stattdessen immer mehr Schnee! Wäre ich Mammut, würde ich jetzt ´ne Party schmeißen und alle Pinguine und Eisbären aus der Nachbarschaft einladen! Warum bekommt die mitteleuropäische Menschheit die nächste Eiszeit, wenn ich bauen will??? Im Finger-Haus-Forum berichtet man schon über die ersten wetterbedingten Verschiebungen von Lieferterminen. Ich werde wahnsinnig. Hoffentlich trifft es uns nicht auch. Und das alles, obwohl ich extra gefragt habe, ob wir nicht schon im Spätsommer 2010 hätten anfangen sollen. Naja, bleiben wir mal ganz ruhig. Wirklich weitergehen muss es ja erst Ende Februar. Bleibt zu hoffen, dass bis dahin der Schnee geschmolzen ist. Und selbst wenn nicht: Wir haben ja ein Risikomanagement in der Projektplanung. Die Wohnung wird erst dann gekündigt, wenn das Haus geliefert wird. Es kann also nichts passieren. Nur die Warterei nervt. Aber wir halten fest: Cappenberg im Schnee ist echt schön!

Terminplan steuern

Vergleichbar mit dem Prozessschritt »Kosten steuern« im Kostenmanagement ist für das Terminmanagement der Prozessschritt »Terminplan steuern«. Auch hier wird die aus der Planung vorliegende »Schedule Baseline« mit dem aktuellen Projektfortschritt ins Verhältnis gesetzt, um zu überprüfen, inwieweit positive oder negative Abweichungen vorliegen. Auch an dieser Stelle sind die wichtigsten Messwerte die sogenannte Schedule Variance (SV= Earned Value – Planned Value), sowie der Schedule Performance Index (SPI= Earned Value / Planned Value), die im Rahmen der Earned Value Analyse erhoben werden.

Risiken überwachen und steuern

»Risiken überwachen und steuern« befasst sich mit der kontinuierlichen Beobachtung und Neubewertung der identifizierten Risiken: Während des Projektverlaufs ändern sich naturgemäß Rahmenbedingungen, die sich sowohl auf Eintrittswahrscheinlichkeiten wie auch auf Auswirkungen der zuvor bewerteten Risiken auswirken können. Dies macht es erforderlich, die Risiken kontinuierlich gegenüber der aktuellen Situation neu zu bewerten und gegebenenfalls entsprechende Änderungen an den Planungen für das Projekt vorzunehmen. Insbesondere in Großprojekten steckt also im Risikomanagement eine

Aufgabe, die entsprechend umfangreich ist und viel zu oft vernachlässigt wird.

Zartes Band der Hoffnung

Dienstag, 04. Januar

Projektdurchführung lenken und managen | Terminplan steuern

Man glaubt es kaum: Es ist Tauwetter angesagt! Durch warmen Regen soll es auch noch beschleunigt werden! Das gilt im Übrigen offenbar auch für meine Nase, denn die läuft. Ich bin krank, vom Arzt offiziell außer Gefecht gesetzt. Auch Nadja und Marie bewegen sich stetig zwischen gesund und krank. Man nennt uns schon »Los Lazarettis«. Ich konnte so grade eben noch vermeiden, länger als zwei Tage krankgeschrieben zu werden. Dazu habe ich zu viel zu tun in der Firma. Eben noch die notwendigsten Dinge im Büro per Remote-Einwahl mit meinem Notebook erledigt, durfte ich es darüber hinaus nicht versäumen, Herrn Ressmann von der Firma Elbing anzurufen. Dieser hatte mir ja gesagt, er könne die Baustromleitung erst dann auf das Grundstück legen, wenn es taue. Genau das wird am Ende der Woche der Fall sein. Es könnte dabei zwar ein wenig feucht am Boden sein, aber das verbuchen wir mal unter »Berufsrisiko« auf Seiten Ressmanns. Erfolgreicherweise bestätigte mir Herr Ressmann, dass er am kommenden Montag zur Tat schreiten wolle. Halleluja! Strom auf unserer Baustelle! In den kommenden Tagen werde ich sehen, ob das Tauwetter auch wirklich kommt und dann Herrn Dorn (Elektriker für den Baustromkasten) sowie Herrn Rentmann (Fa. Sodenbau, Bodenplatte) per Mail über die Neuigkeiten informieren. Wer weiß, vielleicht rollt nun doch alles ganz schnell an ... Vermutlich wird Herr Rentmann aber erst das nacharbeiten müssen, was noch vor uns »im Schnee versunken« ist. Die Wahrscheinlichkeit ist also hoch, dass es wieder schneit, ehe er bei uns anrücken kann. Wie auch immer, ich werde versuchen, den Bautrupp mit einer komplett vorbereiteten und mit Strom versorgten Baustelle zu uns zu locken. Das zarte Band der Hoffnung hält meinen Optimismus!

Halleluja!

Donnerstag, 06. Januar

Kommunikation managen

Halleluja! Es ist wahr geworden! Es taut und regnet, es regnet und taut! Kein weiterer Frost in Sicht! Der erste Regen ist noch am Schnee angefroren, so dass ich mich heute Morgen auf dem Weg zum Auto, voller Freude über den Regen, fast auf den Bart gelegt hätte. Das muss ähnlich ausgesehen haben, wie eine Giraffe auf Rollschuhen. Anmut und Grazie sehen jedenfalls anders aus, wenn die Beine schneller sind als der Rest des Astralkörpers, der derweil mit einer Notebooktasche beladen um Gleichgewicht kämpft und gleichzeitig, mit beiden Armen rudernd, irgendwo in Zeit und Raum nach einem Griff zum Festhalten sucht; im Gesicht die blanke Angst, sich im teuren Businessanzug in die mit schwarzem Splitt bestreute Pampe zu legen. Jeder Versuch Tritt zu fassen gab mir nur neuen Schub nach vorn. Auf diese Weise habe ich es in der Tat von der Haustür, über den Gehweg, am Ziel-Auto vorbei, auf die Straße, mit einem Sprung über die bereits mit Eiswasser gefüllten Spurrillen im Schnee bis auf die andere Straßenseite geschafft, ohne mich hinzulegen. Erst dort fand ich auf einer schneegeräumten Fläche wieder Halt. Wie eine Ballerina am Ende der Ouvertüre. »Hut ab, das hätte auch die nächste Arbeitsunfähigkeit werden können«, dachte ich. Danach ging es dann im langsamen Tripselschritt, wie die Ballerina auf dem Weg von der Ouvertüre zum ersten Akt, zurück zum Auto. Mann, war ich froh, als ich drin saß. Außerhalb unserer Wohngegend war natürlich alles bestens geräumt und gestreut. Keine Probleme. Wer rechnet auch am frühen Morgen bei Plusgraden damit, dass es glatt sein könnte? Naja, scheinbar hat´s keiner gesehen, sonst hätte man es ja irgendwo kichern hören, als ich wie ein Käfer auf der Herdplatte über die Straße eierte. Derweil wandelt sich das Eis jedenfalls in Matsch. So wollen wir das sehen! Inzwischen bin ich auch schon wieder im Dienst. Fit geht anders, aber das Hirn funktioniert schon mal wieder. Eine Errungenschaft, von der andere ein Leben lang nicht berichten können, aber lassen wir das ... Herr Rentmann und Herr Dorn sind über die Pläne an der Stromfront informiert. Nun muss ich nur noch warten, ob die Fa. Elbing am Montag wirklich antritt! Das war die Information, die ich eigentlich an dieser Stelle festhalten wollte.

Neue Informationen

Montag, 10. Januar

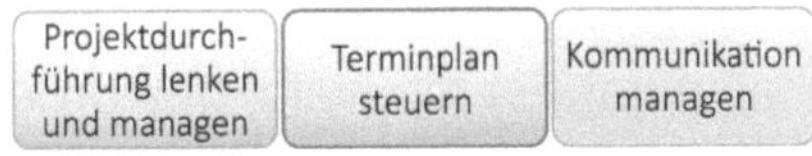

Die Bauwelt erwacht aus dem Winterschlaf und Urlaub zum Jahreswechsel. Es gibt neue Informationen: Noch in dieser Woche wird die Stromleitung laut Herrn Ressmann fertig sein, so dass der Baustromkasten ab dem 17.01. angeschlossen werden kann. Das wiederum habe ich direkt an Herrn Dorn weitergegeben, der dann zur Tat schreiten kann. Darüber hinaus habe ich Herrn Rentmann angerufen, um einen Termin für die Bodenplatte in Erfahrung zu bringen. Dieser wird noch in dieser Woche zur Baustelle fahren, um die Höhen zu überprüfen. Er will sich bis Mitte dieser Woche bei uns melden, um einen Termin für den Baubeginn ins Auge zu fassen. Er signalisierte aber schon, dass dies durchaus noch zwei oder drei Wochen dauern könnte, da ja noch einige Baufamilien mit früheren Terminen für die Hausaufstellung vor uns versorgt werden müssen. Bleibt zu hoffen, dass der Winter so bald nicht zurückkehrt.

Es gibt Termine

Freitag, 14. Januar

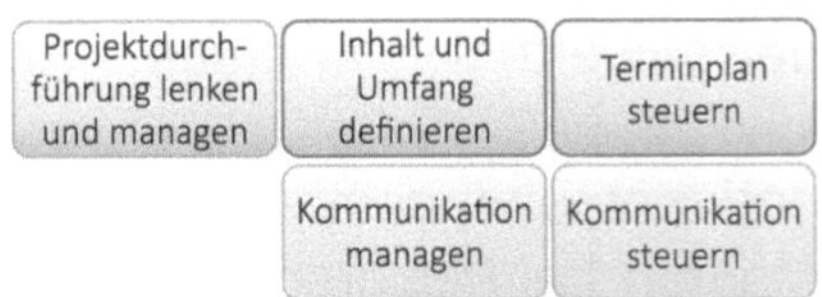

Endlich gibt es Termine: Der Bagger für die Stromkabelarbeiten stand bereits am Mittwoch auf dem Grundstück. Ich gehe also davon aus, dass das Kabel auch wirklich am Montag vor Ort liegt und Strom führt, so dass dann der Elektriker mit dem Baustromkasten kommen kann. Zusätzlich habe ich mit Herrn Rentmann telefoniert: In der sechsten Kalenderwoche (07.-11.02.) soll die Bodenplatte gegossen werden. Herrn Fliege, der den Splitt und die Rohrleitungen noch einbauen muss, sowie die Firma Ganther für die Feinabsteckung und Schnurgerüst kontaktiert Herr Rentmann ebenfalls, um die Arbeiten zu koordinieren. Das alles geschieht natürlich vorbehaltlich erneuter Wintereinbrüche oder sonstiger Wetterkapriolen. Was die Garage angeht, so habe ich mit Herrn Groch telefoniert. Dieser rückt erst dann an, wenn das Haus steht. Den genauen Termin vereinbaren wir dann mit dem Bauleiter von FingerHaus. Eine Bemusterung der Garage ist nicht erforderlich: Gebaut wird eine 9 m • 2,98 m-Garage ohne Zwischenwand auf Bodenplatte. Verputzt wird sie durch FingerHaus. Ob wir ein Sektionaltor haben möchten oder nicht, das können wir noch zwei Wochen vor dem Bau entscheiden. Auch an welche Stelle die Hintertür genau kommen soll, entscheiden wir quasi »vor Ort«. Da ist Herr Groch flexibel. Herrn Rösch, unseren unabhängigen Bauüberwacher, habe ich ebenfalls informiert. Nun sind es also nur noch gute drei Wochen, die wir abwarten müssen!

Inbrünstiges Wabern

Samstag, 15. Januar

Voller Freude fuhren wir heute nach Cappenberg, um zum einen in Kamen Türen auszusuchen und in Hamm mit einem Malermeister zu sprechen, zum anderen und in erster Linie aber auch, um unsere nagelneue Stromleitung zu inspizieren. Es war diese Vorfreude auf einen neuen Arbeitsschritt, der nun erledigt schien. Ein inbrünstiges Wabern im Zwerchfell, begleitet von emotionaler ... Es war wie erotische Vorfreude! Vor Ort angekommen, sahen wir es: unspektakulär und dröge. Das Nichts. Der sich noch am Mittwoch auf dem Grundstück befindliche Bagger war nicht mehr da. Auch kein Kabel. Nicht einmal Spuren von Erdarbeiten. Nichts. Zunächst dachte ich noch: »Mannomann. Haben die sauber gearbeitet. Keine Spuren zu sehen. Jetzt muss ich nur noch das Kabel finden.« Dann wurde es mir jedoch schlagartig klar: Da hatte doch wohl lediglich jemand unser Grundstück als Baggerparkplatz missbraucht! Skandaaaal! Dahin war sie, die erotische Vorfreude. Mir blieb lediglich, die Straße mit Schippe und Besen vom Dreck der Gründungsarbeiten zu befreien, was aufgrund des Schnees zuvor nicht möglich war und den Wassertank »zapffertig« zu machen. Natürlich habe ich – auch wenn es Samstag war – bei der Fa. Elbing angerufen, um zu fragen, wo mein Saftkabel sei, das mir für Montag zugesagt wurde. Antwort: »Die Arbeiten starten am Montag. Da ist anderswo eine Störung dazwischen gekommen. Der Elektriker sollte nicht vor Mittwoch kommen.« »Klasse«, dachte ich, »das sagen die mir am Samstagmittag, wenn der Elektriker für Montagmorgen bestellt ist.« Es blieb also nur zu versuchen, Herrn Dorn am Montagmorgen im Büro abzufangen ...

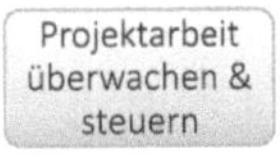

Gegenüber dem recht inhaltlich geprägten Prozess »Projektdurchführung lenken und managen«, befasst sich »Projektarbeit überwachen & steuern« mit der rein administrativen Überwachung des Projektfortschritts. Somit wird dieser gegenüber den Planungsdokumenten und Baselines sowie gegenüber der Zieldefinition abgeglichen und die Reaktion auf Abweichungen in Form von Änderungen eingeleitet. Dieser Prozess kommt in meinem Tagebuch immer dann zum Einsatz, wenn ich die Planungsdokumente prüfe bzw. anpasse.

»Qualitätslenkung durchführen« umfasst alle Aktivitäten im Rahmen des Qualitätsmanagements, die die aktive Prüfung von Liefergegenständen des Projekts auf die in der Planung festgelegten Qualitätsziele betreffen. Aus diesem Prozessschritt können naturgemäß Änderungen an den Projektzielen bzw. an der Zeitplanung hervorgehen, wenn sich beispielsweise herausstellt, dass auf Prozessebene nachgearbeitet werden muss oder das grundsätzliche Qualitätslevel nicht ausreichend ist. Diese Änderungen werden jedoch erst im folgenden Prozessschritt des Wissensgebiets »Qualitätsmanagement« initiiert.

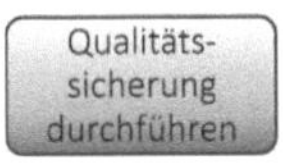

»Qualitätssicherung durchführen« ist sozusagen der Auswertungsprozess von »Qualitätslenkung durchführen«. Die Ergebnisse der Qualitätslenkungsmaßnahmen werden hier verarbeitet und entsprechende Änderungen initiiert, sofern diese notwendig sind. Darüber hinaus werden in diesem Prozess aber auch aktiv die Prozesse des Qualitätsmanagement kritisch beobachtet: Greifen die geplanten Qualitätsmaßnahmen bzw. warum greifen sie nicht? Was muss getan werden, um ein adäquates Qualitätslevel zu erreichen? Haben

bisherige Änderungen gegriffen? Somit haben wir es hier mit dem übergreifenden Steuerungsprozess für das Qualitätsmanagement zu tun. Im Tagebuch erscheint der Prozess an dieser Stelle, da in der Praxis Qualitätssicherung und Qualitätslenkung oft innerhalb eines Arbeitsschritts erfolgen. Organisatorisch betrachtet haben wir es aber mit zwei verschiedenen Aktivitäten zu tun.

Budget-Forecast & Handshakes

Samstag, 15. Januar

Beschaffung durchführen | Kosten steuern

Trotz der Stromkrise war der Tag ein Erfolg: Wir haben hochwertige MeGa-Türen (fast) zum Baumarkttürenpreis bestellt. Dank Herrn Ransen, seines Zeichens Vertriebler bei MeGa, den wir auf einer Geburtstagsparty kennengelernt hatten. Er hat uns den Kontakt zu einem hiesigen Händler, Holz Böhne in Kamen, vermittelt und den Deal für uns eingefädelt.
Kurz darauf waren wir bei Malermeister Brosig in Hamm: Auch dieser Kontakt basiert auf Beziehungen. Hier bekommen wir einen unschlagbaren Preis für Innenputz. Zusätzlich wusste Herr Brosig sofort, was wir haben wollten und hat uns klasse beraten, so dass wir diesen Termin ebenfalls mit einem »Handshake« beenden konnten. Die Tatsache, dass ich ihm seinen demolierten Internetzugang wiederherstellen konnte und ihm Hilfe bei der Erstellung einer Internetseite zugesagt habe, hat vielleicht etwas nachgeholfen. Erleichterte Menschen können ja so kooperativ sein! Somit nimmt das Budget also Formen an. Eine Position nach der anderen wird nun »fest«. Es zeigt sich, dass unsere Budgetplanung ein Volltreffer war. Lediglich die Tatsache, dass die Erdarbeiten sehr viel teurer wurden als geplant, reißt uns rein. Glücklicherweise haben wir aber auch mit solchen »Unfällen« kalkuliert, so dass wir noch einen recht großen Betrag nachfinanzieren können, ohne dabei in Schwierigkeiten zu geraten. Zwar hatten wir gehofft, ohne diese Reserve auszukommen, aber wenigstens müssen wir uns keine Sorgen machen. Die Gesamtüberschreitung des ursprünglich angepeilten Budgets wird in der Summe aber unter 5 % liegen. Somit würden wir also noch die persönlich gesetzten Kriterien für ein erfolgreiches Projekt erfüllen, und nur der Stolz des Planers leidet ein wenig. Bis zu einer Überschreitung von 25 % müssen wir uns zumindest keine Sorgen

um unsere Existenz machen. Ein solches Szenario halte ich allerdings für ausgeschlossen, da nun keine »unsicheren Faktoren« dieser Größenordnungen mehr anstehen. Wir sind also im Plan. Projektampel grün!

Krisenintervention und Beginn der Arbeiten

Montag, 17. Januar

Projektarbeit überwachen & steuern | Terminplan steuern

Der heutige Morgen war von Krisenintervention geprägt: Da die Fa. Elbing das Stromkabel in der letzten Woche nicht gelegt hat und der zuständige Bauleiter mir das offiziell und voller Tatendrang dann auch »schon« heute Morgen um 7:20 Uhr telefonisch mitgeteilt hat, habe ich um 8:00 Uhr den Elektriker, Herrn Dorn, erreichen können. Glücklicherweise hatte er noch nicht den Weg ins Krisengebiet angetreten, so dass auch nichts Schlimmes passiert ist. Er wartet nun erst einmal ab, bis die Leitung liegt, und macht derweil den »Zählerantrag« für den Versorger fertig. Es ist also noch alles im grünen Bereich. In der Zwischenzeit haben unsere Spione auf Cappenberg in Zusammenarbeit mit der NATO-Luftaufklärung und nach aufwendiger Auswertung von Sattelitenbildern bestätigt, dass auf unserem Grundstück gebaggert wird. Sollten wir es also nicht mit Mutterboden-Dieben zu tun haben, haben die Arbeiten nun begonnen!

Leitungen, Bohrungen und Plankton

Mittwoch, 19. Januar

Projektarbeit überwachen & steuern | Terminplan steuern | Beschaffung durchführen

Inzwischen sind die Arbeiten für die Vorab-Leitung fertiggestellt worden und die Anschlusssäule steht. Hieran wird dann der Baustromkasten angeschlossen. Leider fürchte ich, dass die das Ding exakt an jene Stelle gestellt haben, an der die Erdwärmebohrung geplant ist. Nun ja, das wird sich sicher klären lassen. Bohren wir halt ´nen Meter weiter rechts. Ich habe heute den Zählerantrag an Herrn Dorn zurückgeschickt. Der versetzt ihn in die Lage, umgehend einen geeichten Zähler beim Versorger abzuholen und den Baustromkasten an die Anschlusssäule zu hängen.

Erdwärme ist ein gutes Stichwort: Ich habe mich heute per Mail bei der Fa. Sadurksi gemeldet, die von Viessmann mit der Bohrung beauftragt wurde. Viessmann wurde übrigens wiederum von FingerHaus mit der Errichtung einer Erdwärmepumpe beauftragt. Naja, und wir beauftragten irgendwann einmal FingerHaus mit der Errichtung eines warmen Hauses. Wie in der Nahrungskette. Schlussendlich bleibt das Organisatorische aber doch an uns als »Quasi-Plankton« im Nahrungskreislauf hängen: Am kommenden Mittwoch werde ich mich um acht Uhr morgens mit den Kollegen von Raskowski an der Baustelle treffen, um die Bohrung zu planen. Auf dem Fax lag heute das finale Angebot der Firma Böhne zu den Innentüren. Alles scheint wie besprochen. Ich werde es noch einmal durchsehen und dann unterschrieben zurückfaxen. Es hat übrigens wieder ein wenig geschneit, die Temperaturen sinken. Wir bleiben aber einfach mal ganz entspannt. Bis zum geplanten Bau der Bodenplatte sind es ja noch zweieinhalb Wochen.

Die wichtigen Dinge

Donnerstag 20. Januar

Beschaffung durchführen | Kosten steuern

Heute haben wir die wirklich wichtigen Dinge am Hausbau erledigt: Wir haben die Toiletten gekauft. Sagte ich Toiletten? Hier schreibe ich, oder? Ich bin der Chef in meinem Tagebuch, nicht wahr? Also noch mal: Heute haben wir die wirklich wichtigen Dinge am Hausbau erledigt: Wir haben die Klos gekauft. Der Thron des kleinen Mannes, die Wiege kreativen Denkens, Ursprung von Wellness und Entpannung, daaaas Kloooooo. Hier stelle man sich bitte monumentales Hallen vor. Genaugenommen haben wir gleich drei gekauft, denn wir haben ja auch drei WC ... Entschuldigung: Kloanschlüsse. Die Keramik stammt aus dem Hause Villeroy & Boch. Allerdings kommt sie »nur« aus selbigem Werk. Das Label ist nicht auf der Keramik, sondern lediglich auf dem Aufkleber, der wohl oder übel vor der Inbetriebnahme entfernt werden muss. Dafür hat das Ganze aber auch nur die Hälfte der Aufwendungen verursacht, die »echte Villeroys« gekostet hätten. Ich tröste mich mit dem Gedanken, zumindest Qualität unter dem Hintern zu haben, auch wenn´s nicht draufsteht. Wer liest schon nach, was auf unseren Klos vermerkt ist? Außerdem: In einem Skoda steckt ja auch VW-Technik. Als Extra, quasi als elektrischen Fensterheber, haben wir Klodeckel mit Absenkautomatik gekauft. Auch die gab´s im Angebot. Und weil man die Feste ja feiern muss, wie sie fallen, haben wir auch noch Duschwände in Echtglas mit Aluprofilen und die Waschtischarmatur für das Gästebad bestellt. 249 € für eine Duschwand »Made in Germany« sind unschlagbar. Nun fehlen noch Badewanne, Siphons, Bedienplatten für die Klospülung und Duschbrausen, und der Bereich Sanitär ist komplett. Einmal im Rausch des Geldausgebens angekommen, habe ich daheim gleich noch das Fax für die abschließende Bestellung der Innentüren weggeschickt. Hey, 3.500 € innerhalb von drei Stunden auszugeben ist eine Kleinigkeit für uns! Ich werde mich niemals an diese Beträge gewöhnen.

Murmelnde Rentner

Freitag, 21. Januar

Projektarbeit überwachen & steuern | Qualitätslenkung durchführen

Inzwischen weiß ich, warum die provisorische Stromanschlusssäule steht, wo sie steht, nämlich an exakt der Stelle, die für die Erdwärmebohrung geplant war: Die Leitung wurde nicht wie geplant von der südlich angrenzenden Straße aus gelegt, sondern aus Richtung der östlich gelegenen. Der Hintergrund liege in der Tatsache, so Herr Ressmann, dass unsere Adresse eben auch der östlich gelegenen Straße zugeordnet sei. Das sei aus schaltungstechnischer Sicht wichtig, denn wenn der Versorger einmal den Strom für alle Häuser dieser Straße abschalten müsse, dann solle ja eben auch selbiges passieren. Würden wir dann an den Leitungen für die andere Straße angeschlossen sein, bliebe bei uns das Licht an. »Richtig. Und in diesem Fall würde natürlich jeder an ein Wunder glauben«, dachte ich. »Unser Haus würde sich schnell zum Wallfahrtsort entwickeln und die Cappenberger Kapelle pleitegehen.« Es scheint also sinnig zu sein, wie es ist: Ständig Gebete murmelnde Rentner in gebeugter Haltung vor der Haustür, das will ja schließlich auch keiner. An den ständigen Weihrauchgeruch in Verbindung mit 3-Wetter-Taft, 4711 Echt Kölnisch Wasser und 8x4-Deo will ich gar nicht erst denken. Sind eigentlich alle Rentnerprodukte durch Zahlenkombinationen gekennzeichnet?

Nicht dass auch noch die Flippers im Garten auftreten und Roy Black und Rex Gildo ihre Wiederauferstehung in meinem Lavendel feiern. Nee, dann lieber Strom aus'm Osten und woanders bohren!

Herr Ressmann sagte auch, dass die Sache mit der Erdwärmebohrung kein Problem sei. Man könne in der Tat einen Meter weiter links oder rechts bohren. Sei die Bohrung erst einmal vor Ort, so würde er schauen, wie er die endgültigen Versorgungsleitungen verlegt. Das passe schon alles. Zu gebeugten Rentnern hat er aber nichts gesagt. Ich drücke mir selbst die Daumen, dass das die Jungs vom Bohrunternehmen am kommenden Mittwoch auch so sehen. Sollten sie auf Öl stoßen, hat sich die Debatte ohnehin erledigt und ich kaufe Cappenberg. Herr Dorn, der Elektriker, hat sich ebenfalls gemeldet: Er hat den Baustromzähler beim Versorger abgeholt. Zwei bis drei Tage vor Baubeginn soll ich ihm Bescheid sagen, damit er den Baustromkasten aufstellen kann.

Ich liebe es ...

Montag, 24. Januar

Persönlichkeit beweisen | Kosten steuern | Risiken überwachen und steuern

Gestern haben wir abermals einen Blick in die Budgetplanung riskiert und die eine oder andere Zahl hin- und hergedreht. Was haben wir bereits ausgegeben? Was ist bestellt? Welche Posten sind fest, wo steckt noch Unsicherheit drin? Dabei stellte sich heraus, dass die Unsicherheitsfaktoren so gut wie erledigt sind. Geholfen hat hierbei, dass wir viele Dinge für den Innenausbau des Hauses bereits günstig gekauft und bei Nadjas Eltern eingelagert haben. Hier steckt also keine Unsicherheit mehr im Detail. Nun stehen noch Fliesen und derlei Dinge aus, die wir aber bereits mit großzügigen Quadratmeterpreisen im ursprünglichen Budget festgehalten hatten, so dass diese Posten nach wie vor passen sollten. Wir haben nun also ein Zwischenergebnis, mit dem wir weiter planen können:

Wir müssen nicht nachfinanzieren!

Nachdem wir alle Zahlen zusammengetragen und noch anstehende Ausgaben großzügig kalkuliert hatten, stellten wir fest, dass es an knapp

10.880 € fehlte. Hier griff Risikomanagement Teil 1: Glücklicherweise konnte nun unser Plan zum Einsatz kommen, gepflasterte Wege zunächst gegen geschotterte auszutauschen und den Zaun rund ums Grundstück für einen absehbaren Zeitraum wegfallen zu lassen. Diese Positionen hatten wir von vornherein als »optional« geplant, um so einen Budgetpuffer in der Finanzierung zu haben. Der Zaun diente ohnehin nur der Optik, denn auf unser Grundstück könnte sich allenfalls ein Pferd oder ein Kind der Nachbarn verirren, wegetechnisch müssen wir im ersten Ansatz nur trockenen Fußes ins Haus kommen. Alles Weitere kommt halt später. Ersparnis: 5000 €. Ich liebe es, wenn ein Plan funktioniert! Die nun noch fehlenden 5880 € können wir aus angespartem Vermögen lockermachen. »Lockermachen« hört sich zugegeben etwas sehr locker an. Genau genommen sind die Konten danach nahezu blank. Aber auch damit hatten wir bereits gerechnet, als wir uns die ersten Gedanken ums Bauen gemacht haben.

Nun wird sich der eine oder andere scharfsinnige Beobachter fragen, was wohl passieren wird, wenn beispielsweise eines unserer Autos Reparaturbedarf aufweist. Schließlich sind wir ja gerade dabei, unsere Ersparnisse gutgelaunt zu verjubeln. Und genau hier greift Risikomanagement Teil 2: Sollte innerhalb des kommenden Jahres ein solcher Fall eintreten, haben wir zwei Möglichkeiten. Die erste Variante wäre dann ein weiterer Kleinkredit oder die schon angedachte Nachfinanzierung. Schließlich sind wir nach wie vor kreditwürdig und könnten uns noch eine Menge Geld leihen. Die monatliche Belastung würde uns nicht in den Ruin treiben, wäre jedoch ärgerlich und soll deshalb vermieden werden. Variante 2 heißt: Familie. Im Fall der Fälle gibt es hier noch edle Retter, die einspringen würden, um die Mehrbelastung abzufangen bzw. zu vertagen. Wir könnten also auch hier einen Kleinkredit in Anspruch nehmen und später zurückzahlen.

Unter dem Strich gilt es aber lediglich, die Zeit bis zum Einzug ins Haus zu überstehen und trotz der großen Zahlen nicht in Angst zu verfallen. Momentan fallen Miete, Bereitstellungszinsen und eben die Kosten für den Bau an, so dass es in den kommenden Monaten immer wieder anspruchsvoll sein wird, die schwarze Null auf dem Kontoauszug zu erreichen. Diese Zeit ist jedoch begrenzt und wir haben schon früh damit kalkuliert. Wir wussten, dass das letzte halbe Jahr vor dem Einzug in unseren Palast ein Kraftakt werden würde und haben uns dennoch entschieden, den Weg genau so zu gehen, um unseren Traum zu verwirklichen. Schließlich sind wir ja trotz belasteter Kassen nicht notleidend und haben eher Luxusproblemchen. Überschuldung sieht jedenfalls anders aus. Die wöchentliche Kühlschrankbefüllung läuft wie gewohnt und ein wenig Freizeitaktivität ist auch noch drin. Das war immer wichtigste Grundlage und Bedingung unserer Budgetplanung. Urlaub und größere Luxusanschaffungen wie ein neuer Fernseher fallen halt aus. Das ist es aber auch schon. Ist die derzeitige Wohnung erst einmal gekündigt, ist auch wieder ausreichend Sparpotenzial gegeben, so dass wir uns innerhalb weniger Monate wieder in sicheren Gewässern bewegen werden und sich die Lage automatisch entspannt.

Merkt man zufällig, dass ich hier Selbsttherapie betreibe? Ja, ich hatte in der Tat einmal die Hoffnung, dass es vielleicht doch einfacher würde, als wir es geplant hatten und ich auch noch meinen Fernseher bekomme, aber die Realität spricht nun eindeutig für unser Planungsgeschick. Es zeigt sich, dass wir uns in unserer eher konservativen Herangehensweise auf dem Papier nichts schöngerechnet haben, und das ist ja auch ein schöner und vor allem der entscheidende Erfolg. Faktisch gibt es keinerlei Grund nervös zu werden, denn alles läuft nach Plan. Und zum Plan gehörte nun mal auch der Verzicht auf den Fernseher. Es ist lediglich die leise Hoffnung auf noch mehr Luxus, die nun sterben muss. Ist vielleicht auch mal ganz gut für mich und meinen Charakter, ich alter Gierlappen! Naja, die Glotze hole ich mir schon noch. Vielleicht nicht heute, aber morgen bestimmt. Ich liebe es, wenn ein Plan funktioniert! Ich habe Herrn Pede also heute angerufen und ihm gesagt, dass wir zunächst keine weiteren Finanzmittel aufnehmen wollen.

Mettbrötchen, Esel & Weltpolitik

Mittwoch, 26. Januar

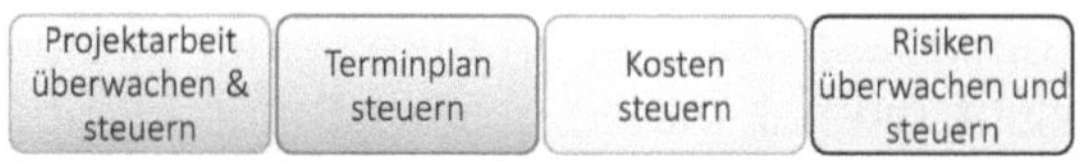

Es war 5:30 Uhr als, mich mein Handy heute mit dem Werbejingle meines Arbeitgebers aus dem Schlaf holte. Ja, ich identifiziere mich mit dem Unternehmen, in dem ich arbeite. Ich bin eine patriotische Ameise, so könnte man meinen. Nun, ehrlich gesagt fängt der Jingle nur sehr sanft an, so dass er sich bestens als Weckermelodie eignet. Das ist alles. Ich wollte nur mal patriotisch wirken. 5:30 Uhr. Normalerweise träume ich zu dieser

Zeit noch vom Hausbau und einem neuen Fernseher. Heute war es aber höchste Zeit zum Aufstehen, denn um 8 Uhr sollte die Baubesprechung mit dem Bohrunternehmen Raskowski an der Baustelle stattfinden. Zwar liegen lediglich 60 km Autobahn zwischen unserer Wohnung und dem Bau, jedoch haben wir es hier mit der meistbefahrensten Autobahn Deutschlands zu tun: Die A40 zwischen Essen und Dortmund, die noch dazu momentan auf drei Spuren verbreitert wird und deshalb auf kompletter Länge dieses Teilstücks eine Baustelle ist.
Es galt also der Rushhour aus dem Weg zu gehen. Rushhour bedeutet im inneren Kern des Ruhrgebiets, dass zwischen 7 und 9 Uhr nichts mehr geht. Wie eine Elfe schwebte ich also hellwach und gutgelaunt ins Bad, um pünktlich um 6:15 Uhr loszufahren. Wer die Lüge entdeckt, darf sie sich aus der Seite schneiden und sie an RTL schicken. Die können sicher was draus machen. Wie auch immer, der Plan ging auf: Ich kam um 7:20 Uhr auf Cappenberg an und hatte noch genug Zeit, die ortsansässige Bäckerei zu testen. Ergebnis: wirklich gut und viel preisgünstiger als im Ballungsgebiet. »Ja, hier ... inmitten von glücklichen Mettbrötchen aus glücklichen Schweinen kann ich heimisch werden!«, dachte ich, »Und wie frisch die Luft hier am frühen Morgen ist.« Kurz darauf knatterte der erste Trecker an der Bäckerei vorbei und würzte mein Brötchen mit einer Brise Diesel. »Shit happens.« Ich machte mich also auf die 500-Meter-Reise in Richtung unserer Baustelle. Gegen 7:45 Uhr kam auch schon Herr Röscheisen von der Fa. Raskowski am Grundstück an. Begrüßt vom kreischenden Esel, der einige Meter weiter auf einer Wiese stand und tief beeindruckt von der einheimischen Seniorinnen-Nordic-Walking-Gruppe, die just in diesem Moment erhobenen Hauptes und über die Kernthemen der Weltpolitik debattierend an uns vorbei geradewegs in Richtung Esel eilte, inspizierte er das Grundstück. Er kam schnell zu dem Schluss, dass es keinerlei Hindernisse für die Bohrung gebe. Weder logistisch, noch geologisch. Zumindest nicht, wenn man seiner geologischen Landkarte glauben durfte. Nicht einmal meine größte Befürchtung, die im Weg stehende Stromanschlusssäule, stellte ein Problem dar, da die Örtlichkeit der Bohrung variabel ist. Perfekt! Lediglich die Tatsache, dass wir noch ~150 € für einen Container zahlen sollen, in dem Bohrschlamm abtransportiert werden wird, trübte die Stimmung ein wenig. Laut FingerHaus sollten hier eigentlich keine Kosten mehr entstehen. Ich werde also das Kleingedruckte durchsuchen und mich gegebenenfalls mit FingerHaus darüber unterhalten müssen. 150 Euro sind nicht die Welt, dennoch könnte ich davon gute 60

Bestechungsdöner kaufen. Da lohnt sich eine Prüfung. Noch einige Fotos vom Ort des Geschehens gemacht und darüber gewitzelt, ob ich bald auch nordicwalken oder lieber den Esel erschießen und grillen würde, war der Termin auch schon vorüber. Herr Röscheisen würde im Verlauf der nächsten Tage in seinen Terminkalender schauen und mit mir einen Termin zur Bohrung ausmachen, zu dem ich dann noch ein »Standrohr«, ein Zugangsrohr zum städtischen Hydranten besorgen müsse. Im Übrigen ist das auch ein Punkt, von dem man bei FingerHaus nicht geredet hatte. Rein rechtlich fällt das aber unter »Bauwasser« und dafür sind wir nun mal verantwortlich. Neben einer geringen Miete für das Standrohr, etwa 1000 Euro Pfand und den Kosten für ~10 m^3 Wasser (=~25 €), die für die Bohrung benötigt werden, ist hier aber nur organisatorischer Aufwand zu erwarten.

Im Anschluss rief ich noch Herrn Rentmann an, um nachzufragen, ob die Bohrarbeiten theoretisch auch vor den Arbeiten für die Bodenplatte erfolgen könnten. Er hatte keine Einwände, sagte mir jedoch, dass er den Termin für die Bodenplatte verschieben müsse, da andere Bauprojekte wetterbedingt ruhten: KW 8, 21.-25.02. Ein harter Schlag. Nicht für den Projektplan, aber für die Bauherrenseele. Diese Warterei. Und auch hier zeigt sich wieder die Wichtigkeit des Risikomanagements: Wir haben noch ausreichende Zeitpuffer bis zur geplanten Lieferung des Hauses, so dass diese Verschiebung keinerlei Verschiebung anderer Bauabschnitte nach sich zieht. Den Schwiegereltern noch einen kurzen Besuch abgestattet, rauschte ich gegen 9:10 Uhr auch schon wieder in Richtung des »inneren Kerns«, in dem sich auch das Büro befindet. Ohne Rushhour. Warp 9, Vmax!

Bohren mit Standrohr

Freitag, 28 Januar

Projektarbeit überwachen & steuern | Terminplan steuern

Nicht, dass ich irgendwie ungeduldig wäre. Nein, ich habe heute Herrn Röscheisen von der Fa. Raskowski lediglich angerufen, um ihn bei seiner Planung zu unterstützen. »Ach ja, Herr Mette .... ähhm ... natürlich haben wir schon einen Termin für Sie geplant. Warten Sie mal ... ähmm ...

nächste Woche haben wir zwei Bohrungen in Hamm ... Das sind hier zwei Tage, da drei Tage ... dann können wir ... Freitag ... Also, ab Montag den 07.02. können wir bei Ihnen bohren und wären ca. zwei bis drei Tage vor Ort. Kann sein, dass wir am Freitag zuvor schon mal das Gerät zur Baustelle schaffen.« Natürlich hätte ich diese Information gaaaanz sicher auch ohne aktiven Anruf früh genug erhalten, aber ich unterstütze ja bekanntlich gern, wo ich nur kann ... Somit wird es also höchste Zeit, das Standrohr für den Wasseranschluss an den Hydranten zu reservieren. Für die Erdwärmebohrung werden um die 10 m³ Wasser benötigt, so dass wir hier das öffentliche Wassernetz anzapfen müssen. Also rief ich noch beim hiesigen Wasserversorger an:

Mitarbeiter Wasserversorger: »Juten Tach, Herr Mette. Wat kannich tun?«

Ich: »Ich bräuchte da am 07.02. bis ungefähr 09.02. ein Standrohr, also für Wasser, also nichts Medizinisches, und wollte gern sicherstellen, dass auch eins für mich verfügbar ist«.

Er: »Höhöhö. Ja, für Wasser. Nich medizinisch. Höhö. Dat können se bei uns kriegen. Wo wollenset denn abholen?«

Ich: »Die Betriebsstelle Lüdinghausen wäre optimal für mich.«

Er: »Jut, bringen se tausend Euro Pfand mit, Standrohre sind da. Auch die für Wasser ... höhö ... De Kosten verrechnen wa mit de Kaution. Ab sieben, halb acht können se kommen.«

Ich hoffe also, dass die wirklich genug von den Dingern vor Ort haben. Das hörte sich jedenfalls nicht so an, als hätte er das Ganze in irgendeinen Kalender geschrieben. Naja, das ist deren Geschäft. Die werden hoffentlich schon wissen, was sie tun.

Hexenjagd und Container-Krise

Dienstag, 01. Februar

Kosten steuern | Kommunikation steuern | Beschaffung verwalten | Stakeholder-einbindung steuern

Liebes Tagebuch,

erst gestern habe ich eine E-Mail an Herrn Himbel, unseren Kundenbetreuer bei FingerHaus, geschickt, um die Frage der 150 € für den Bohrschlammcontainer zu klären. Nachdem ich noch einmal ganz genau nachgedacht habe, weiß ich wieder, dass die Kosten zwar vertraglich vom Bauherren zu tragen sind, uns bei der Bemusterung jedoch zugesagt wurde, dass in unserem Fall keine weiteren Kosten entstünden. Was also nun? Herr Himbel antwortete sogleich per E-Mail, dass er das klären würde. Heute rief er mich dann an. Das Ergebnis des durchweg freundlichen Telefonats ist, dass niemand diesen Punkt protokolliert hat. Dennoch sei es durchaus möglich, dass wir falsch beraten wurden. Der Kompromiss gestaltet sich nun folgendermaßen: Wir werden die Kosten für den Container übernehmen. Im Gegenzug kommt man uns finanziell entgegen, wenn bei der Hausaufstellung noch Dinge auffallen, die bisher nicht geplant waren. Ich denke, dass das ein sehr guter Kompromiss ist, denn: Machen wir uns nichts vor, es findet sich sicherlich noch Raum für kostspielige Nachbesserungen. Zusätzlich hat Herr Himbel mir noch mitgeteilt, dass unser Haus anstatt in KW 14 schon in KW 12 lieferbar sei. Das ist wunderbar! Sollten wir es also hinbekommen, die Bodenplatte in KW 8 zu bauen, haben wir zwei Wochen gewonnen! Herr Himbel wird mit Herrn Rentmann telefonieren und das weitere Vorgehen abstimmen. Er sagte mir zu, dass er mich anschließend informieren würde. Das stimmt mich doch zuversichtlich! Hinsichtlich der Wärmepumpenbohrung habe ich gestern Herrn Dorn gebeten, den Baustromkasten am kommenden Freitag aufzustellen. Er sagte zu, die Stromversorgung ist also gewährleistet.

Bleibt noch das Thema »Eingeborene«: Ich habe unseren direkten Nachbarn von der hellen Seite der Macht, der Familie Sörens, heute eine E-Mail geschickt, in der ich sie über die anstehenden Termine informiert habe. Zusätzlich habe ich noch einmal über die bei uns wirklich geringen Risiken der Erdwärmebohrung informiert. Schließlich hört man momentan in den Medien immer wieder von sich auftuenden Kratern oder im Untergrund aufquellende Gipsböden, die ganze Kleinstädte anheben. Zwar haben diese Katastrophen in aller Regel nicht den Hauch mit Bohrungen zu tun, dennoch sagt mir meine politische Erfahrung mit hysterischen Randbetroffenen in IT-Projekten genau hier, dass frühzeitige Kommunikation mein einziges Ass im Ärmel ist. Schließlich will ich neben dem Gerücht, Oberhaupt einer bankrotten Großfamilie zu sein, nicht auch noch für den unmittelbar bevorstehenden Untergang Cappenbergs verantwortlich gemacht werden und auf dem hiesigen Scheiterhaufen landen, während Nadja und Marie medienwirksam zu Hexen erklärt werden und mir Gesellschaft leisten dürfen. Mit Fackeln und Mistgabeln ausgerüstetes Volk gehört nicht zu meinen präferierten Party-People. Streuen wir also frühzeitig Information, damit die Saat des Gerüchts nicht aufgehen möge: All diese Risiken scheinen bei uns ausgeschlossen. Es handelt sich in unserem Fall um eine »Standrohrbohrung«. Dies bedeutet, so hatte man mir erklärt, dass die Bohrung schon während ihrer Entstehung nach außen abgedichtet wird. So wird vermieden, dass z. B. Wasser aus höheren Erdschichten in tiefere Schichten eindringen und Auswaschungen verursachen kann. Zusätzlich wird die Bohrung mit Beton und umweltverträglichem Dichtmaterial verpresst, so dass anschließend ebenfalls kein Austausch zwischen den Erdschichten auftreten kann. Letztendlich haben wir es also mit einer Betonsäule zu tun, die 100 m in die Tiefe reicht. Die geologischen Karten sagen aber ohnehin, dass bis in die geplante Bohrtiefe von 100 m nichts anderes als Ton, Sand und Mergel zu erwarten ist. Gefahren durch aufquellende Böden, wie man sie aus gipshaltigen Regionen und aus besagten Medienberichten kennt, sind auf Cappenberg also ohnehin nicht zu erwarten. Die Firma Raskowski ist zertifiziert und arbeitet nach DIN-Norm. Auch die Ruhrkohle AG (Bergbau), sowie die »Untere Wasserbehörde Kreis Unna« haben bescheinigt, dass keinerlei Risikofaktoren gegeben sind und die Bohrung genehmigt. Mehr Planung und Risikomanagement geht einfach nicht. Ich habe die Familie obendrein darüber informiert, dass es auch keine Verschmutzungen durch Spritzwasser oder Ähnliches geben wird. Sollte es doch Grund zur Klage geben, so möge man mich umgehend anrufen, damit ich alles im Sinne der Nachbarn klären könne. Schließlich seien wir entsprechend versichert, sollte doch etwas schiefgehen. Offene Kommunikation ist das A und O. Daher hat Herr Sörens umgehend geantwortet: Er dankte für die offenen und erklärenden Worte, macht sich keine Sorgen und wünschte uns viel Glück für die weitere Bauphase. Er beendete die Mail mit den Worten »Auf gute Nachbarschaft!«. Ziel erreicht! Möge sich die Kunde im Dorf verbreiten und wir vom Scheiterhaufen verschont werden.

Palim, palim

Freitag, 04. Februar

Projektdurchführung lenken und managen

Palim, palim: Gestern habe ich bei der Firma Raskowski angerufen, um sicherzustellen, dass die Bohrung für die Erdwärmepumpe auch wirklich am Montag stattfindet. Schließlich nehme ich mir frei, um das Standrohr zu besorgen und um 8 Uhr an der Baustelle sein. Da wäre es ja ärgerlich, wenn ich dort allein stünde. Gut, dass ich angerufen habe: Es geht erst am Dienstag los, weil es an einer anderen Baustelle Verzögerungen gegeben hat. Schnell noch beim Wasserversorger, den Standrohrverleihern, angerufen, um die Änderung mitzuteilen, meinen Chef über die Verschiebung informiert, fertig!

Palim, palim: Heute klingelt mein Telefon. Es ist Herr Dorn, der Elektriker. »Hallo Herr Mette! Ich wollte Ihnen nur mitteilen, dass ich den Baustromverteiler an Ihrem Grundstück aufgestellt habe.«

»Hallo Herr Dorn. Das ist ja super! Pünktlich wie die Maurer, äh die Elektriker. Vielen Dank dafür!«

»Ja, richtig, kein Problem. Ich habe das Teil erst mal abgeschlossen, damit sich niemand an Ihrem Strom bedient. Den Schlüssel habe ich in den Kasten gelegt.«

»?!«

»Wenn Sie unten in den Kasten greifen, kommen Sie problemlos an den Schlüssel.«

»Okay, ich hoffe, dass ich da reingreifen kann, ohne kurz aufzuglühen und dann zu Staub zu zerfallen?«

»Ja, ja, da kann nichts passieren. Ich schaue aber auch gern noch mal am Dienstag auf der Baustelle vorbei, um nach dem Rechten zu sehen.«

Nun Kollege, wenn Du am Dienstag ein Häufchen Asche vor dem Kasten findest, DANN BIN ICH DAS!!!!! Und ich bin auch der, der die Rechnung hätte zahlen sollen.

Ein Bericht zum Nichts

Sonntag, 06. Februar

Beschaffung verwalten

Heute habe ich meinen ersten »Bautenstandsbericht« angefertigt. Wie der Name schon sagt, ist das ein Bericht, der den Stand der Bauarbeiten protokolliert. Adressat für diese Information ist die Bank, die die Finanzierung für unseren Tempel der Macht ermöglicht. Diese wird einfach nicht müde, uns alle vier Wochen einen automatisch erstellten Brief zu schicken, in dem vehement um Handwerkerrechnungen und den Bautenstandsbericht gebeten wird.
Tja, eigentlich wollte ich erst dann etwas berichten, wenn auch was gebaut wurde, aber bitteschön, hier war mein Bericht. Inhalt: Gründungsarbeiten erledigt, Stromversorgung hergestellt, die Planung für die kommenden Wochen kurz dargelegt und der dezente Hinweis darauf, dass es noch keine Rechnungen gebe, weil ja auch noch keine Leistungen erbracht wurden, weil es ja noch kein Haus gebe, in dem Leistungen hätten erbracht werden können.
Das könne man im Übrigen auch daran erkennen, dass ich ja noch gar kein Geld für Handwerkerrechnungen abgerufen habe. Muss ich mehr sagen? Damit ich aber auch mal ordentlich Geld abnehme, habe ich sogleich die Auszahlung der Erschließungskosten mit dem Hinweis angefordert, dass der Erbbaurechtsvertrag der Bank vollständig vorliege. Hieraus lasse sich die Fälligkeit der Erschließungskosten – notariell beglaubigt – entnehmen. Eine weitere Rechnung bekomme ich ja nicht

dafür. Werden die Kollegen der Baufinanzierung diese Transferleistung erbringen können? Man darf gespannt sein! Gespannt war ich auch, als Nadja gestern einen an sie adressierten Brief der Stadt Selm geöffnet hat. Anfangs war ich noch guter Dinge, dass man uns mittels eines parfümierten Briefes nur feierlich als neue Mitbürger in aller Form begrüßen wolle. Diese Vermutung lag jedoch knapp neben der Realität: Es war der Grundsteuerbescheid 2011. 141 Euro und ein »paar Kleine«. Eine nette Begrüßung. Ich habe die Überweisung heute rausgeschickt. Leicht ist das Leben nicht, so als Großgrundbesitzer.

Bohren am Wallfahrtsort

Dienstag, 08. Februar

Projektarbeit überwachen & steuern

Sollte sich mein Hirngespinst pilgernder, nach Ziffernprodukten riechender Kaffeefahrten-Rentner etwa an das Universum übertragen haben und bittere Realität geworden sein?! Es ist kein Scherz: Pünktlich zum Abladen der Maschine für die Erdwärmebohrung lief eine ganze Herde dieser Zeitgenossen an der Baustelle vorüber und betrachtete erstaunt das emsige Treiben. »NEEEEEEEEINNNNN!!!!!«, dachte ich mit weit aufgerissenen Augen und suchte nach einem Reisebus, den Flippers und einer Erscheinung in Form von Roy Black oder Rex Gildo. Doch da war nichts. Nicht mal Weihrauchgeruch. Die Herde pilgerte glücklicherweise weiter in Richtung Schutzgebiet. »Wo zum Geier wollen die hin? Da hinten ist doch nichts«, dachte ich. Vielleicht würde ich die Lösung dieses Mysteriums niemals erfahren. Vielleicht hat sie der Esel gefressen. Vielleicht haben sie den Esel gefressen. Vielleicht war es auch nur eine Illusion, die mein Hirn aufgrund meiner heutigen Müdigkeit generiert hatte.

Dann die Idee: Ich drückte auf den Auslöser meiner Kamera. Würde diese Meute auch auf den Fotos erscheinen, so musste sie echt gewesen sein! Das Ergebnis gab mir zu denken: Eine Herde pilgernder, nach Ziffernprodukten riechender Kaffeefahrten-Rentner war tatsächlich an der Baustelle vorübergezogen.

Aber fangen wir doch am Anfang an: 5:15 Uhr. Wieder holte mich der Werbejingle meines Arbeitgebers aus dem Schlaf. Wieder schwebte ich wie eine Elfe gutgelaunt ins Bad, um bald darauf durch den inneren Kern des Ruhrgebiets mit VMax gen Cappenberg zu rauschen. Aber halt! Heute war ich schlauer als beim letzten Mal: Ich habe mir noch schnell unseren Thermobecher einer großen Kaffeekette geschnappt, ihn mit heißem Wasser gefüllt und einen Teebeutel reingehängt. Solche Kleinigkeiten können einem das Leben auf der Autobahn soooo angenehm gestalten. Mit ein wenig Übung geht´s dann mitsamt Teetasse auch recht elegant mit nicht näher zu spezifizierender Geschwindigkeit durch die Baustelle. Um 7:20 Uhr auf Cappenberg angekommen, sammelte ich Schwiegerpapa ein, der mit zum Versorger fuhr, um das Standrohr abzuholen, das für die Wasserversorgung unserer Bohrung notwendig sein würde. Dies tat er, da er es freundlicherweise am nächsten Tag wieder zurückbringen wollte, damit ich nicht noch einen Tag Urlaub nehmen müsste. Genial, einen Tag Urlaub gespart, den ich anderswo am Bau nutzen kann! Es lief alles wie am Schnürchen. Um kurz vor acht beim Versorger angekommen, legte ich 1000 € Kaution auf den Tisch, unterschrieb den Mietvertrag und wollte das Standrohr mitnehmen. Ja ... wenn da nicht eine Frage im Raum gestanden hätte:

»Was soll´s denn sein?«, fragte der Mann bei Gelsenwasser.

Ich: »Ja, ein Standrohr, nöch?«

Er: »Was für eins?«

Ich: »Eins wo Wasser rauskommt nach Möglichkeit.«

Er: »C-Rohr oder Zapfhahn?«

Ich: »...?!«

Punkt für ihn. Auch Schwiegerpapa schaute fragend drein. Davon, dass es auch noch verschiedene Spezies von Standrohren gab, hatte zuvor niemand was gesagt. Mist. Ein C-Rohr kannte ich von der Feuerwehr. Das

musste es eigentlich sein. Ordentlich Wasser halt. Vermutungen halfen aber nichts. Würde das verdammte Ding nicht passen, würden wir nicht bohren können. Ich rief die Fa. Raskowski an. Also ich versuchte es, denn mein Handy hatte IN DIESEM VERDAMMTEN KAFF KEINEN SCHEISS EMPFAAAAANG!!!! »MUSS MAN ETWA INZWISCHEN BESITZER EINES SATTELITENTELEFONS SEIN??? LEBE ICH ETWA IM KONGO???«, dachte ich und sagte »Fassung wahren, Mette ..., Fassung wahren« zu mir selbst.
Athletisch quer über den Bürodrucker in Richtung Fensterbank gebeugt, funktionierte es dann aber doch: Zwei Balken auf der Empfangsanzeige des Handys reichten, um meinen Notruf abzusetzen. Wir brauchten in der Tat ein C-Rohr, das ließ sich schnell klären. Nebenbei erzählte man mir jedoch auch, dass man sich verspäten würde. Die Kollegen seien erst im Laufe des Vormittags an der Baustelle. Moment mal, hatte mein Wecker nicht um 5:15 Uhr gejingelt? Hatte ich nicht Tee-Doping betrieben um mich wach zu halten und war ich nicht durch Autobahnbaustellen geflogen, um pünktlich mit dem Rohr an der Baustelle zu sein?

»Fassung wahren, Mette ..., Fassung wahren.«, dachte ich wieder.

Wir bekamen schließlich unser C-Rohr und zogen von dannen. Naja, genug Zeit für ein kostengünstiges Mettbrötchen auf Cappenberg und die Suche nach dem Schlüssel im Stromkasten hatte ich nun. Der Elektriker hatte mir in der letzten Woche nicht zu viel versprochen: Ich habe den Schlüssel gefunden, ohne dabei zu verglühen oder das Mettbrötchen zum Frikadellenbrötchen zu machen. Glück gehabt!

Gegen 11 Uhr trafen dann die Baumaschinen an der Baustelle ein und die unheimliche Begegnung mit der Rentner-Herde nahm ihren Lauf. Die Kollegen von der Bohrfirma machten ähnlich erstaunte Gesichter, wie ich es tat. Das dachte ich zumindest, denn später bemerkte ich, dass dies der ganz normale Gesichtsausdruck zweier der Arbeit nicht zu freundlich gesinnter Zeitgenossen war, die noch dazu nicht grad gesprächig waren. Man kann halt nicht alles haben im Leben. Im Laufe des Tages habe ich aber auch das mit freundlicher Hilfe von Schwiegermamas Kaffee-Catering in den Griff bekommen. Bei strahlendem Sonnenschein und +10°C wurden an diesem Tag mehr als 40 m gebohrt, so dass eigentlich am darauffolgendem Tag alles fertig sein würde. Ich habe mit den beiden gutgelaunten Kollegen ausgemacht, dass sie das Standrohr wie auch den Schlüssel für den Stromkasten bei den Schwiegereltern abgeben würden, sobald sie fertig seien.

Positiv- & Negativadrenalin im NASA-Modus

Freitag, 11. Februar

Persönlichkeit beweisen

Gestern habe ich noch gedacht, dass mich diese verflixte Warterei auf greifbare Ergebnisse an unserer Baustelle noch fertig machen würde. Zwar ist die Erdwärmebohrung ohne Komplikationen fertiggestellt worden und auch das Standrohr wurde wie verabredet bei den Schwiegereltern abgegeben. Sehen kann man naturgemäß jedoch nicht viel von diesem Bauabschnitt. Herr Rentmann bestätigte mir gestern am Telefon, dass es in zwei Wochen mit der Bodenplatte weitergehen würde. Zwei Wochen. Innerhalb von zwei Wochen sind schon Kriege ausgetragen, ganze Welten vernichtet worden. Den Beweis hat George Lukas mit Star Wars schließlich eindrucksvoll erbracht. Ja, selbst die Schöpfung war innerhalb einer Woche gegessen und ist so ganz nebenbei auch recht sinnvoll verlaufen. Gut, Adam und Eva hätte »Er« sich vielleicht sparen können, aber das ist wohl »schöpferische Freiheit« gewesen. Das haben Christoph Schlingensief und Marilyn Manson ja auch nicht anders gemacht ... Zwei Wochen. Ja natürlich, zwei Wochen gehen schnell vorüber. Legt man jedoch zugrunde, dass wir seit mittlerweile gut zwei Jahren an diesem Projekt planen und schleifen, dass wir von einem Eigenheim träumen seit wir uns zur Monogamie entschieden haben, dass ich irgendwann mit 16 Jahren während eines Ferienjobs am Bau, knietief mitten im Beton stehend die Entscheidung getroffen habe, doch lieber mein Abitur zu machen und selbst einmal ein Haus zu bauen, während mich der Vorarbeiter laut meckernd antrieb, dann sind diese letzten zwei Wochen der Warterei auf erste Ergebnisse die wahre Hölle.

Wir stehen so kurz davor uns diesen Lebenstraum zu erfüllen. Die ganze Planerei, die Lernerei für einen guten Job, der das alles ermöglichen sollte, all das ist kurz davor, sich endlich auszuzahlen und unserem ohnehin glücklichen Leben das Sahnehäubchen aufzusetzen. Es ist wie früher als kleines Kind an Weihnachten: Das Warten auf den »großen Tag« war schon schlimm genug. Am Tag selbst jedoch auf die Bescherung zu warten, war nahezu unzumutbar und konnte nur durch permanentes Nerven der Eltern überbrückt werden. Nicht, dass wir uns falsch verstehen: Dieses Haus wird keine besseren Menschen aus uns machen und auch keine Alltagsprobleme lösen. Wir freuen uns aber trotzdem drauf. Weil wir es toll finden. Diese Warterei nagt mich inzwischen allerdings psychisch und physisch an. Nachts schlafe ich nicht richtig, weil ich an irgendwelche Baudetails denke. Ich komme morgens kaum aus dem Bett. Tagsüber erwische ich mich dabei, bei der Arbeit im Büro gedanklich abzuschweifen. Zwischenzeitlich bekomme ich feuchte Handflächen und Negativ-Adrenalin durchfährt mich wie ein Blitz, weil ich glaube, etwas Wichtiges vergessen zu haben, bis mir einfällt, dass ich es sehr wohl bereits durchgeplant und organisiert habe. Abends bin ich vom vielen Nachdenken und diesen Negativ-Adrenalinschüben geschlaucht. An diesen Abenden bin ich einfach nur fertig, manchmal auch leicht zu reizen und aggressiv, muss mich selbst stets »von außen« im Blick halten, um nicht jemanden unrecht zu tun, der einfach grad da ist, lege mich lieber früh hin.

Dann dreht sich das Karussell erneut. Zusätzlich zum Alltagsgeschehen, wie es jedermann hat. Ich bin wirklich müde und brauche einen erfolgreichen und greifbaren Fortschritt an der Baustelle, um diesen Kreislauf wieder für einige Tage durchbrechen zu können. Um die Bestätigung zu erhalten, dass der verdammte Plan stimmt, ich meinen Job gut gemacht habe und sich »nur« diese Unwägbarkeiten eines jeden Projekts dem Bau in den Weg stellen, für die ich im Gegenzug aber Zeit- und Budgetpuffer eingeplant habe. Gegen Frost und Terminverschiebungen seitens der Handwerker kann ich nichts tun. Aber ich kann darauf vorbereitet sein, dass es dazu kommt. Und das bin ich! Denke ich ... Wenn der Plan stimmt ...

Dieses stille Warten macht mich fertig. Die Steuerung dieses Projekts ist prinzipiell nichts anderes, als ich es auch im Beruf mache. Auch die Gedanken sind gleich, wenn auch branchenfremd. Dennoch ist es einfach viel persönlicher und wirkt sich deshalb viel stärker aus. Ich muss mich eben jetzt darauf konzentrieren, mir und unserer gemeinsamen Vorarbeit zu vertrauen und mich professionell zu verhalten. Wie im Beruf auch. Ich kann verstehen, dass Ehen und Familien am Bau zerbrechen. Vor allem in jenen Phasen, in denen dann auch wirklich etwas schiefgeht und man nicht nur warten muss und zusätzlich noch ein Kind schreit. Auch dieser Aspekt kam in unserer Risikobetrachtung vor, denn man weiß ja, dass psychischer Druck, gepaart mit physischer Ermüdung, entstehen wird. Der Nährboden für jedes Dschungelcamp und daher sehr gefährlich! Ein schnöder Bau sollte unsere Familie nicht in Gefahr bringen. Glücklicherweise sind Nadja und ich aber vor allem in kritischen Situationen in der Lage, unseren Groll – jeder für sich – unter Kontrolle zu halten, da wir dann beide wissen, dass wir kochen und »potenziell unfair« sind. Dann ist es relativ still und eine Problemsituation wird sehr analytisch bearbeitet, bis sie sich wieder abgekühlt hat. Erst dann tauschen wir uns auch wieder auf zwischenmenschlicher Ebene aus und verarbeiten das Geschehene. Das funktioniert gut, hat sich schon während der Hochzeitsvorbereitungen und anderen Ausnahmesituationen bewährt. Das erinnert mich manchmal an ein durchstrukturiertes Lagezentrum der NASA: Zunächst Lösungen finden, dann Manöverkritik betreiben. Bleibt zu hoffen, dass wir so schnell nicht in den NASA-Modus umschalten müssen.

Umso glücklicher der Umstand, dass heute mein Handy klingelte, während ich im Büro mit Rändern unter den Augen auf den Kalender starrte und zum x-ten Male die verbleibenden Tage bis zum nächsten Bauabschnitt zählte. Wieder war es Herr Rentmann. Auch er hörte sich müde und abgespannt an, und aufgrund seines Tonfalls befürchtete ich die nächste Verschiebung:

»Herr Mette, es kommt ja oft anders, als man sich das vornimmt.«

»Herr Rentmann, machen Sie mich nicht schwach.«

»Es fällt ein Bauvorhaben in meinem Plan aus. Ich würde daher gern schon in der kommenden Woche bei Ihnen anrücken und die Bodenplatte bauen. Also wenn Ihnen das Recht wäre.«

»Herr Rentmann! Dafür bekommen Sie sogar einen Döner, wahlweise auch ein Cappenberger Mettbrötchen!«

Das war die Nachricht, die ich jetzt brauchte. Er sagte mir noch, dass er bereits alles in Bezug auf Feinabsteckung durch den Vermesser, Rohrverlegung durch den Tiefbauer und Dichtheitsprüfung der Rohre durch den Kanalbauer organisiert habe und ich mich um nichts kümmern müsse. Schon waren meine Blutgefäße wieder voll Positiv-Adrenalin. Ich war wach! Es gab Fortschritt! Schnell noch Nadja und unseren Bausachverständigen, Herrn Rösch, über die frohe Botschaft informiert und mein Tag war gerettet. Es geht weiter!

Baumarkt-Hopping

Samstag, 12. Februar

Kosten steuern | Beschaffung durchführen

Es ist vollbracht. Der zentrale Baumarkt-Marathon ist vorüber:

Heute Morgen ging´s um 10 Uhr in Richtung Hellweg Baumarkt. Hier ging es darum, mit Papa unsere schwer erkämpften Duschkabinen in Alu-Optik abzuholen. Schwer erkämpft sind sie deshalb, weil wir natürlich Sonderangebotsware gekauft haben. Leider war das Sonderangebot auf weiß gefärbte Kabinenprofile bezogen, weshalb ich den Verkäufer so lange bezirzt habe, bis er selbst meinte, dass die Aluoptik für den gleichen Preis erhältlich sei und wir den Deal eingefädelt haben. In geradezu weiser Vorahnung habe ich umgehend eine Anzahlung geleistet, um die Sache festzumachen.

Einige Tage später kam dann aber der gefürchtete Anruf: Der Chef des Baumarkts hatte das mit der Aluoptik zum gleichen Preis ein wenig anders gesehen. Ich schlüpfte umgehend in die Rolle des Querulanten: Das sei mir egal, ich habe einen Kaufvertrag und bereits eine Anzahlung geleistet. Deal sei eben Deal. Dieses Hauptargument garnierte ich dann noch mit dem dezenten Hinweis, dass ich ein Haus bauen wolle und wenn ich mich schon nicht bei Duschkabinen auf die Zuverlässigkeit des Baumarktes verlassen könne, dann würde es mit dem restlichen Material schwierig werden. Auf die Tatsache, dass auch der Baumarkt das Recht hatte, wegen Irrtums vom Vertrag zurückzutreten, habe ich schlauerweise nicht hingewiesen.

Wiederum einige Tage später bekam ich dann den nächsten Anruf: Duschkabinen in Aluoptik zum Sonderangebotspreis abholbereit! Es wird zusätzlich ein Gratis-Fahrzeug zum Transport bereitgestellt. So einfach kann das sein! Manchmal muss man eben auch Schwein sein. Es tat mir allerdings schon ein wenig leid, als mir ein Mitarbeiter vor Ort mitteilte, froh zu sein, dass er den Verkauf nicht getätigt habe. Muss wohl Ärger gegeben haben ... Lange Rede, kurzer Sinn: Duschkabinen abgeholt, und weil wir ja einen Gratis-Transporter für zwei Stunden hatten, haben wir auch noch den einen oder anderen Transport für Papa erledigt. Das Auto muss ja schließlich auch etwas zu tun haben.

Um 14:30 Uhr hatten wir dann einen Termin im Baumarkt. Es ging darum, möglichst alle noch ausstehenden Materialien für den Innenausbau zu bestellen. Fliesen, Fliesenkleber, Duschstangen, Badewanne, Laminat .... einfach alles! Sinn dieser Odyssee sollte es sein, eine große Lieferung mit allen Materialen an die Baustelle geliefert zu bekommen, und so viel Stress während der Bauphase zu vermeiden. Die Frage nach dem »Was« war bei diesem Termin wieder einmal kein Zeitfresser, da Nadja und ich uns schon sehr einig in unserer Auswahl waren. Da haben die Schreiberei der Verkäufer und die Mengenermittlung schon deutlich länger gedauert. Glücklicherweise hatten wir Taschenrechner, Einkaufsliste, Baupläne und die Flächenberechnung für das Haus dabei, sonst wäre dies wohl ein Termin ohne Wiederkehr geworden. Insbesondere bei der Bestellung der Fliesen machte sich bei den uns betreuenden Mitarbeitern eine Art Goldrausch breit. Praktisch von Quadratmeter zu Quadratmeter wurden sie aufmerksamer und freundlicher. Traurig, dass man erst mit Geld winken muss, um guten Service zu bekommen.

Nach viel Rechnerei und nach dreieinhalb Stunden sind wir schließlich mit dem fertigen Auftrag und einem ebenso fertigen Kind nach Hause gefahren. Marie hatte ihre in den letzten Tagen ganz frisch erworbene Lauffähigkeit im Baumarkt voll ausleben können und war nun offenbar reif für einen Physiotherapeuten, der die müden Beine wieder ins Leben zurückholen konnte. Uns ging es aber auch nicht anders. Schlussendlich sind wir mit allen ausgehandelten Rabatten sogar noch ~1.500 € unter Budget geblieben. Damit kann man bei aller Müdigkeit doch sehr zufrieden sein! Ach ja, das Budget ... Wir wissen ja inzwischen, dass wir den Bau mit dem geplanten Budget und unseren Reserven stemmen können, da wir voll im Plan liegen. Auch die Tatsache, dass ich einen Rechenfehler in Höhe von ca. 1.500 € bei den Bereitstellungszinsen einbaute, den Nadja peinlicherweise heute entdeckt hat, würde dies nicht zu Fall bringen. Dennoch würde dieses Vorgehen aber auch bedeuten, dass nun nichts mehr dazwischen kommen sollte, dass wir auf sämtliche Arbeiten im Außenbereich zunächst verzichten würden. Wir sind inzwischen zu der Ansicht gelangt, dass es vielleicht doch besser für unseren Seelenfrieden ist, eine geringe Nachfinanzierung in Höhe von ~3 % des Gesamtbudgets einzuleiten. Das gibt uns einfach die Freiheit, in den kommenden Monaten nicht ständig um das Budget bangen zu müssen und uns voll auf den schöpferischen Teil des Baus und die Vorfreude auf unser neues Zuhause konzentrieren zu können. Ich werde daher am Montag noch einmal mit unserem Finanzberater sprechen.

Bodenplatte, erster Akt

Mittwoch, 16. Februar

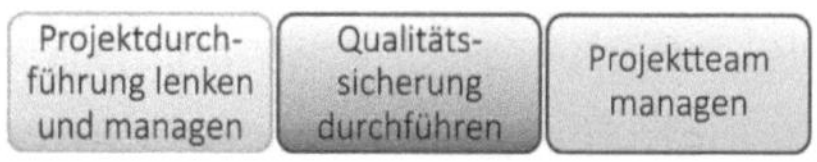

5:15 Uhr. Der Wecker jinglet. Ich schwebe wie eine Elfe gutgelaunt ins Bad, um bald darauf durch den inneren Kern des Ruhrgebiets mit VMax gen Cappenberg zu rauschen. Der Teebeutel im Thermobecher ist quasi Routine.

Ich möchte eine Frage in die Welt entsenden: Warum zum Henker fahren Menschen mit 50 km/h bei bestem Flugwetter auf eine freie Autobahn auf, um sich dann ohne Umwege auf die linke Spur zu begeben, zeitsprungartig auf über 90 km/h zu beschleunigen und so in ferne Welten zu gondeln? Warum sitzen jene Menschen in ihrem Autositz, als hätten sie einen Besenstiel im Allerwertesten und krallen sich exakt diesem Symptom entsprechend an ihrem Lenkrad fest? Warum tragen diese Menschen entweder Hut oder sind ökologisch geprägte Uschis mit Peter-Lustig-Brille, krausem Haar und regenbogenfarbenen Halstüchern? Achtung, jetzt kommt der theoretische Teil: Warum würden diese Menschen verstört schauen, wenn man nach zehn Minuten Autopolonaise fluchend, aber freundlich grüßend mit Warp 9 auf der absolut freien rechten Spur an ihnen vorüber gleitet? Warum?

VMax Richtung Cappenberg. Ich entschied mich erst von Warp 9 auf Warp 2 zu drosseln, als auf dem platten Land, weit vor mir, wieder einer dieser weiß-grünen Gärtnertransporter über die linke Spur schlich. Entnervt wollte ich wieder zur Autopolonaise übergehen, doch dann konnte ich den zunächst verschwommen, in der Ferne leuchtenden Firmennamen entziffern und dachte: »Hui, gewagter Nachname für einen Gärtner. Unter diesen Umständen dürfen die auch die linke Spur haben.« Nun ja, wenigstens keine krausen Haare und keine Regenbogenhalstücher: P-O-L-I-Z-E-I stand in großen Lettern unter dem Firmenlogo. Ich stellte meine Teetasse brav zur Seite und gondelte in aufrechter Haltung auf die rechte Spur. Ich wollte ja ohnehin heute mal ökologischer mit dem Gaspedal umgehen. Naja, und die Kollegen der Rennleitung sollten ja nicht auch noch zu zusätzlichen Stakeholdern im Projekt werden ...

Um 7 Uhr an der Baustelle angekommen, schloss ich den Baustromverteiler auf, freute mich über MEIN Dixi-Klo, das inzwischen als Bestandteil des Werkvertrags angeliefert worden war und überprüfte die Maße der Feinabsteckung, die das Vermessungsbüro Ganther am Tag zuvor gesetzt hatte. »Vertrauen ist gut, Kontrolle ist besser«, dachte ich, kam aber bald zu dem Ergebnis, dass die moderne Satellitentechnik dann doch sehr zuverlässig sein musste: Fehlerquote gleich null.
Ehe ich mich versah, brummte es hinter mir: Armierungsstahlgitter wurden per Lkw angeliefert. Während ich noch mit dem Fahrer rätselte, wo diese am besten abzuladen seien, tauchten auch schon die verantwortlichen Kollegen von Sodenbau in ihrem Lkw am Horizont auf, dicht gefolgt von der Firma Fliege mit Bagger und einigen Kubikmetern Splitt. Last but not least bog dann auch noch ein Vierzigtonner in die Straße ein, der die Thermoeinschalung für unsere Bodenplatte brachte. Das größte Styrodur-Lego-Set meines Lebens!
Plötzlich hatte ich mehr Menschen auf der Baustelle, als Cappenberg Einwohner hatte. Eben war es doch noch so still gewesen. Nun ja, die Eingeborenen waren jetzt auf alle Fälle wach! Zeit für mich, ein Cappen-

berger Mettbrötchen einzunehmen. Die Kollegen von Sodenbau koordinierten nun alles, und bald verschwand das erste Abwasserrohr im Boden, der so nass war, dass sich sofort Wasser in jedem geschaufelten Loch sammelte. Hier half nur Pumpeneinsatz. Ich musste zwischenzeitlich kurz eingreifen, weil eine veraltete Version des Entwässerungsplans vorlag und entsprechend falsche Markierungen gesetzt wurden, das war aber schnell korrigiert.
Nachdem ich Schwiegermamas Kaffee-Catering serviert hatte, wurden die Jungs auch zutraulicher und die Laune bekam deutlichen Schub nach oben. Was die Eingeborenen anging, so traf ich heute nur auf die helle Seite der Macht: Freundliche Menschen, die sich vorstellten, mir teilweise das »Du« anboten und überhaupt sehr entspannt wirkten! Abgesehen vom Brummbär von gegenüber, den ich inzwischen nur noch Pommes-Willi nannte, weil er sich zwar oft ungefragt als Geologieexperte eingemischt, aber noch immer nicht vorgestellt hatte. Heute stand er wieder einmal an seinem Zaun, schaute schlechtgelaunt und schüttelte hin und wieder den Kopf. Waren wir etwa zu laut? »Hey, lieber Bagger, sei doch ein bisschen leise. Der Pommes-Willi will Blumen gießen«, dachte ich und grüßte freundlich hinüber. Ohne Reaktion. Darf man dem Dorffunk glauben, haben wir es hier ohnehin mit einem Querulanten zu tun, der bis heute seine Grünabfälle auf unserem Grundstück abgeladen hatte. Vielleicht hatte der überhaupt keine schlechte Laune. Er überlegte vielleicht nur, ob er sich einen Komposter kaufen sollte.

Am Mittag durfte ich am Bau mit anpacken. Zwar schaute man zunächst etwas irritiert, als der Bauherr auch arbeiten wollte, nahm die Hilfe dann aber dankend an. Ich schleppte Material heran, lieferte die eine oder andere Schubkarre mit Splitt dahin, wo sie gebraucht wurde. Eigentlich nichts im Vergleich zu dem, was die Profis machten. Es ist schon kaum zu glauben, dass sie das jeden Tag tun. Ich zumindest konnte am Abend jedem meiner Knochen einen Namen geben, war aber erleichtert, dass schon die Form der Bodenplatte eingeschalt war: Gegen 20 Uhr zu Hause angekommen, war ich müde, aber glücklich, auch selbst etwas getan zu haben. Ich stellte meinen Wecker in freudiger Erwartung auf den nächsten Tag.

Projektteam managen

»Projektteam managen« ist jener Prozessschritt, der sich damit befasst, aktiv Einfluss auf die an der Projektrealisierung beteiligten Mitarbeiter zu nehmen, indem auf Probleme eingegangen und die Rahmenbedingungen für ihre Arbeit optimiert werden. Feedback und Wertschätzung sind ein wichtiger Schlüssel, um den Zugang zu den beteiligten Mitarbeitern zu finden. Nur auf diese Weise wird man auch Vertrauen gewinnen und frühzeitig über etwaige Probleme während der Realisierung informiert werden, was wiederum wichtige Voraussetzung für eine zeitnahe Reaktion hinsichtlich der Planung ist. Der Prozessschritt taucht im Bautagebuch an dieser Stelle auf, da ich hier erstmals aktiv gemeinsam mit den am Bau beteiligten Personen arbeite, und versuche, optimale Rahmenbedingungen für sie zu schaffen. Selbstverständlich kam dieser Prozess schon viel früher zum Zuge. Etwa immer dann, wenn ich mit Dienstleistern in Kontakt trat bzw. versuchte, eine kollegiale Atmosphäre zu erzeugen.

Bodenplatte, zweiter Akt

Projektdurchführung lenken und managen | Qualitätssicherung durchführen

Donnerstag, 17. Februar

5:15 Uhr. Wecker, elfengleich schweben, wahnsinnig gute Laune, Teebeutel, VMax. Ich kann keine Mettbrötchen mehr sehen! Heute habe ich noch meine Sachen in den Kofferraum gepackt, damit ich bei den Schwiegereltern übernachten kann. Das spart mir gute 130 Kilometer auf dem Tacho. Das ist vielleicht auch gut so, denn ich habe gestern die 100.000 km-Marke überschritten und seit heute sagt Hermann das Auto mir, dass ich Öl nachfüllen soll. Das auch noch!

Gut geschlafen habe ich nicht. Ich war in einer Traumschleife aus Styrodur und Splitt gefangen gewesen. Frank, Christian, Gerhardt und Dirk – das sind die Knochen, die am lautesten geschrien haben, weshalb ich mir ihre Namen merken konnte – haben das ihrige dazu getan.
Pünktlich um sieben Uhr war ich an der Baustelle. Allein. Niemand da. »Dann eben doch ein Mettbrötchen«, sagte ich mir. Das war eine gute Entscheidung, denn die restliche Mannschaft kam ohnehin erst um acht.

Ich hatte sogar noch genug Zeit, Dixi zu testen. Ein berauschendes Erlebnis war es nicht, was an dieser Stelle als Beschreibung ausreichen sollte. Waren es gestern noch 10°C gewesen, sollte es heute nicht wärmer als 4°C werden. Nicht gut für Dixi und auch nicht gut für Frank, Christian, Gerhardt und Dirk. Dennoch begann der Tag mit einem wirklich schönen Sonnenaufgang im leichten Nebel über den Feldern Cappenbergs, was mir eine gewisse innere Ruhe bescherte. Als die Jungs von Sodenbau erst einmal an der Baustelle waren, ging es auch Knall auf Fall los, so dass einem schnell warm wurde: Einschalung fertigstellen und Armierung einbringen füllten den Tag aus. Zwischendurch ging ich noch der ebenfalls inzwischen eingetroffenen Fa. Fliege zur Hand, die die Abwasserrohre außerhalb der Bodenplatte in Richtung Revisionsschacht verlegte, denn heute stand die Dichtheitsprüfung dieses Bauabschnitts auf dem Programm. Auch hier war es gut, dass ich vor Ort war, denn andernfalls würden unsere Wasserrohre nun quer durch den Garten verlaufen, was den späteren Bau eines Gartenteichs unmöglich gemacht hätte. Nun liegt alles ordentlich nah an der Hauswand und an der Grundstücksgrenze. Nach sieben Stunden in Lehm und Modder waren die Rohre eingebracht und angeschlossen, die Gräben verfüllt und das Grundstück grob eingeebnet.

Die Berufsgenossenschaft hätte kopfgestanden, wenn sie diese Arbeiten beobachtet hätte: Vom manuellen Graben in einer 2,50 m tiefen und ungesicherten Baugrube, an deren Kante Werkzeug nur darauf wartete, den unbehelmten Kollegen auf den Kopf zu fallen, über die einhändige Bedienung der Flex in direkter Nachbarschaft zur zweiten Hand, bis hin zum Baggerfahrstuhl war alles vertreten. Baggerfahrstuhl? Nun ja, wie kommt man aus einer 2,50 m tiefen Baugrube ohne Leiter wieder heraus? Ich sage nur: Hydraulikachterbahn!!!! Ein riesen Spaß! Als wäre das schon alles: Respekt vor dem Kollegen, der in dieser Baugrube stand, die nicht breiter als einen Meter war und sich eine halbe Tonne Schotter von jenem Bagger »anreichen« ließ, den ich wild gestikulierend einzuweisen versuchte. »Wie soll ich dem klarmachen, was er tun soll, ohne Bauarbeiterpüree in der Grube zu produzieren?«, dachte ich. Der Baggerfahrer konnte aus dem Bagger nicht ins Loch schauen, der Kollege im Loch den Bagger nicht sehen. Stattdessen schallte es nur »MEEEEENSCH, SCHOTTTTTERRRR JETZT!!!!« aus der Grube. Ich schickte Stoßgebete gen Himmel, als die riesige Schaufel immer wieder am unbehelmten Kopf vorbeischaukelte. Ich war doch schon genug damit beschäftigt, durch all den Schlamm nicht selbst dort hineinzufallen. Ich weiß nicht genau, wie meine Gestik korrekt interpretiert werden konnte, aber es ist gut gegangen. Puh!

Etwas später besichtigte Herr Rösch, unser Bausachverständiger, die Baustelle gründlich und musste keinen Mangel feststellen. Er entdeckte weder Bauarbeiterpüree in der Grube, noch grobe Patzer bei der Bauausführung. Wieder Glück gehabt! Herr Rösch wird ab jetzt übrigens jeden Bauabschnitt eigenständig überwachen und sich bei uns melden, sobald ihm unschöne Dinge auffallen. Pünktlich tauchten wenig später auch die Monstermaschinen der Firma Dittmann auf: Mit überdimensionalen Luftballons wurden verschiedene Enden der Leitungen abgedichtet und ein Wasserdruck aufgebaut. Dann hieß es warten: Bliebe der Druck stabil, so wäre die Dichtheit der Leitungen nachgewiesen. »Der steht wie ne Eins«, riefen die Experten nach einiger Zeit. Gemeint war natürlich der Wasserdruck. Für mich hieß das vor allem, dass alles in Ordnung war und auch hier keine ungeplanten Kosten entstehen würden. Auch Hermann entschloss sich am Nachmittag, die Zickerei aufzugeben und wollte plötzlich kein Öl mehr. Ich würde wohl morgen mal den Ölstand manuell überprüfen müssen, um sicher zu gehen. Durchgefroren und todmüde kehrte ich am frühen Abend bei den Schwiegereltern ein, ließ mich nahrungstechnisch verwöhnen, um bald darauf im Bett zu verschwinden, denn am nächsten Tag sollte sich das große Finale ereignen: BETON!!!!

Mein Fazit des Tages: Um zum richtigen Bauarbeiter zu werden, muss ich zunächst ins Bauherren-Höhentrainingslager. Ich bin absolut fertig.

Bodenplatte, das Finale

Freitag, 18. Februar

Projektdurchführung lenken und managen | **Qualitätssicherung durchführen** | Kommunikation managen

Der letzte Tag, das große Finale des Baus der Bodenplatte. Heute sollte Beton anrollen. Erst um sieben Uhr jinglete mein Wecker, was für ein Luxus! »Wo bin ich?!«, dachte ich, ehe mir klar wurde, dass ich ja im

Gästebett des Hauses der Schwiegereltern komatös geschlummert hatte. Auch Frank, Christian, Gerhardt und Dirk meldeten sich sogleich zu Wort. Sie hatten über Nacht ihre Liebe zueinander entdeckt und gemeinsam mit dem Sauerkraut, das ich tags zuvor von Schwiegermama serviert bekommen hatte, den Gospelchor der Selbstzerstörung ins Leben gerufen. Ähnlich einer Elfe nach dem Einschlag einer Flugabwehrrakete kroch ich ins Badezimmer und erledigte das Notwendigste in Sachen Körperhygiene. Es war wie ein Zeichen des Himmels, als ich in die Küche kam, wo die Schwiegereltern bereits mit bester Laune und einem reich gedeckten Frühstückstisch auf mich warteten. Was für ein Luxus! Nach einem entspannten Frühstück gondelte ich souverän 400 m gen Norden, um entspannt an der Baustelle einzutreffen, wo ich den Jungs von Sodenbau ebenso entspannt frischen Kaffee servierte. Was für ein Luxus ... Leider musste ich kurz darauf feststellen, dass die Fa. Fliege über Nacht den Bagger abgeholt hatte und die Straße vor dem Grundstück nun einem Truppenübungsplatz glich: Zentimeterdicker Lehm, wohin man schaute. »NEIN!«, dachte ich, »gleich kommen die nächsten Baumaschinen und fahren das Zeug weiter fest oder verteilen es gar über ganz Cappenberg! Danach werde ich mit Fackeln und Mistgabeln von den Eingeborenen gejagt!!!!« Eilig schnappte ich mir Schaufel und Besen. Während die Kollegen in aller Seelenruhe Kaffee tranken, erwärmte ich Frank, Christian, Gerhardt und Dirk keuchend,mit Hilfe von Schaufel und Besen. Grade fertig geworden, völlig außer Atem und das Straßenkehrerdiplom eingerahmt, brummte es auch schon wieder in der Ferne. Eine Karawane aus Monstermaschinen bahnte sich den Weg durch Cappenberg und sorgte dafür, dass nun auch alle Rolläden in der Nachbarschaft langsam hochgezogen wurden. »Ups, jemand wach geworden?«, dachte ich. Zumindest hatte vorher niemand die Sauerei auf der Straße gesehen. Perfektes Timing. Das Pumpenfahrzeug klappte den Arm aus und pumpte, die Betonmischer mischten Beton und schon ergoss sich das Zeug dahin, wo unsere Bodenplatte entstehen sollte. Endlich! Unsere Bodenplatte!

Die dunkle Seite der Macht hatte natürlich alles beobachtet und schickte sich an zu kommunizieren: Pommes-Willi warf mir einen auffordernden Blick zu. Er hatte mir etwas zu sagen! Sicher wollte er sich heute mal vorstellen! Natürlich rannte ich umgehend wie ein Hund mit dem Stöckchen auf ihn zu, um seiner engelsgleichen Stimme zu lauschen.

»Wat machste denn Fotos? Is aufregend, wa? Ich hab ja schon fünf Häuser gebaut. Immer das Gleiche.«

»Meinen Glückwunsch. Ist mein erstes Mal. Ich find´s gut.«

»Neee, is immer dat Gleiche.«

»Nee, ich find´s gut.«

»Ich halt ja von diesen Fertighäusern nix. Hatte ich auch mal. In den Siebzigern. Is alles nix. Mein Haus hier hat ein Zimmermann gebaut.«

»Ich find´s gut. Seit den Siebzigern sind übrigens 40 Jahre vergangen. Das war im letzten Jahrhundert. Da gab´s nicht mal nen Walkman. Naja, und selbst der Walkman wurde inzwischen durch den MP3-Player ersetzt: Gleicher Zweck, aber deutlich effizienter. Das nennt sich »Fortschritt«. Das soll es auch bei Häusern geben, hab ich mir sagen lassen. Ach ähm, wo liegt doch gleich der Unterschied zwischen einem Fertighaus in Holzständerbauweise aus einem Zimmereibetrieb und einem Zimmermannshaus in Holzständerbauweise von einem Zimmermann? Andere Holzständer? Anderes Zimmer? Anderer Mann?«

»Nee, ich halt davon nix, aber eure Erdwärmeanlage guck ich mir an, wennse feddich ist.«

»Mal sehen, ob einer die Tür auf macht ...«

»Habter Regenwassernutzung? Nee ne? Dat habbich. Is gut.«

»Kostet aber auch ne Stange Geld.«

»Geld haben die Schwiegereltern doch.«

»Keine Ahnung, aber ich bin ja auch nicht meine Schwiegereltern. Ich verdiene mein Geld in aller Regel selbst. Ich hab noch was zu tun.«

Ich nahm wieder Abstand von Pommes-Willi, der offenbar keine meiner patzigen Antworten wahrgenommen hatte. Stattdessen hatte er nur sich selbst zugehört und sich wieder nicht vorgestellt. Warum quatscht der nicht mit einer Laterne? Komischer Kautz. Das Ganze bekommt übrigens einen gewissen Witz, wenn man dem Dorffunk glauben darf: Dieser Typ hat für seine Häuser demnach niemals gearbeitet. Nein, nein, der hat sich auf Cappenberg reich eingeheiratet und gibt das Geld seiner Frau aus. Stramme Leistung! Respekt! Hut ab! Mein Idol! Was für ein Schwätzer ...

Für heute blieb nur noch, den Jungs von Sodenbau und den Schwiegereltern in aller Form zu danken sowie Hermann mit Benzin und Öl zu füttern, um bald darauf nach Hause zu fahren. Natürlich habe ich Finger-Haus noch von der Baustelle aus darüber informiert, dass wir zur Hauslieferung bereit sind!

Neulich im Baubüro ...

Dienstag, 22. Februar

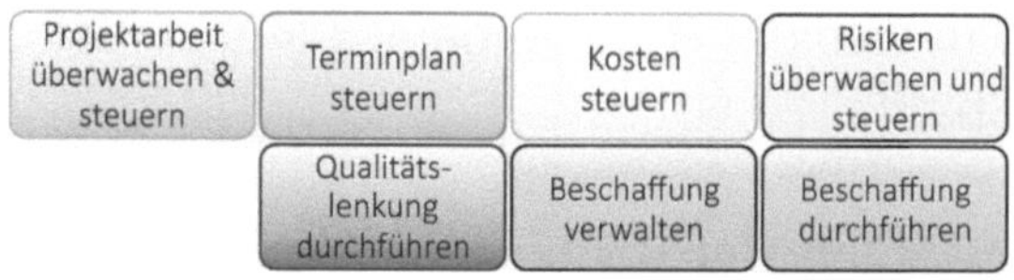

Diese Woche würde vom Thema Baubüro geprägt sein. Während des Baus der Bodenplatte waren diverse Rechnungen für Baustrom und anderes eingegangen. Kaum war die Bodenplatte fertig, kamen pünktlich am Montag auch schon die nächsten Rechnungen für die Dichtheitsprüfung, für ein zusätzliches Leerohr in der Bodenplatte und für Erdarbeiten und Bagger. Je länger es dauert die Handwerker an die Baustelle zu bekommen, umso schneller ist anschließend die Rechnung da, so scheint es. Ich sehe es gelassen: Immerhin hat sich hier keine Überraschung ergeben, so dass es auch keine Katastrophen für die Budgetplanung gegeben hat. Inzwischen ist auch ein verbindliches Angebot für die Netzwerk und TV-Verkabelung angekommen, die wir aus Kostengründen an ein Drittunternehmen vergeben wollen. Auch hier keine Abweichung zur Planung. Sehr schön.

In der Nacht von Montag auf Dienstag hatte ich dann noch einen echten Geistesblitz, während ich die vergangene Woche Revue passieren ließ: Ich hatte ja an der Baustelle festgestellt, dass die Länge der Abwasserrohre unterhalb der Bodenplatte auf Basis eines veralteten Plans berechnet wurde und entsprechend eingegriffen. Im letzten Dezember wiederum hatte man uns Mehrkosten in Rechnung gestellt, da die Planung 10 m mehr Rohrlänge vorsah, als der Standard hergebe. Diese Mehrkosten mussten also auch Ergebnis der veralteten Planung sein, die ich ja nun korrigiert hatte! Schnell nahm ich mir Lineal und den aktuellen Plan, um nachzumessen. Mein Ergebnis: Ungefähr acht Rohr-Meter Unterschied zu unseren Gunsten! Am nächsten Morgen schnürte ich also sogleich eine E-Mail, in der ich die wirklich gute Arbeit von Sodenbau lobte und meine Entdeckung schilderte. Diese Variante scheint jedenfalls die schlauere zu sein, wenn man Geld zurückhaben möchte. Den Ton verschärfen kann man später, sofern die Gegenseite zickt. Abgesehen davon gab es zu keinem Zeitpunkt Grund zur Klage, was die Zusammenarbeit mit Sodenbau anging. Ein vorbildliches Unternehmen! Wenig später dann der ersehnte Anruf von Sodenbau: Ich hatte recht gehabt. Man hatte sogar 9 m weniger Rohr verbaut. 324 € zurück zu uns! So macht Budgetkontrolle Spaß!

Während der Baubüro-Sessions hatte ich noch einmal in die Baugenehmigung geschaut, um herauszufinden, wo ich denn nun die inzwischen eingetroffene Dichtheitsprüfungsbescheinigung der Schmutzwasserleitungen hinschicken musste. Zwar war diese Information hier nicht eindeutig zu entnehmen, weshalb ich mich durch diverse Stadtämter telefonierte, die Stadtbetriebe Selm als Adressaten identifizierte und das Ding brav verschickte.

Jedoch entdeckte ich zusätzlich in den Auflagen der Baugenehmigung, dass ich auch eine sogenannte »Sockelabnahme« vorzulegen hatte. Hierbei geht es darum, die Höhe der Bodenplatte von einem »Sachkundigen« ermitteln und bescheinigen zu lassen. »Wer zum Henker ist sachkundig?«, dachte ich, »der Vermesser, der Bauarbeiter oder sogar meine Oma?« Da half nur eins: Ein erneuter Anruf im Bauamt der Stadt Selm. Die Mitarbeiter dort halfen mir umgehend und wie immer sehr nett. Sachkundig ist demnach jemand, der einfach sachkundig ist. Ein Architekt, der Bauleiter ... nur ich nicht. Jemand, der eben oft mit solchen Dingen zu tun hat. Ich also nicht. Dieser Jemand hält den Zollstock an, schreibt einen Zweizeiler, in dem die Höhe bestätigt wird und fertig. Gemeint war explizit kein öffentlich bestellter Vermesser. »Grandios!«, dachte ich. »Das macht entweder Sodenbau oder der Bauleiter von FingerHaus! Kosten gleich null!« Vier Telefonate später wusste ich dann: Diesen Schuh will sich niemand anziehen. Scheinbar ist es zu viel verlangt, auf Basis der vom Vermesser bescheinigten Höhe des Baugrunds 20 cm zu addieren und das schriftlich niederzulegen. Die taten alle so, als stünden sie mit dieser Bestätigung mit einem Bein im Knast! Da half auch Debattieren und die Zusicherung nichts, dass explizit kein Vermesser gefordert sei. Dummerweise brauchte ich diese Bescheinigung dringend, denn sonst durfte nicht weitergebaut werden. Einziger Ausweg: Auftrag an den öffentlich bestellten Vermesser und 150 € zahlen. So macht Budgetkontrolle keinen Spaß. Ich nahm es sportlich.

Während meiner Telefonate mit FingerHaus gab es aber auch gute Nachrichten: Unser Haus würde wiederum eine Woche früher geliefert werden, als bisher geplant! Es würde also in drei Wochen losgehen! Drei Wochen! Das ist ja schon ... also in drei Wochen!

Plötzlich wurde es Zeit, die Detailplanung für den weiteren Ablauf und das Richtfest in Angriff zu nehmen. Ich musste mit dem von nun an zuständigen Bauleiter sprechen und bat unseren Kundenbetreuer um dessen Kontaktdaten. Herr Himbel versprach, der Bauleiter würde mich zeitnah anrufen.

Erstkontakt

Mittwoch, 23. Februar

Der ersehnte Erstkontakt: Heute hat Herr Marops, unser zuständiger Bauleiter für alle verbleibenden Bauabschnitte angerufen. Dem ersten

Eindruck nach schien er ein routinierter, aber auch ein etwas »bauherren-geplagter« Zeitgenosse zu sein, was sich in einer leicht genervten, aber dennoch immer freundlichen Tonlage niederschlug, die ich während der ersten Sätze zu entdecken glaubte. Vor meinem geistigen Auge saß da ein rauchender Oberlippenbartträger im knittrigen rotausgeblichenem Karohemd im Alter von etwa 50 Jahren vor mir, dessen Mund sich beim Reden nur wenig öffnete und der mich, während einer Unterhaltung nicht anschaute, sondern die einschlägige Bebilderung von Seite zwei seiner Bildzeitung inspizierte. Ich rechnete dies jedoch der Tatsache zu, dass ich ja nun drei Wochen vor dem Bau mit ihm telefonieren wollte, wobei der übliche Prozess eigentlich nur eine Woche Vorlauf vorsah. Vielleicht hatte er auch grade Probleme an einer anderen Baustelle und obendrein den Befehl aus der Zentrale erhalten, nun auch noch mich anzurufen. In diesem Fall wäre ich wohl auch genervt. Ich machte ihm also durch die Blume klar, dass ich keineswegs Kommandos geben wolle und vielmehr auf seinen guten Rat und sein Fachwissen angewiesen sei. Ich wolle alles so vorbereiten, dass es für seinen Bauablauf optimal sei. Voilà: Der Mann wurde zusehends kommunikativer! Ich hatte ihn aufgefangen! Das Bild vom rauchenden Oberlippenbartträger wandelte sich im Nu zum gepflegten Ingenieur, Mitte 30, in Jeans und hellblauem Hemd mit weißem Kragen, dessen Ärmel zu einem Drittel hochgekrempelt waren. Ich war gespannt, wie er tatsächlich aussehen würde. Die Gesprächsgrundlage stimmte jedenfalls erst einmal! Mir ging es vor allem darum, die nächsten Schritte und Termine sinnvoll planen zu können: Wann könnte die Garage gebaut werden, die ich als Materiallager für den Innenausbau nutzen wolle? Wann könnten die Versorger die Hausanschlüsse legen, damit ich den teuren Baustellenstrom abbestellen könne? Wann dürfte die Netzwerkverkabelung gelegt werden, ohne den Bauablauf von FingerHaus zu beeinträchtigen? Wann würde das Haus konkret geliefert und wann könnte das Richtfest steigen? Wann würden die Malerarbeiten starten können, denn die müssten vor den Fliesenarbeiten erledigt werden? Wann würden demnach die Fliesenarbeiten starten können, denn zu diesem Termin müsste ja auch das Material vor Ort sein? Das waren die Fragen, die schon jetzt beantwortet werden mussten, um alle Beteiligten früh genug informieren und die notwendigen Dinge koordinieren zu können. Schließlich gibt es Lieferzeiten und volle Kalender in der Baubranche. Glücklicherweise bekam ich sogleich die wichtigsten Antworten: Die Garage würde erst dann gebaut werden können, wenn das Haus von außen verputzt sei.

Das sei ca. vier bis fünf Wochen nach Lieferung der Fall. Material könne man notfalls in einem Raum des Hauses lagern. Somit war hier also keine Eile geboten und wir würden gemeinsam sehen, wie sich die Dinge entwickeln. Eigentlich war ich zwar davon ausgegangen, dass die Garage ebenfalls von FingerHaus verputzt würde, das hatte aber dummerweise niemand im Bemusterungsprotokoll festgehalten. Machte aber nichts, denn das bisher geplante Budget umfasste eine verputzte Garage von Seiten des Garagenbauers. Somit blieb der Fehler kostenneutral und es lohnte nicht, darüber zu streiten. Die Versorger dürften am zweiten Tag nach Lieferung alle Anschlüsse legen. Ich habe Herrn Ressmann (Fa. Elbing) direkt nach dem Anruf informiert, dass er irgendwann in KW 11 bei uns aufschlagen muss. Liefertermin für das Haus sei in der Tat KW 11. Den genauen Tag würden wir am Freitag in einer Woche, also gute zwei Wochen vor der Lieferung erfahren. Das Richtfest sollten wir aber auf alle Fälle auf den folgenden Samstag legen. So sei sicher, dass wir keine Arbeiten behindern würden und den Stelltrupp nervös machten. Beim Stelltrupp könnten wir uns mit Brötchen und einem Bierchen am letzten Stelltag bedanken, sofern wir das wollten. Klar wollen wir das! Da ich ja allen Beteiligten schon mal die Zielwoche nennen konnte, darf ich bei allen den genauen Tag gern in einer Woche nachreichen. Einen Termin für das Richtfest gibt es nun auch. Sauber! Die Jungs für die Netzwerkverkabelung müssten auf alle Fälle parallel zum Elektriker von FingerHaus arbeiten, da anschließend Decken und Wände verschlossen würden. Der Elektriker sei ab Tag zwei nach Lieferung für drei Tage vor Ort. Auch die Netzwerk-Jungs habe ich nach dem Telefonat informiert. Die Malerarbeiten könnten in aller Regel acht Wochen nach Hausaufstellung starten. Dann seien Wände und Decken verspachtelt und der Estrich trocken und begehbar. Malermeister nach Telefonat vorgewarnt. Nach den Malerarbeiten können also auch die Fliesen gelegt und alle weiteren Arbeiten wie Teppich und Laminat verlegen, Sanitärobjekte verbauen und Türen einsetzen von uns erledigt werden. Zusätzlich sprach Herr Marops die Baustellenabnahme an, zu der er in der kommenden Woche einen Termin mit mir vereinbaren wolle. Hier würde es darum gehen, die Bodenplatte abzunehmen, die Stromversorgung zu prüfen und die örtlichen Gegebenheiten für den Bautrupp in Augenschein zu nehmen. Es könne sein, dass Straßensperren erforderlich seien, das würde man aber vor Ort prüfen. Straßensperre? Das hatte doch schon der Architekt, Herr Stabfest, bei seiner Begehung für nicht notwendig erklärt! Ich erfuhr, dass hier einzig und allein der Bauleiter das

Sagen habe und die Meinung des Architekten unerheblich sei. Ich werde mir also sicherheitshalber schon einmal das passende Amt suchen und eine Preisanfrage für Straßensperren starten ... Mist.

Ich hatte endlich Termine für meinen Projektplan und fing an zu kalkulieren, Puffer einzubauen und Risiken abzuschätzen! Würde alles sauber durchlaufen, käme ich auf ein bezugsfertiges Haus zum 15. Juni diesen Jahres. Sechs Wochen vor dem Zieltermin. Somit kann ruhig noch einiges schiefgehen. Zeit haben wir bisher noch genug. Ich bin mir sicher, dass das Unplanbare unweigerlich eintreten wird, weshalb ich unsere Ursprungskalkulation mit dem 1. August als Einzugstag nach wie vor für realistisch halte.

Der Countdown läuft

Freitag, 25. Februar

Irgendwie geht jetzt doch alles ganz schnell. Vor einigen Tagen war es noch diese Warterei und: »Oh Mann, bis das Haus da ist, sind es noch Wochen.« Nun denke ich: »Au Backe, in zweieinhalb Wochen fliegt schon das Haus ein! Bis dahin muss ich noch so viel vorbereiten!« Wie sich die Dinge doch wandeln können. Der Countdown läuft zumindest nun deutlich spürbar. Das liegt vielleicht auch daran, dass in dieser Woche in der Tat wieder einiges zu tun war. Viel Papierkram im Baubüro, das erste Telefonat mit unserem Bauleiter, die Sockelabnahme, die Nachfinanzierung und die Sache mit der Straßensperre.
Letzteres hat sich dann doch recht gut klären lassen, nachdem ich zunächst den zuständigen Sachbearbeiter im Amt, Herrn Runenhaus, telefonisch nicht erreichen konnte. Zu meiner Überraschung rief er mich am späten Donnerstagnachmittag zurück, da er meine Telefonnummer in seiner Liste der verpassten Anrufe gesehen hatte. Herr Runenhaus war eindeutig wieder eines dieser Exemplare der Beamten der Stadt Selm: Er war nett, verständnisvoll und lösungsorientiert! Er bot mir an, zu meinem Bauleitergespräch an die Baustelle zu kommen und gemeinsam mit uns zu

prüfen, ob eine Sperrung der Straße erforderlich sei. Er signalisierte jedoch auch, dass er den pragmatischen Weg bevorzugen würde: Wenn es nicht wirklich notwendig sei, weil Rettungswege durch den Autokran versperrt würden, müssten wir auch nichts sperren, sondern sollten lediglich die Nachbarn informieren. Selbst im Falle einer Sperrung würden die Kosten für die Genehmigung weit unter der 100 €-Marke liegen. Was für eine Erleichterung! Nach meiner bisherigen Erfahrung mit Großstadtamtsstuben ist es immer wieder geradezu unglaublich, wie ausgeglichen und hilfsbereit die Kollegen in unserem Landkreis sind. Wirklich toll. Mal sehen, wie ich diese Zusammenarbeit würdigen kann, sobald Bau und Genehmigungsverfahren abgeschlossen sind. Schließlich wollen wir ja niemanden unerlaubt beeinflussen, bevor das Verfahren nicht komplett beendet ist. Ein Lob will ich im Nachgang aber auf alle Fälle loswerden. Für den Moment kommt mir zumindest sehr entgegen, dass jemand von der Stadt vor Ort geht, prüft und Weisung gibt. Somit wären wir weitestgehend aus der Haftung heraus, sollte tatsächlich ein Rettungsfahrzeug »ausgebremst« werden. Mehr als die geballte Fach- und Weisungskompetenz vor Ort bringen kann ich schließlich nicht, um meiner Sorgfaltspflicht als Bauherr nachzukommen.

Apropos Fachkompetenz: Auch die Sockelabnahme durch die Firma Ganther ist inzwischen erfolgt. Wir erinnern uns: Eigentlich hätte hier nur ein sachkundiges, irdisches Individuum das Maßband schwingen müssen. Schlussendlich wollte sich den Schuh aber niemand anziehen. Um möglichst schnell eine Abnahme an die Bauaufsicht schicken zu können und mit dem Bau fortfahren zu dürfen, beauftragte ich noch einmal den öffentlich bestellten Vermesser und sein satellitengestütztes, NASA-zertifiziertes GPS-Großkaliber. Für einen Zweizeiler mit der Bestätigung der Einhaltung der Höhen. Für höchstens 20 cm. Für etwas, was ich eigentlich auch hätte selbst tun können. Ich durfte doch aber nicht. Ich bin nicht sachkundig genug. Nicht in der Lage, 20 cm zu messen, obwohl ich das doch damals im Geometrieunterricht in der Schule hinreichend und – per Zeugnis aus der siebten Klasse nachweisbar – sachkundig exerziert habe. Ich liebe deutsche Land. Nun ja, ein Exemplar der Bescheinigung des Vermessers lag heute, mitsamt Rechnung von 119 € für höchstens 20 cm, in unserem Briefkasten. Eine Kopie wurde direkt an die Bauaufsicht geschickt. Es ist offiziell: Die Bodenplatte liegt 16 cm unter der maximal zulässigen Höhe im Verhältnis der Achse unserer Milchstraße zur Andromeda-Galaxie. Gravitationsanomalien, also Krümmungen von Zeit und Raum aufgrund von extraordinären Sonnenaktivitäten oder spontan auftretenden schwarzen Löchern nicht eingerechnet. Aber das hätten ich und das Maßband ja auch nicht geschafft. Somit ist alles bestens, das Universum gerät durch unsere Bodenplatte überraschenderweise nicht aus den Fugen, Saturn, Venus und Bauamt sind zufrieden. Thema erledigt. Eine teure Erkenntnis interstellarer Höhenverhältnisse.

Apropos teuer: Heute war dann noch Herr Pede bezüglich unserer Nachfinanzierung bei uns. Gemeinsam hat er mit uns einen Blick auf die Budgettabellen geworfen, keine Rückschlüsse gezogen, die wir nicht auch schon gezogen hätten und die Nachfinanzierung vorbereitet. Ich werde ihm im Laufe der kommenden Woche wiederum einige Lohnabrechnungen zukommen lassen, damit die Bank auch weiß, dass wir noch immer Geld verdienen und eben noch nicht dem Bauwahn zum Opfer gefallen sind. Der Nachfinanzierung steht dann nichts mehr im Wege. Unter dem Strich war das dann doch ein recht unkomplizierter Termin.

Es blieb also noch genug Hirn in unseren Köpfen, um sich erste Gedanken über das Richtfest zu machen: Nadja und ich haben einmal eine Liste mit »einzuladenden Personen« erstellt. Klar, unsere Freunde und Familien wollen wir natürlich auf jeden Fall dabei haben. Die komplette Nachbarschaft – Pi mal Daumen sind das ~32 Nasen – muss ebenfalls eingeladen werden, denn schließlich wollen wir ja den Gerüchten über uns entgegentreten und unter Beweis stellen, dass wir doch recht normal sind. Naja, und dann gibt es noch diverse »politisch/diplomatisch motivierte« Einladungen. Damit sind nicht etwa die Kollegen der Andromeda-Galaxie gemeint, nein, ich sage nur »Pommes-Willi«. Summa summarum kommen wir auf einen Personenkreis von etwa 90 Leuten. »Pommes-Willi« einmal außer Acht gelassen, sind auch keine Außerirdischen dabei, die ein Visum benötigen würden. Wir haben zwar keine Ahnung, wo wir all die Gäste unterbringen sollen, aber es ist davon auszugehen, dass nicht alle gleichzeitig vor Ort sein werden, viele nach recht kurzer Zeit wieder gehen oder gar nicht erst kommen. Der harte Kern unserer Freunde wird anschließend, so die Hoffnung, ins Haus passen. Hier sagen wir uns: »Mut zur Lücke.« Schließlich ist es ein Richtfest und kein Opernball. Wir werden genug Grillwürste und

Getränke vor Ort haben, wer aber keinen Sitzplatz hat, muss sich flexibel zeigen. Eines ist zusätzlich klar: Ich werde mir einen Schlafsack schnappen, und die erste Nacht im Haus verbringen!

I had a dream!

Mittwoch, 02. März

Dieses Haus scheint mich zu beschäftigen. Letzte Nacht hatte ich einen Traum. Es war der Tag, an dem unser Haus geliefert wurde. Früh am Morgen kamen die ersten Lkw mit Hausteilen sowie ein großer Kran, inklusive recht maskuliner Kranfahrerin im Blaumann mit Sicherheitsschuhen und kurzen, lockigen Haaren. Alles ging schnell, es sollte gleich an den Aufbau des riesigen Puzzles gehen. Ich freute mich darüber, dass der Zug nun endlich zu rollen begann. Allerdings tat er das an einem anderen Ort: Plötzlich standen wir auf dem Parkplatz eines Baumarktes und setzten das Obergeschoss zusammen. Immer unter dem rüden Kommando der Kranfahrerin.

Ich stellte mir Fragen: »Wenn die das so hier hinstellen, dann schaue ich ja direkt von der Terrasse ins Schaufenster und ständig rennen Leute mit Einkaufswagen an meinem Grill vorbei. Was soll ich denn da für einen Sichtschutz hinbauen? Das ist doch Murks! Der Garten ist doch viel größer geplant. So können wir das nicht bauen. Ich muss mit dem Bauleiter sprechen.« und »Warum bauen die zuerst das Obergeschoss? Wo zum Geier ist das Erdgeschoss? Das passt doch so alles nicht. Ist das überhaupt unser Haus?« Nach kurzer Rücksprache mit der Kranfahrerin erwiderte diese, dass hier nur vormontiert werde und dass unser Haus selbstverständlich auf unserem Grundstück gebaut würde. Da sei man schon recht weit mit. »WAAAAAS?!«, dachte ich. Ich hatte offenbar soeben verpasst, wie das Erdgeschoss unseres Hauses auf unser Grundstück gestellt wurde. Diese Befürchtung bestätigte sich, als ich nach hastigem Ortswechsel dort ankam, wo Nadja und Marie schon auf mich warteten.

Dann wurde ich wach. Was für ein Horrortrip. Als ich mal wieder wie eine Elfe ins Bad schwebte, um mich bürotauglich zu machen, war ich völlig benommen. In der Tat ist es so, dass vor dem Baubeginn noch einige Dinge zu erledigen sind. Morgen steht der Baustellentermin mit dem Bauleiter an, gegebenenfalls müssen Straßensperren beantragt werden, für das Richtfest werden Sitzgelegenheiten, Catering, Besteck, Teller, Becher und Beleuchtung benötigt, die Einladungen müssen versendet, die Nachbarn eventuell über die Sperrung der Straße informiert werden. Obendrein muss ich die Materialbestellung im Baumarkt noch abschließen. Diese Tätigkeiten spalten sich wiederum in Einzelschritte auf: Wann fahre ich zur Baustelle und kann Tische mitnehmen? Welche Tische passen gleichzeitig ins Auto? Wie passt der Grill hinein? Wo bekomme ich um diese Jahreszeit Holzkohle? Das sind alles kleine Aufgaben, die keine wirklichen Hürden für mich darstellen. Dennoch geistern sie wie ein Haufen Ameisen durch meinen Kopf und ich fürchte, etwas zu vergessen. Schließlich habe ich ja auch noch eine Familie und einen Job. Auch hier muss ich präsent sein und wissen, was ich zu tun habe. Es fällt mir momentan schwer, Ordnung in die Ameisen in meinem Kopf zu bringen und ich weigere mich, den Transport von Tischen in einem Projektplan zu erfassen. In diesem Chaos liegt der Grund für meinen Traum, denke ich.

Die Lehren des Projektmanagements sagen hier: »Delegiere, denn du kannst nicht alles selbst erledigen. Sei nicht der Planer und dein bester Projektmitarbeiter zugleich!« Aber was soll ich tun? Ich kann nicht meine Freunde bitten, Dinge über 65 km Autobahn zur Baustelle oder zu den Schwiegereltern zu transportieren, um dann die gleiche Strecke wieder zurückzufahren. Mal abgesehen davon, dass keiner ein so großes Auto hat, sind das 130 km, die ich niemandem zumuten kann. Ich kann nicht »mal eben« selbst zwischen Baustelle und zu Hause pendeln, denn ich muss auch noch arbeiten. Ich kann Nadja neben ihrem Job, 90 % des Haushalts und Marie nicht auch noch bitten, diese Dinge zu organisieren, denn ich weiß ja, dass Marie momentan etwas – nennen wir es »fordernd« ist. Das Budget lässt die Anmietung eines entsprechend dimensionierten Transporters nicht zu. Deshalb muss ich an jenen Tagen, an denen ich ohnehin zur Baustelle fahre, das Auto möglichst effizient vollpacken. Ich gebe mich also geschlagen und trage diese Aktivitäten doch in den Projektplan ein. Damit habe ich eine Liste dessen, was ich abzuarbeiten habe und muss nicht mehr alles im Gedächtnis mit mir herumtragen. Ja, auch oder gerade bei vermeintlichen Kleinigkeiten im Projekt ist ein wenig

Methodik nützlich. Das weiß ich nun. Alles wird gut, kein Problem für Don Mette, den Organisator. Pappteller und Besteck delegiere ich dann aber wohl doch!

Legale Polygamie

Donnerstag, 03. März

6:15 Uhr. Der Wecker jinglet. Ich schwebe wie eine Elfe gutgelaunt ins Bad, um bald darauf durch den inneren Kern des Ruhrgebiets mit VMax gen Cappenberg zu rauschen. Ich habe heute etwas länger schlafen können, denn der erste Vor-Ort-Termin mit dem Bauleiter steht erst um 9 Uhr an. Vorher wartet ein Frühstück bei Schwiegermama und -papa auf mich, weshalb ich mir den Teebeutel heute sparen werde. Am Vorabend habe ich das Auto bis zum Rand mit Grill, Tisch und Stühlen vollgepackt, so dass ich die Sachen bei den Schwiegereltern einlagern und für das Richtfest hervorkramen kann. Glücklicherweise habe ich mehr Material ins Auto bekommen, als ich gedacht hätte. Ein bis zwei weitere Fahrten nach Cappenberg werden nun ausreichen, um alles erforderliche Zeug vor Ort zu haben.

Auf Cappenberg angekommen durfte ich feststellen, dass selbst an der Pforte zum Münsterland verrückte Bäckereiverkäuferinnen in Karnevalskostümen herumgeistern. Glücklicherweise bin ich immun gegen dieses schreckliche, menschenverachtende Virus. Eigentlich hatte ich die Hoffnung, in eine karnevalsfreie Zone zu ziehen. Dumm gelaufen. Heute war Altweiberfastnacht. Das erklärte, warum die Autobahn auch zu vorgerückter Stunde noch recht frei war. Im Ruhrgebiet standen also hemmungslose Saufgelage und gesellschaftlich tolerierte Polygamie auf Kommando an. Das schlimmste an dieser Krankheit ist die Willenlosigkeit, der die Befallenen erliegen. Wer´s braucht ... Ich kaufte Brötchen für das Frühstück ein und entrann dem Karnevalswahn in Richtung des schwiegerelterlichen Frühstückstisches.

Etwas verspätet, gegen halb zehn, traf ich mich satt mit Herrn Marops an der sonnigen Baustelle, die ich schon 30 Minuten zuvor eingehend inspiziert hatte. Schließlich hatte ich die trockene Bodenplatte zuvor noch nicht betreten und wollte diesen Moment ganz in Ruhe auskosten. Ich lief durch den imaginären Hauseingang, durch die imaginäre Diele, ins imaginäre Wohnzimmer, zur imaginären Küche. Ja, sogar auf dem imaginären Gästeklo habe ich gesessen. Schön wird´s werden!
Während ich auf meinem imaginären Klo saß, rief der sehr reale Herr Himbel von FingerHaus an: Es gibt einen Liefertermin! Unser Haus wird am Mittwoch, den 16.03. ab 6 Uhr geliefert werden! Herr Marops war übrigens ein sympathischer Kerl, der einem in die Augen schaute. Schätzungsweise Ende 40 und einen durchaus patenten Eindruck hinterlassend, strahlte er eine gewisse professionelle Ruhe aus. Als gelernter Handwerker schien er im positivsten Sinne zu wissen, wie der Hase läuft. Wie gesagt: Das Wichtigste war, dass wir uns in die Augen schauen konnten und scheinbar die gleiche Sprache sprachen.
Kurz nach Herrn Marops traf auch Herr Runenhaus von der Stadt Selm ein, um die Notwendigkeit von Absperrungen mit uns zu klären. Lange Rede, kurzer Sinn: Wir haben die mündliche Genehmigung, die Hirschwiese mit Lkw zu blockieren. Wir sollen die Nachbarn frühzeitig informieren und dafür sorgen, dass die Fahrer bei ihren Fahrzeugen bleiben, um im Notfall die Straße räumen zu können. Eine schriftliche Genehmigung benötigen wir in diesem Falle nicht. Somit entstehen auch keine Kosten.

Nach dieser frohen Kunde verließ Herr Runenhaus auch schon wieder den Ort des Geschehens. Herr Marops vermaß die Bodenplatte und den Platz vor dem Haus, erkundigte sich bei mir zu Rohrleitungen und Dichtheitsprüfung. Ergebnis: Das Haus kann gestellt werden, die Baustelle ist abgenommen! Er teilte mir mit, dass am auf den Stelltermin folgenden Freitag der Bezirksschornsteinfeger kommen müsse, um eine Schornsteinrohbauabnahme zu machen. Der Tiefbauer der Versorger solle Anfang der darauffolgenden Woche kommen, um die Wasser-, Strom- und Telefonleitungen ins Haus zu legen. Der Platz vor dem Haus reiche aus, um den Kran zu stellen, die Lkw blieben auf der Straße, die mittwochs und gegebenenfalls donnerstags in der Zeit von 6:00-20:00 Uhr gesperrt sein würde. Wenn das Haus stehe, habe ich mich um eine provisorische Bautreppe, z. B. aus

Europaletten, vor dem Eingang zu kümmern. All das wurde natürlich in einem Protokoll festgehalten, dass ich später zu meinen Akten heftete.

Auch unser geplantes Richtfest am Samstag gehe in Ordnung, so dass wir die Gäste einladen könnten. Wahrscheinlich könnte mir der Bautrupp sogar Baustrahler für Licht zur Verfügung stellen. Ich durfte dann noch Fragen zu den nächsten Bauabschnitten stellen. Unter anderem hat sich hier ergeben, dass die Netzwerkverkablung durchaus auch abends gelegt werden kann, wie es sich die Netzwerk-Jungs gewünscht hatten. Sie sollten lediglich am zweiten Stelltag beginnen und sich zuvor mit dem von FingerHaus beauftragten Elektriker absprechen. Zusätzlich seien auch in den Innenwänden »winddichte« Dosen zu verbauen. Eine neue Info für mich. Nach Beendigung des Termins fuhr ich noch schnell zum Baumarkt, um unsere Bestellung abzuschließen. Anschließend ging´s im Homeoffice für den Arbeitgeber noch einige Stunden an die Schippe. Die Flexibilität, die mein Chef mir momentan ermöglicht, ist wirklich klasse!

Am Abend hatte ich dann wieder Bauaufgaben: Ich bereitete die Handzettel zur Straßensperrung für die Nachbarn vor, entwarf die Einladungen für das Richtfest und verschickte Einladungsmails an alle Freunde, die durch dieses Medium erreichbar waren. Zusätzlich buchte ich den Bezirksschornsteinfeger zum von Herrn Marops vorgesehenen Termin: Er wird am Freitag um 10 Uhr vor Ort sein. Auch Herrn Ressmann von der Firma Elbing habe ich erreicht. Er kommt gleich Montags um acht Uhr, um die Versorgerleitungen ins Haus zu legen. Ich informierte die Netzwerkjungs per Mail über die Neuigkeiten und bestellte Biergarnituren und Getränke beim Cappenberger Getränkemarkt. Auch Herr Heinzer, unser Vertriebsprofi von FingerHaus, sollte zu seinem Recht kommen: Ich habe ihn über Stelltermin und Richtfest informiert und ihm angeboten, potenzielle künftige Kunden bei der Aufstellung einzuladen. Auch wir hatten damals einen solchen Termin in Solingen wahrgenommen, der uns sehr viele Infos beschert hatte. Zufrieden wie wir mit Herrn Heinzers Beratung sind, soll er nun Gelegenheit bekommen, auch mit unserem Haus neue Kunden zu gewinnen und ein Bierchen mit uns zu trinken. Die Einladung hat er sogleich dankend angenommen.

Erschöpft, aber glücklich: Heute hatte sich so viel ergeben. Alles ist in Ordnung. Sogar das Richtfest ist bestens im Zeitplan. Schwiegermama hat natürlich schon gehandelt: Besteck, Teller und Becher wurden bereits eingekauft. Bin ich froh, dass ich so viel Unterstützung habe. Die meisten Sorgen, die mich tags zuvor noch geplagt hatten, sind nun passé. Manchmal regeln sich die Dinge einfacher, als man denkt.

Sechs Tage, Sechs Nächte bis zum Showdown

Donnerstag, 10. März

Projektdurchführung lenken und managen | Kommunikation steuern | Stakeholdereinbindung managen | **Persönlichkeit beweisen**

Palim, palim: Das Telefon hat mal wieder gebimmelt. Am anderen Ende der Leitung meldete sich eine nette Dame der Firma Lorenz, als das Installateursunternehmen, das die Wasseranschlüsse in unserem Haus ausführe. Sie fragte mich, ob ich das »Betriebssetzungsformular für den Wasseranschluss« schon versendet habe. Ich verneinte, denn man hatte mir gesagt, dass dies der Installateur erst nach erledigter Arbeit vor Ort unterschreiben müsse, woraufhin ich es schließlich versenden könne. Offenbar kann ein Wasserzähler aber erst dann gesetzt werden, wenn das Formular beim Versorger vorliegt, weshalb es schon jetzt verschickt werden müsse. Macht aber nichts: Die gute Frau hat sich das Formular bereits aus dem Internet heruntergeladen, füllt es aus und versendet es, so dass ich mich um nichts kümmern muss. Das klappt ja wie am Schnürchen. Es ist doch immer wieder faszinierend, wie wildfremde Menschen im Auftrag von FingerHaus bei mir anrufen, um mir zu sagen, dass es keine Probleme gibt und sie Arbeit für mich übernehmen. Inzwischen haben mir auch die Netzwerk-Jungs zugesagt, pünktlich vor Ort zu sein. Auch die winddichten Anschlussdosen stellen weder ein Problem noch einen großen Aufpreis dar. Auch an dieser Baustelle läuft also alles bestens. Zum Thema Kabel ist mir mitten in der Nacht dann noch der Stromanschluss für die Garage eingefallen, der vom Haus durch ein Leerrohr in der Bodenplatte in die spätere Garage geführt werden soll. Prinzipiell sollte es auch hier kein Problem geben, nur leider liegt das Leerrohr mit dem außerhalb des Hauses befindlichem Ende ca. 50 cm tief im Boden vergraben. Da wird es meiner Ansicht nach schwierig, ein Kabel durchzuziehen. Ich habe diese glorreiche Erkenntnis also am nächsten Morgen mit dem Bauleiter geteilt, der den Gedankengang in Gänze bestätigte. Ich werde also noch am Abend vor der Hauslieferung meinen nagelneuen Spaten ausprobieren ... Nun ja, 50 cm verdichteter Schotter fördern halt die Fettverbrennung.

In meinem Telefonat mit dem Bauleiter äußerte ich auch meinen Wunsch der Fußbodenheizung im Duschbereich. Normalerweise, so erklärte er mir, gehe das nicht. Der Grund: Im Gebäude werde Anhydritestrich verlegt. Da dieser Gips enthalte, reagiere er auf Feuchtigkeit im Falle einer Undichtigkeit nicht grade diplomatisch. Deshalb verlege man im Duschbereich grundsätzlich Zementestrich, der hier unempfindlicher sei. Bis zu dieser Stelle gebe es auch noch kein Problem. Das Problem komme erst dann ins Spiel, wenn man berücksichtige, dass Anhydritestrich mit Hilfe der Fußbodenheizung getrocknet werde. Zementestrich müsse jedoch wesentlich langsamer trocknen, da er sonst eine brüchige Schicht ausbilde. Er dürfe also während der Trocknungsphase nicht beheizt werden. Somit würde das Ganze zeitlich nicht in den Bauablauf passen. Um diesen Ablauf einzuhalten, würde man daher im Duschbereich keine Heizschlangen verlegen, was das Problem obsolet mache. Da wir jedoch die Fliesen selbst legen würden, bestehe dieser zeitliche Druck für ihn ohnehin nicht. Er könne den Duschbereich deshalb bei der Estrichverlegung einfach aussparen und die Heizschlangen »durchlegen«. Sei der Anhydritestrich trocken, würden wir die Heizung ausstellen und den Zementestrich in Eigenregie einbauen. Dann sei auch genug Zeit zur Trocknung. Voilà: Warme Füße in der Dusche! Ich werde noch zum Baustoffexperten, wenn das so weitergeht.

Der Rest der bisherigen Woche beinhaltete eigentlich nur Telefonate rund um Richtfest und Catering. Diverse Dinge wurden eingekauft, Nadja ist mit einem vollbeladenen Wagen gen Cappenberg gefahren und hat darüber hinaus die Nachbarn über die Straßensperrung informiert und sie zum Richtfest eingeladen. Schlechte Nachrichten verkaufen sich in Kombination mit einer Einladung einfach besser!

Inzwischen mehren sich übrigens die Informationen des Dorffunks bezüglich eines plötzlich aufgetauchten Mysteriums hinsichtlich unserer

Baustelle: Jene Nachbarn, die bisher nur per Briefkasten erreicht werden konnten, scheinen sich im Angesicht eines Rätsels wiederzufinden: »Wer will Richtfest feiern?«, »Die, wo nur die Bodenplatte liegt?«, »Aber in welchem Haus denn?«, »Da steht doch noch gar nix.«, »Falsches Datum auf dem Zettel?« Man wird sich also wohl noch wundern. Alles läuft bestens.

Je näher aber der Termin der Hausaufstellung aber rückt, umso schneller verändern sich auch unsere Gemütszustände. Nadja stellt fest, wie nahe nun alles ist und ist inzwischen auch merklich aufgeregt. Bei mir mischen sich zur Aufregung nun auch noch völlig absurde Ängste hinzu: »Habe ich das Richtige getan?«, »Sollte ich noch eine Wand verschieben?«, »Ist das Dachfenster dreifach verglast?«, »Werde ich mich dort zu Hause fühlen können?«, »Verheben wir uns finanziell?« All das sind Fragen, die entweder schon längst zu unserer Zufriedenheit geklärt sind oder deren spätester Klärungszeitpunkt längst verstrichen ist. Man kann jetzt nichts mehr ändern. Unser Haus existiert bereits in irgendeiner Werkshalle und wird in der kommenden Woche auf unserem Grundstück stehen. Die Finanzierung läuft ebenfalls seit geraumer Zeit. Das sind unveränderliche Fakten. Der Zug rollt unaufhaltsam. Es ist also vollkommen unnötig, sich noch immer solche Gedanken zu machen, weil wir ja früh genug an all diese Dinge gedacht haben. Dennoch sind sie da, die Gedanken. Meistens abends im Bett. Mal habe ich feuchte Handflächen, dann überwiegt wieder die Freude auf unser neues Zuhause. Vor allem freue ich mich für Marie und Nadja über die wirklich tollen Voraussetzungen, die wir hier schaffen. »Was geht wohl in mir vor, wenn dieses Haus vor mir steht?«, frage ich mich in diesen Momenten. Am wichtigsten ist es mir jedenfalls, dass wir alle drei zusammen dort stehen, wenn das Haus gebaut wird, um uns gemeinsam zu fragen, was grad in uns vorgeht. Den schönen Gedanken noch nicht ganz zu Ende gedacht, kommt dann oft schon wieder ein Zweifel. Manchmal stehe ich in der Nacht noch einmal auf, nehme mir die Vertragsunterlagen und prüfe einzelne Punkte, entdecke einen nächsten Punkt, der mir fragwürdig erscheint. Ich schaue in einem anderen Ordner nach. Dann stelle ich fest, dass alles seine Richtigkeit hat, wir sauber geplant haben. Es kommt also nur noch auf die fachgerechte Umsetzung an. Auch hier hat FingerHaus den besten Ruf. Ich lege mich wieder hin. Irgendwann schlafe ich ein. Es sind nur noch sechs Tage und sechs

Nächte bis zum Beginn des Showdowns. Sechs Tage und sechs Nächte, bis wir das erleben können, was wir zunächst auf etliche Seiten Papier gemalt und dann mit einem langwierig ausgesuchten Unternehmen in einen Vertrag gegossen haben. Sechs Tage und sechs Nächte.

Die Top Ten der FAQ

Montag, 14. März

Stakeholder-einbindung managen | Stakeholder-einbindung steuern | Persönlichkeit beweisen

Noch zwei Tage und zwei Nächte. Es tickt noch immer. Also ... der Countdown. Natürlich mehren sich inzwischen auch die Tipps der wertvollen und besonders feinfühligen Sorte aus dem Bekanntenkreis. Das ist exakt wie vor der Hochzeit: Da sagte man uns, wie viele Ehen schon an den Hochzeitsvorbereitungen gescheitert oder nach der Hochzeit eingeschlafen sind. Dass nach der Hochzeit die Phase der ewigen und unfreiwilligen Enthaltsamkeit einkehre. Dass die Flitterwochen oft schon der Anfang vom Ende seien. Oder vor Maries Geburt: Vor einer Geburt neigen die besonders feinfühligen Menschen dazu, der werdenden Mutter die gruseligsten Kreissaalgeschichten zu erzählen und fragen Dinge wie »Bist Du sicher, dass es nur eins wird?« oder sagen: »Meine Bekannte haben Sie nach 1200 Stunden der Presswehen unten aufgeschnitten, wie auf der Schlachtbank. Das waren Qualen! Aber keine Sorge, das wird bei dir sicherlich gutgehen.« Selbst können diese Leute aber nicht mal die Geschichte der Routineinspektion beim Zahnarzt ertragen ... ach ja: Nicht zu vergessen ist, dass die meisten Ehen natürlich während der Säuglingsphase des Nachwuchses scheitern. Insbesondere die noch kinderlose Fraktion kennt sich hier sehr gut aus. Jene, die schon mit Kindern ausgestattet sind – und sei es auch nur seit sehr kurzer Zeit – können hingegen jeglichen medizinischen und erzieherischen Rat bis hin zur Pubertät des Sprosses geben und scheuen sich auch nicht, dies exzessiv zu praktizieren. Gleichzeitig verbitten sie sich aber jegliche Einmischung in ihre Allwissenheit. Natürlich immer gefolgt von dem Satz: »Aber das müsst ihr selber wissen. Jedes Kind ist eben anders. Bei mir war es halt so. Ich würde es immer wieder so machen und auch jedem nahelegen.« Ein Schelm, der denkt, sie seien beleidigt, wenn man sich nicht an ihre Weltanschauung hielte. Geradezu schlimm wäre es, würde man solche Stimmen auch noch in der eigenen Familie finden ...

Oh Wunder: Beim Hausbau ist es auch nicht anders, als beim Heiraten und beim Kinderbekommen. An dieser Stelle also schon einmal die Antworten auf die Top Ten der feinfühligen Sprüche, die wir momentan besonders gut finden. Zumal sie sehr hilfreich sind, wenn man ohnehin nichts mehr ändern kann.

Besonders beliebt und auf **Platz 1** findet sich der Spruch: »Mann, das ist ja ganz schön weit weg. Die Fahrerei zur Arbeit wird dich fertigmachen, glaub‘s mir. Da hast du keinen Spaß mehr am Leben.«

Die Antwort: »Wie recht du hast. Ich beabsichtige, bis an mein Lebensende am selben Standort zu arbeiten, um mich dann selbst mit einer Tastatur zu erschlagen. Ach, erwähnte ich, dass ich daran ohnehin nichts mehr ändern kann?«

Platz 2: »Ganz schön klein. Hätte ich größer geplant.«

Die Antwort: »Stimmt! Ich hätte das Baufenster aus dem Bebauungsplan ausradieren und größer wieder einzeichnen sollen. Überschuldung gehört heutzutage ja auch zum guten Ton. Kein Kredit ohne Zwegat! Übrigens: Man kann jetzt nichts mehr ändern. 160 m² Haus + 30 m² Garage und 400 m² Garten sollten für eine Liliputanerfamilie wie uns aber grade so reichen.«

Platz 3: »Ohne Keller? Ein Keller ist ja sooo wichtig.«

Die Antwort: Genau! Mit einem Keller, der aufgrund der geologischen Voraussetzungen unter Wasser liegt, wird´s doch erst richtig lustig! Ein Keller neben dem permanent eine Pumpe laufen muss, der die nächsten 50 Jahre absolut wasserdicht sein muss? Der noch mal 50-60 Tausend Euro extra gekostet hätte? Soll ich hier etwa »Jagd auf Roter Oktober« nachspielen? »Senden Sie nur einen Ping, nur einen Ping!« Mal ehrlich: Schon mal ‘nen Ostfriesen im Keller gesehen?«

Platz 4: »Am Bau zerbrechen die meisten Ehen, da kenn ich selbst welche.«

Die Antwort: »Korrekt. So wie bei der Hochzeit, den Flitterwochen und der Geburt des ersten Kindes! Ach übrigens: Wir befinden uns mitten in der Umsetzung. Für diesen taktvollen wie auch diskreten Hinweis ist es zu spät. Die Sensation lässt allerdings noch ein wenig auf sich warten: Wir können uns leider doch noch ganz gut leiden.«

Platz 5: »Das geht aber jetzt schnell.«

Die Antwort: »Fertighaus, nöch?«

Platz 6: »Dann könnt ihr ja schon einziehen.«

Die Antwort: »Ab auf die Baustelle! Ich pfeiffe auf drei Monate Innenausbau mit Estrich, Sanitäreinrichtungen, Heizung und Elektrizität! Den Scheiß brauch ich nicht! Back to the roots! Revolution! Ich zieh in ein Kartenhaus!!!«

Platz 7: »Ich dachte, ein Fertighaus ist fertig, wenn´s kommt.«

Die Antwort: »Rrrrrichtig. Nur aufpusten, Strom und Wasser gibt´s aus dem Kanister. Das ist wie beim Camping. Ein Leben wie im Urlaub!«

Platz 8: »Ein Holzhaus fällt doch total schnell um im Sturm. Sieht man doch bei den Amerikanern.«

Die Antwort: »Rrrrrichtig! Deshalb gibt es 500 Jahre alte Fachwerkhäuser, die noch immer bewohnt werden, aber nur Ruinen gemauerter Schlösser. Unser Haus ist ja quasi amerikanisch: Auch bei uns kommt Holz zum Einsatz. Euer Benz hat übrigens ne Knautschzone wie ein Trabbi! Das sehe ich an den Rädern. Die sind bei euch ja auch aus Gummi! Oh mein Gott, ihr seid in Gefahr!«

Platz 9: »Habt ihr im Holzhaus nicht total Angst vor Feuer?«

Die Antwort: »Klar! Und wir stehen drauf. Deshalb haben wir davon abgesehen, die Holzkonstruktion brandhemmend zu verpacken und uns meterweise Gutachten von unabhängigen Sachverständigen reinzuziehen, die sich mit der Sicherheit beschäftigen. Man findet nicht mal eine Versicherung für so ein Pulverfass. Ein Atomreaktor ist die reinste Babywiege dagegen! Brände brechen ohnehin in aller Regel tief in der Wand bei den tragenden Elementen aus. Inventar ist da nebensächlich. Welches Feuer beschäftigt sich schon mit schnöden Büchern?«

Platz 10: »Jetzt wird´s langsam ernst, nöch?«

Die Antwort: »Nee, Klaus.«

Heiliges Halbwissen! Heiliges Fingerspitzengefühl! All die Bauweisheiten von Menschen, die nie in ihrem Leben irgendwas gebaut haben, möchte ich gar nicht erst erwähnen. Naja, so ist es eben in »Good old Germany«: Es muss einfach jeder mit vermeintlichem Fachwissen glänzen, ohne sich auch nur eine Sekunde lang mit der Materie oder den spezifischen Rahmenbedingungen beschäftigt zu haben. Belassen wir es dabei. Wir versuchen also noch einige Tage, uns vom Bau- und Fertighausexpertentum abzukapseln und uns professionell auf das Wesentliche zu konzentrieren. Ganz so, wie wir es bei Hochzeit und Schwangerschaft auch getan haben. Nur nicht verrückt machen lassen und gelassen bleiben, sofern man überhaupt gelassen bleiben kann. Das Richtfest, die Elektroverkabelung im und um das Haus: Das sind die nächsten relevanten Schritte für uns. Heute hat übrigens Familie Sörens eine E-Mail geschickt: Offenbar ist unser Schornstein geliefert und auf das Grundstück gelegt worden. Der erste Teil des Hauses ist also schon da!

Auf nach Cappenberg!

Dienstag, 15. März

Projektdurchführung lenken und managen | Risiken überwachen und steuern | Stakeholdereinbindung managen | Stakeholdereinbindung steuern | Persönlichkeit beweisen

Heute war Dienstag. Der Tag, an dem wir nach Cappenberg fahren würden, um die letzten Vorbereitungen an der Baustelle zu treffen, an dem wir bei den Schwiegereltern übernachten würden, um am Mittwochmorgen pünktlich um sechs dem Aufbau unseres Hauses beizuwohnen. Nachdem wir in aller Ruhe gefrühstückt hatten, kaufte ich noch einige Lebensmittel ein, erledigte dies und das und begann schließlich, unsere Autos noch mit allerlei Dingen für das Richtfest zu bepacken. Um auf der sicheren Seite zu sein, nahm ich auch noch die komplette Ordnergalerie des Baubüros mit. Auch der Rechner mit UMTS-Anbindung wurde eingepackt. Man weiß ja schließlich nie ... Das Material für unsere »Bautreppe«, eine Europalette, presste ich neben Bierzeltgarnitur, Klapp-Pavillon, Spaten, Schippe und Besen noch in den Kombi. Während ich das hier so schreibe, frage ich mich, wie das passen konnte. Gegen 16:30 Uhr bei strahlendem Sonnenschein und deutlich zweistelligen Plusgraden auf Cappenberg angekommen, bestand Schwiegermama zunächst mal darauf, dass wir uns mit einem Stück Kuchen stärkten. Danach ging es aber zur Sache: Leerrohre ausgraben, ein »Häufchen Splitt« zur Seite räumen, damit der Kran einen Parkplatz findet und die Bautreppe bauen. Zusätzlich schoss ich noch Fotos von der Straße, um zu dokumentieren, wie diese aussah, bevor zig Tonnen darüber gerollt waren. Die Leerrohre waren schnell freigelegt. Die befürchtete Tiefe von 50 cm entpuppte sich als 30 cm-Löchlein. Auch die Bautreppe war mit dem geraden Ausrichten der Palette fertiggestellt. Da musste nichts geschraubt werden. Zu dumm nur, dass ich das »Häufchen Splitt« unterschätzt hatte: Es wollte einfach kein Ende nehmen, und nach zweieinhalb Stunden hatte ich 3-4 m^3 zusammengeschippt. Zwischenzeitlich hatten mir schon Nadja und Schwiegerpapa geholfen, denn sie hatten gesehen, wie meine Arme immer länger wurden. Zwar versperrte den Kranparkplatz nun noch ein Dixi-Klo, das irgendein hochintelligenter Dixi-Klo-Lieferant mitten auf die Einfahrt unseres Grundstücks gestellt hatte, aber das würde sich wohl noch verschieben lassen, wenn die Jungs erst einmal anrückten. Immerhin hatte man inzwischen auch schon unseren

Schornstein und die Dachziegel angeliefert, diese aber auf die dafür vorgesehenen Flächen gelegt, so dass sie nicht störten.

Während ich so im Sonnenuntergang – inzwischen übrigens nur noch im T-Shirt – Splitt schaufelte, gesellte sich auch die dunkle Seite der Macht auf die Bühne des Geschehens: Pommes-Willi fuhr sein Auto auf sein Grundstück. Ich schaute mich um. Alle Nachbarn waren unserer Bitte nachgekommen, ihre Autos außerhalb unserer Stichstraße zu parken, denn der Kran würde hier alles versperren. Die umliegenden Straßen waren deshalb komplett beparkt. Pommes-Willi schien diesbezüglich absolut entspannt zu sein. Hatte er vielleicht vergessen, was hier morgen passieren sollte? Ich ging rüber. »Äh ... guten Tag! Ich wollte nur noch einmal daran erinnern, dass hier morgen der Kran kommt. Dann wird es etwas schwierig, das Auto aus der Einfahrt zu bekommen. Also, wenn es Ihnen nichts ausmacht, parken Sie doch bitte außerhalb, damit Sie mobil bleiben.« Wie erwartet, ranzte Pommes Willi mich an:

»Dat is doch alles Tinnef wat ihr macht. Warum lagert ihr euer Material eigentlich vor dem Haus und nicht dahinter?«

Ranzen konnte ich auch:

»Keine Ahnung, ich bin ja nicht der Bauleiter. Aber das Material liegt ja auf dem Grundstück und stellt deshalb kein Problem dar. Selbst der Kran wird zum Großteil auf dem Grundstück parken. Lediglich der Tieflader mit den Hausteilen wird die Straße und damit auch Ihre Einfahrt blockieren.«

»Dat is doch Tinnef. Ich kenn dat alles. Ich hab schon fünf Häuser gebaut.«

»Ja, das weiß ich doch inzwischen. Das ändert aber nichts an der Tatsache, dass die Einfahrt blockiert sein wird. Das ist mit der Stadt Selm so abgesprochen. Drum fahren Sie doch Ihr Auto raus, damit Sie es morgen noch benutzen können.«

»Ach wat, ich bin eh um sechs wach.«

»Bringt nur wenig, wenn um sechs 40 Tonnen vor der Haustür stehen und die Sonne verdunkeln, nöch?!«

»Ach wat! Ich kenn dat alles. Ich hab schon fünf Häuser gebaut!«

Ich spürte, wie ein Hauch von Aggression in mir aufstieg. Sollte ich ihn über den Zaun ziehen und ihn in Aggressionsbewältigungstechniken á la Großstadt einführen oder mich um des lieben Friedens willen einfach abwenden und ihn am nächsten Morgen leise weinen lassen, wenn er sein Auto spazierenfahren wollen würde?

Ich sagte: »Eigentlich wollte ich nur helfen, aber mir ist´s inzwischen ehrlich gesagt scheißegal, ob und wo Sie wann hinfahren.«

Ich schippte weiter. Ich fand, dass das ein guter Kompromiss zwischen Großstadt und Frieden war. Er faselte dann noch irgendetwas Versöhnliches, bezüglich seiner Gewohnheiten morgens aufzustehen, ich ignorierte dies aber und schippte weiter. Abends fuhr ich noch mit Nadja durch Cappenberg und Umgebung, um vielleicht schon einen Blick auf die drei Lkw zu erhaschen, die unser Haus anliefern sollten. Leider fanden wir nichts. Später am Abend sah man noch aus dem schwiegerelterlichen Wohnzimmer, wie ein 30 Tonnen-Kran in Richtung unseres Grundstücks fuhr. Wie aufregend! Wir legten uns hin, stellten den Wecker und warteten auf den nächsten Tag

Es steht, es steht!

Mittwoch, 16. März

Projektdurchführung lenken und managen | Qualitätssicherung durchführen | Stakeholdereinbindung steuern

4:45 Uhr. Der Wecker jingelt. Das hätte er sich auch sparen können, denn Nadja und ich sind ohnehin schon seit Stunden wach und horchen dem rhythmischen Schnarchen einer leicht verschnupften Marie, die im gleichen Raum untergebracht ist wie wir. Inzwischen habe ich mir schon Rap-Verse ausgedacht, die auf Maries Schnarch-Beat passen könnten. Zwischendurch haben wir vielleicht zwei Stunden geschlafen. Bei mir war diese Zeit von Haus-Albträumen geprägt. Erholsam war die Nacht jedenfalls nicht. All das war jetzt aber egal, denn es war Zeit, wie eine Elfe gutgelaunt ins Bad zu schweben. Heute war der Tag der Hausaufstellung! In der Nacht hatten sich die Lkw auf Cappenberg eingefunden und sich hier und dort an den angrenzenden Feldern platziert, so dass man sie auf dem Weg zum Grundstück gar nicht übersehen konnte. Das war wirklich aufregend. All diese Logistik nur für uns! Gegen halb sechs waren wir an der Baustelle. Ich stellte die Bierzeltgarnitur auf, von der aus wir dem heutigen Happening beiwohnen wollten. Der Kran hatte vor dem Grundstück in einer eigens von mir abgesperrten Parklücke geparkt und setzte sich nun in Bewegung, um sich in unserer Einfahrt zu »entfalten«. 30 Tonnen Stahl grollten durch die Nacht und türmten sich zu 30 m Kran auf. Na nu? War das etwa Pommes-Willi, der da in Pyjama und Pantoffeln in sein Auto sprang, um es noch schnell aus der Sperrzone zu schaffen? »Geht doch!«, dachte ich sichtlich amüsiert und konnte mir ein fröhlich winkendes »Guten Morgeeen!« in seine Richtung nicht verkneifen.

Es war über Nacht kalt geworden. Temperaturen knapp über null und ein beißender Wind ließen uns frieren. Das sollte sich am Mittag auch nicht ändern, aber das war mir momentan egal, denn heute kam unser neues Zuhause eingeflogen. Inzwischen war auch der Richttrupp inklusive Montagefahrzeug eingetroffen und der erste Material-Lkw rollte über Cappenberg, um Pommes-Willis Ausfahrt zu versperren. Plötzlich stand Werkzeug auf der Bodenplatte, die Jungs rollten Dichtbahnen aus, brachten Quellmörtel aus. Gleichzeitig hob sich die Plane eines Lkws und die erste Wand unseres Hauses kam zum Vorschein. Von nun an dauerte es nur noch Minuten, bis diese Wand in Richtung der Bodenplatte schwebte. Ein Element nach dem anderen wurde so in Position gebracht, ausgerichtet und verschraubt. Unglaublich, mit welcher Wucht die Jungs Nägel in Wände schlagen, mit welchen Dimensionen von Nägeln und Schrauben hier gearbeitet wird. Die Kerle lachen nur müde über das Angebot im Baumarkt. Die Kerle müssen aber auch Kalorien haben! Nadja war zum hiesigen Bäcker gefahren, während ich eifrig Fotos schoss. Mit Schwiegermama hatte sie Brötchen belegt und Kaffee gekocht, so dass sie nun Frühstück an der Baustelle servierte. Das wurde zwar erst in Anspruch genommen, als das Erdgeschoss stand, dennoch verputzten die Jungs ordentlich Material. Sie waren ein wirklich lustiger Haufen und hatten sogar noch Zeit und Nerven, um unsere Fragen zu beantworten. Geduldig, freundlich, fleißig, schnell. Die waren wirklich perfekt. Unsere einzige Aufgabe bestand wieder einmal darin, für das Catering zu sorgen und die vielen Zuschauer bei Laune zu halten: Ich weiß nicht, wie oft wir an diesem Tag die Top Ten der Fertighaus-FAQ runtergebetet haben. Generell haben wir aber viele freundliche Nachbarn kennengelernt.

Morgens um sechs angefangen, stand das Haus um sechs Uhr am Abend vor uns. Einziger Fehler: Man hatte die beiden Dachelemente mit den Dachfenstern gegeneinander vertauscht, weshalb diese dann spiegelverkehrt eingebaut waren und nicht mehr in die Raumaufteilung passten. Das fiel aber erst auf, als die Elemente schon vernagelt waren. Kein Problem, schließlich waren hier Zimmerleute am Werk: Mit Kettensäge, Hammer und Nägeln wurde der Fehler innerhalb einer Stunde korrigiert. Teilweise hatte man am Nachmittag sogar schon begonnen, das Dach einzudecken. Zwar waren wir anfangs von der tatsächlichen Größe des Hauses erschlagen, von innen war jedoch alles genau so, wie wir uns das vorgestellt hatten. Es ist einfach richtig gut, unser Haus. Natürlich ließ ich es mir nicht nehmen, mit den Jungs noch eine Kiste Bier anzubrechen. Das hätte ich lieber bleiben lassen sollen: Die konnten nicht nur essen, die konnten auch trinken. Ich wankte irgendwann gegen halb neun zu den Schwiegereltern zurück.

Wieder verloren

Donnerstag, 17. März

Projektdurchführung lenken und managen | Terminplan steuern | Qualitätssicherung durchführen

Der zweite Bautag. Heute ging es gegen 8 Uhr los. Als ich an der Baustelle eintraf, waren die Jungs schon wieder emsig bei der Arbeit und deckten das Dach ein, während drinnen schon Dämmung im Dach angebracht wurde. Auch der Elektriker nahm heute vor Ort seine Arbeit auf. Er ging mit mir alle Anschlüsse noch einmal durch, nahm Änderungen auf und machte sich an die Ausführung. Auch hier hatten wir es wieder mit einem aufgeschlossenen und hilfsbereiten Mann zu tun, der die um 16 Uhr eintreffenden Netzwerkjungs in Empfang nahm, sich mit ihnen austauschte und sie auf das Haus losließ. Auch hier lief also alles pünktlich und nach Plan! Gegen Mittag trafen der Bauleiter und kurz danach der Bezirksschornsteinfeger ein. Dieser hatte eine komplette Prüfkommission mitgebracht, da er einem jungen Nachwuchsschornsteinfeger die Meisterprüfung abnehmen wollte.

Während der Prüfling sich also redlich mühte, die technischen Rahmenbedingungen unseres Hauses herauszuarbeiten, und fragend in unseren Schornstein blickte, verschwanden der Bauleiter, der Bezirksschornsteinfeger, Nadja und ich in einem anderen Raum, denn der Prüfling sollte ja nicht hören, was der alte Hase schon auf den ersten Blick gesehen hatte. Es bestätigte sich eine Hoffnung: Es ist nicht erforderlich, eine 20 cm-Lücke neben dem Schornstein auszumauern. Das wäre Bauherrenleistung gewesen. Stattdessen erlaubt es der Brandschutz auch, diese Lücke mit Dämmwolle und Gipsplatten zu schließen. Dies wiederum, so der Bauleiter, würde der Richttrupp mit übernehmen. Klasse! Wieder Arbeit gespart, die eigentlich wir zu erledigen hätten. Damit war dann auch schon die Schornsteinrohbauabnahme erledigt. Ich habe keine Ahnung, ob der Prüfling bestanden hat. Beim »Kundengespräch« hat er den Mund zumindest kaum aufbekommen, und der Bauleiter hat ihm die Worte quasi in den Mund gelegt. Herr Marops ging mit uns dann noch den weiteren Bauablauf durch. Er machte uns darauf aufmerksam, was wir wo zu tun hätten und was wann geschehen würde, hielt alles in einem Protokoll fest und trank anschließend Kaffee mit uns. Böse Überraschungen gab es eigentlich nicht.

Lediglich die Tatsache, dass wir noch einmal etwas an unserem Fliesenkleber für die Badezimmer ändern müssen, könnte noch mal teurer werden: Aus Gewährleistungsgründen sollten Kleber, Dichtmaterial und Fuge im Bad von ein und demselben Hersteller genommen werden. Unterschiedliche Produkte lösten sich oft voneinander, erklärte er uns. Das scheint die Industrie übrigens absichtlich so einzufädeln. Wie auch immer, wir werden die Kleberbestellung sicherheitshalber anpassen müssen. Der zeitliche Ablauf entspricht jedoch weiterhin meiner Planung. Eine kleine Zusatzaufgabe hatte Herr Marops auch noch für mich: Ich sollte die Türen und Wände vermessen, um sicherzustellen, dass das Haus auch der Planung entsprach. Endlich! Meine Investition in ein Lasermessgerät im letzten Sommer hatte einen Sinn gehabt! Ich vermaß das Haus noch am selben Abend. Ergebnis: Die größte Abweichung, die ich im ganzen Haus entdecken konnte, betrug 3 mm. Und selbst das wird daran gelegen haben, dass ich den Laser schräg angehalten habe. Es liegt also alles im Toleranzbereich, möchte ich meinen. Faszinierend ...

Am Nachmittag konnte ich den Richttrupp noch davon überzeugen, ein kleines Richtfest mit uns zu veranstalten. Es gab nun also auch einen Richtspruch und ein Schnäpschen, so dass alles seine Ordnung hatte. Am Abend drückte ich meine Dankbarkeit gegenüber den Jungs dann wieder mit einem Bierchen aus. Ich verlor den Wettkampf abermals und wankte sturzbetrunken und frierend zu den Schwiegereltern, um ohne Umwege ins Bett zu fallen.

Klebende Gipsplatte entdeckt

Freitag, 18. März

Projektdurchführung lenken und managen

Eigentlich hatte ich mich fast gefreut: Der Richttrupp würde heute gegen 12 Uhr Feierabend machen. Das kam mir entgegen, denn irgendwie hatte mich eine Erkältung erwischt und es wurde zunehmend schwieriger, mich auf den Beinen zu halten. Leider hatte ich bei diesem Anflug der Erleichterung die Rechnung ohne den Wirt gemacht: Der Elektriker arbeitete von sieben bis sieben, dicht gefolgt von den Netzwerkjungs, die um 11 Uhr eintrafen und ebenfalls erst gegen sieben gingen. Auch ich musste vor Ort bleiben, denn es wurden immer mal wieder Fragen an mich gerichtet. Inzwischen hatte ich auch noch Blasen unter den Füßen, denn die letzten Tage hatten es in sich gehabt. Mir war schleierhaft, wie die Jungs das jeden Tag schafften, denn immerhin arbeiteten die noch wesentlich mehr als ich.
Der Richttrupp half mir glücklicherweise noch vor der Abreise bei einem wesentlichen Problem, vor dem ich hier stand: Das Wohnzimmer und die Küche mussten noch komplett von den Gipsplatten befreit werden, die hier auf einer Palette lagerten. Schließlich mussten hier am Tag darauf die 90 Gäste des Richtfestes Platz finden. Daher wurde nun eine Platte nach der anderen in das Gästezimmer getragen. Da wollte sich der Bauherr nicht lumpen lassen und mit anfassen. Nur leider schien jene Platte, die ich nehmen wollte, auf den anderen festgeklebt worden zu sein. Ich hob sie an, hochnehmen ging aber nicht. Kurz darauf kam ein Zimmermann vorbei,

schob mich mit verständnisvollem Blick zur Seite, nahm die Platte hoch und verschwand damit im Gästezimmer. »Nehmen die Hormone?«, dachte ich und schaute ungläubig, während die Elektriker vor sich hin kicherten. Naja, schieben wir es auf die Erkältung und auf die Blasen unter den Füßen. Ich wurde seitens des Richttrupps noch mit Licht und Verlängerungskabeln für das Richtfest ausgestattet, so dass ich nichts mehr besorgen musste. Zusätzlich haben die Jungs das Haus durchgefegt, so dass nun alles sauber war. Eine wirklich tolle Geste! Gegen Abend, der Elektriker war grade weg, stand dann plötzlich noch der Getränkelieferant vor der Tür, um schon einmal die bestellten Bierzeltgarnituren zu liefern. Tische und Bänke schleppen ... das rundete den Tag ab. Heute wankte ich also stocknüchtern zurück zu den Schwiegereltern und verschwand ebenso schnell wie tags zuvor im Bett.

Sight-Seeing am Richtfesttag

Samstag, 19. März

Stakeholder-einbindung managen

Mein erster Baumarathon würde sich heute seinem Ende nähern: Heute war Richtfesttag. Zunächst mal hieß das ausschlafen, denn der Getränkelieferant würde als erster Termin erst um 11 Uhr am Haus auftauchen, um die Getränke zu bringen. Nach einem ausgiebigen Frühstück und einer Menge Schlaf, kam ich heute also erst gegen halb zehn bei bestem Wetter und zweistelligen Temperaturen an der Baustelle an. Zu meiner Überraschung hatte sich der Elektriker ebenfalls entschieden, noch eine Schicht einzulegen und bis zum Beginn des Richtfestes zu arbeiten. »Sei´s drum«, dachte ich und begann mit meinen Vorbereitungen: Grills und Pavillon aufbauen, alle gefährlichen Kanten mit Flatterband markieren, noch mal durchfegen. Auch die Schwiegereltern und Nadja packten ordentlich mit an: Um das Catering musste ich mich quasi gar nicht kümmern, denn die Tische deckten sich förmlich von allein. Die Getränke kamen pünktlich, alles lief super.

Pünktlich um 14:30 Uhr kamen dann auch schon die ersten Gäste. Dicht gefolgt von den nächsten. Alle brachten tolle Geschenke mit, ein Umstand, an den wir nicht wirklich gedacht hatten, denn wir hatten keinen Gabentisch vorbereitet und improvisierten deshalb. Zwischendurch zog mich noch der Elektriker zur Seite. Ihm war aufgefallen, dass kein Massekabel für die SAT-Schüssel gelegt worden war. Ich bat ihn kurzerhand darum, dies in der kommenden Woche nachzuholen und falls nötig extra in Rechnung zu stellen. Währenddessen füllte sich das Haus jedoch in steigendem Tempo weiter. Ich konnte mir weder alle Namen merken, noch weiß ich, wie viele Menschen Nadja und ich durch das Haus geführt haben. Ich kam mir jedenfalls vor, wie ein Sight-Seeing-Führer und war schnell heiser.

Ein Highlight war jedoch Pommes-Willi. Allerdings überraschte er mich diesmal positiv: Er stellte sich vor! Hört, hört! »Isch bin der Willi«, sagte er und schüttelte mir die Hand. Nun wusste ich also, mit wem ich es zu tun hatte. Und der war auch noch freundlich! Sollte es etwa doch noch ein Happy End in unserer schwierigen Beziehung geben? Ich war gespannt. Der Tag verging und irgendjemand hatte die Schnapsflaschen entdeckt. Natürlich musste der Bauherr immer mittrinken. So trug es sich zu, dass der Schnaps gegen halb neun leer, das Fest vorüber und nur zwei Kisten Bier verbraucht waren. Trotzdem hatten alle bei strahlendem Sonnenschein Spaß gehabt. Heute entschied ich mich jedoch, dem Alkohol für den Rest meines Lebens zu entsagen. Das hielt ja keine Leber aus. Karussellfahrend fand ich mich irgendwann im Bett wieder, um meinen Rausch auszuschlafen.

Over & Out: Der Tag danach

Sonntag, 20. März

Projektdurchführung lenken und managen

Ist es nicht das Schönste, nach einem schnapsverseuchten Fest die Spuren desselbigen zu beseitigen? Platt getretene Bratwurst in Currysoßenkruste, Kuchen auf sektgetränktem Pappteller an Senfrand, Nudelsalat auf Baugerüst, befestigt mit getrocknetem Likör. Das sind alles keineswegs Kreationen einer Sterneküche, sondern Ergebnisse ausgelassener Stimmung. Ja, es ist in der Tat nicht das Schönste, nach einem schnapsverseuchten Fest die Spuren desselbigen zu beseitigen! Dennoch musste es getan werden. Auch die Bierbänke und die restlichen Getränke mussten wieder raus aus dem Haus, denn am Montag würde hier wieder gearbeitet werden. Das bedeutete schleppen, schleppen, schleppen. Alles mit einer Birne, die dem Essener Rathaus glich. Und für alle Nicht-Essener sei gesagt: Das Essener Rathaus ist »n ordentlicher Klopper«. Glücklicherweise waren Nadja und die Schwiegereltern mit helfender Hand zur Stelle. Zwischenzeitlich bedankten wir uns bei den Schwiegereltern noch mit einem Essen im Restaurant für ihre Hilfsbereitschaft. Den schwiegerelterlichen Zuspruch bei unserem Projekt können wir ohnehin nicht wieder gut machen. Da ist eine kleine Essenseinladung wohl das Mindeste. Dennoch kam ich erst gegen 18 Uhr wieder zu Hause in Essen an. Inzwischen war mir kalt und übel vor Müdigkeit. Over and out, das Bett rief!

Fürs Bauleiterprotokoll

Montag, 21. März

Projektdurchführung lenken und managen | Qualitätslenkung durchführen

Ich habe heute noch einmal mit Herrn Marops telefoniert, um einige Dinge zu klären: Ich hatte am Wochenende einen Riss im Sockel des Schornsteins entdeckt. Zwar scheint er nur oberflächlich zu sein, dennoch bat ich Herrn Marops, hier noch einen Blick zu riskieren. Herr Marops geht davon aus, dass es sich hier um einen Riss handelt, wie er bei Spannbeton häufig auftritt. Wir müssen uns an dieser Stelle keine Sorgen machen, wenngleich er es sich noch einmal anschaut. Ich habe ihn zusätzlich darüber informiert, dass wir einen 19'' Schlitz in die Innenwand des HWR gemacht haben. Hier sollen Netzwerkkomponenten in die Wand eingelassen werden. Er solle sich also nicht wundern, dass hier plötzlich ein Loch in der Wand sei. Der Abfluss der Badewanne schien mir zu weit rechtseitig zu liegen. Herr Marops erklärte, dass dies nur im Bodenelement so geregelt sei. Die Leitung werde von der Sanitärfirma verlängert und später an der richtigen Stelle aus dem Estrich herausgeführt. Die Rohbaufertigstellungsanzeige gibt die Möglichkeit, einen »Bauzustandsbericht« vom Bauamt anzufordern. Dies sei laut Herrn Marops aber nicht nötig und würde darüber hinaus Kosten verursachen. Protokoll beendet.

Hirn und Handwerk

Donnerstag, 24. März

Projektarbeit überwachen & steuern

Inzwischen habe ich meine Knochen wieder sortiert und gehe meinem Job im Büro nach. Die Baustelle ließ mich in den vergangenen Tagen dennoch nicht in Ruhe: Palim, palim: Gestern Abend klingelt das Telefon. Herr Marops war am anderen Ende der Leitung und berichtete, dass der Sanitärinstallateur Probleme mit den Duschanschlüssen gehabt habe. Laut Bemusterung waren mittige Duschabläufe geplant gewesen. Wir hingegen wollten Duschrinnen in direkter Nähe zur Wand verbauen. Zwar hatten wir dies bei der Bemusterung angesprochen, das Thema war aber mit der Aussage Herrn Teuffels »Das besprechen Sie dann vor Ort mit den Kollegen« schnell abgehakt. Darauf hatten wir uns verlassen. Nun saß jedenfalls ein Handwerker mit Fragezeichen in den Augen dort, wo einmal unsere Duschen entstehen sollte. Nur gut, dass wir Hirn bewiesen, die Duschrinnen bereits eingekauft und bei den Schwiegereltern eingelagert hatten. Auf diese Weise ließ sich Schwiegerpapa freundlicherweise per Telefon davon überzeugen, noch um 20:30 Uhr am Abend mit einer Duschrinne unter dem Arm in Richtung Baustelle zu laufen und einem Handwerker Erleuchtung zu verschaffen. Dieser wusste nun wohl, was zu tun war und konnte die Rohre entsprechend verbauen. Problem gelöst. »Wenn´s weiter nichts ist ...«, dachte ich und dankte Schwiegerpapa im Geiste für den ungeplanten Spaziergang, um mich bald darauf der Nacht hinzugeben.

Neuer Tag, neues Glück. Palim, palim schon am Morgen. Wer konnte es anderes sein als Herr Marops? »Herr Mette, wir haben hier ein Problem«, sagte er in ruhigem Ton. »Problem? Sie meinen eine Herausforderung!«, erwiderte ich zynisch. Er sagte mir, dass die Versorger eifrig dabei seien, unsere Leitungen ins Haus zu legen. Ich fand das gut, denn so hatte ich das beauftragt. Bis zu dieser Stelle fand Herr Marops das auch gut, denn es entsprach ja dem Zeitplan. Leider waren die Versorger jedoch der Ansicht, alle anstehenden Arbeiten in einem Schritt erledigen zu wollen. Dies brachte es mit sich, dass nicht nur eine schöne neue Stromleitung ins

Haus gelegt wurde, wie es ja geplant war, sondern dass auch die provisorische Baustromleitung, die unseren Baustromkasten versorgte, rückgebaut werden sollte. Dieses Detail zumindest war so nicht geplant gewesen. Das Ergebnis: ein Baustromkasten ohne Strom. Dies wiederum bedeutete eine Baustelle ohne Strom zu haben, was es mit sich brachte, dass auf der Baustelle nicht gebaut wurde. Blöd, wenn der Bauherr Dinge planen muss, von denen er keine Ahnung hat. Mein Hirn rotierte. Die spontane Idee, die neue Leitung sogleich in Betrieb zu nehmen, wurde von der Tatsache erschlagen, dass unsere Stromzähler zwar bereits bestellt, jedoch noch nicht angekommen waren. Keine Stromzähler, keine Stromentnahme. So einfach ist das. Mein Hirn rotierte weiter. Was konnte ich nun tun, um die Fehlplanung auszubügeln? Neue Idee: Baustromkasten ins Haus tragen und an die neue Leitung anschließen! Schließlich hatte der Baustromkasten ja einen eingebauten Stromzähler. Diesen Geistesblitz fand auch Herr Marops gut. Ich rief also kurzerhand Herrn Dorn an, der den Baustromkasten aufgestellt hatte, und bat ihn leise wimmernd um die angedachte Spontanaktion. »Herr Dorn, ich brauche Sie in dieser schweren Stunde ...«, leitete ich ein und erklärte mein Problem. Er lachte kurz und sagte zu, spätestens am Mittag an der Baustelle zu sein und den Job zu erledigen. In der Zwischenzeit, so schlug ich Herrn Marops anschließend vor, konnten sich die Handwerker per Kabeltrommel Strom bei den Nachbarn »erschnorren«, die mir bereits des Öfteren ihre Hilfe angeboten hatten. Das würde funktionieren, meinte auch Herr Marops. Weltmännisch lehnte ich mich zurück. Krisenintervention vom Schreibtisch aus! Problemlösung aus der Schaltzentrale der Macht! Mette »das Hirn« hatte die Erdrotation kurz angehalten, um das Schicksal erfolgreich in die Schranken zu weisen!

Palim, palim: Pünktlich zur Mittagspause bat Herr Dorn um die nächste telefonische Unterredung: »Herr Mette, ich bin jetzt an der Baustelle.«

»Herr Dorn, das ist ja wunderbar!«

»Herr Mette, es gibt hier ein Problem.«

»Herr Dorn, verwenden Sie bitte nicht das böse Wort!«

Kurz: Die Herausforderung lag nun in einem zu kurzen Kabel. Genau genommen konnte der Baustromkasten nicht im Haus stehen, da hier ja bald Fußbodenheizung und Estrich verlegt werden sollten. Das Kabel des Kastens war aber zu kurz, um es durch ein Fenster nach draußen zu verlegen. Ein längeres Kabel war nicht verfügbar und auch aus Sicherheitsgründen nicht die beste Wahl. Ich grübelte. Mein Hirn spuckte aber keine Lösung aus. Ich bat Herrn Dorn um etwas Geduld, rief Herrn Marops an und winselte bei ihm um Hilfe. Die Entscheidung, den Kasten dennoch ins Haus zu stellen, konnte ich nicht treffen. Schließlich war Herr Marops der Chef der Baustelle. Dass ich derjenige war, der die ganze Aktion bezahlte, zählte hier einfach mal nicht. Fürs Bauen war nun mal der Bauleiter zuständig. Da darf der Bauherr nicht reinfuhrwerken. Herr Marops hatte Verständnis und hierzu in seinem bekannt ruhigen Ton nur eins zu sagen: »Moment, ich ruf da jetzt an. Ich melde mich gleich zurück.« Er beendete unser Telefonat. Ich trocknete meine feuchten Handflächen, während ich auf mein Handy starrte. Was hatte Herr Marops vor? Wie würde er dieses große Rätsel der Menschheit lösen? Mit Materialien aus der Raumfahrt? Zunächst keinen Estrich im Hauswirtschaftsraum? Sowas würde doch nicht gehen. Ich grübelte, fand aber keine Lösung. Fünf Minuten später dann aber der erlösende Rückruf von Herrn Marops: »Herr Mette, Thema ist erledigt. Ich hab denen gesagt, die sollen das Ding an die Wand knallen. Ist mir jetzt egal, die Löcher werden eh zugeschmiert.« Er hatte den Kollegen vor Ort tatsächlich die Anweisung gegeben, dieses Monster von Baustromkasten irgendwie an die Wand zu hängen. Koste es, was es wolle. »Herr Marops, Hut ab«, sagte ich, »Manchmal muss man nicht die Welt anhalten, sondern einfach nur den Akkuschrauber anwerfen. Das nenne ich praktisch veranlagt. Einen Punkt fürs Handwerk!« Ich lehnte mich wieder zurück. Die Baustelle hatte Strom, die Handwerker arbeiteten. Alles lief wieder wie geschmiert.

Die Ruhe währte bis um ca. 19 Uhr. Palim, palim! Herr Marops war an der Leitung. »Herr Marops, ich dachte Sie haben schon längst Feierabend gemacht«, witzelte ich. »Hab ich auch, ich fahre grad nach Hause«, sagte er. »Wollen Sie nun eine Gutenachtgeschichte von mir hören?«, legte ich nach. »Nee, aber ich habe eine für Sie!«

Kurze Stille. An dieser Stelle wurde mir klar, dass der Rest des Tages nicht ganz unproblematisch verlaufen sein konnte: Zunächst fragte er mich, warum eines der beiden Leerrohre, die Strom, TV- und Datenleitungen in die spätere Garage führen sollten, noch immer leer sei. Ich erklärte, dass der Elektriker hier noch ein Stromkabel durchführen wollte. Die TV- und Datenleitungen lägen ja bereits in einem der Rohre. Herr Marops klärte mich jedoch darüber auf, dass das Stromkabel ebenfalls bereits verlegt worden sei. Allerdings im selben Rohr, wie die Datenleitungen. »Oh nein, der Supergau!«, dachte ich. Das durfte nicht sein! Würde Strom auf dieser Leitung sein, könnte es zu Magnetfeldern kommen, die den Fernsehempfang stören konnten. HD mit Schnee? Das durfte nicht passieren! Nicht in Mette-Castle! Genau deshalb hatte ich zwei Leerrohre legen lassen. So nicht! Nicht in unserem endgültigen Zuhause! Nicht der Fernsehempfang! »Nehmt mir die Heizung und den Kühlschrank, aber nicht die Glotze!«, entsandte ich einen stummen und verzweifelten Schrei in meine Körpermitte. Ich intervenierte: »Herr Marops, das können wir so nicht machen. Da muss der Elektriker halt noch mal kommen, das Kabel abklemmen, in das andere Rohr legen und wieder anklemmen. Und das alles, bevor der Estrich kommt! Das muss jetzt ratzfatz gehen, sonst kann da kein Estrich rein. Wenn ich nämlich später Schnee im Fernsehbild habe, werden wir alle nicht mehr glücklich.«

So, nun hatte der Bauherr mal die Maske fallen lassen. Da verstand er keinen Spaß, da hat er Anweisungen erteilt, gezeigt wer hier bezahlt. Ich sah schon wieder zeitliche Engpässe auf uns zukommen und fühlte mich sichtlich wohl damit, auch mal zu sagen, wo es lang gehe. Schließlich musste der Elektriker erst wieder anreisen. Nach kurzer schöpferischer Stille war Herr Marops wieder dran. Er war noch immer locker. Gar nicht beeindruckt. Ganz entspannt antwortete er: »Wieso? Ich hab das Kabel einfach rausgezogen und ins andere Rohr gestopft. Warum soll der denn da was abklemmen?« Was hatte er gemeint? Ich warf das Hirn an. Logisches Denken überdeckte nun die Angst um mein Fernsehbild. Dann ging mir ein Licht auf: »Stimmt«, sagte ich widerwillig, »An der anderen Seite hängt ja noch nichts dran. Da ist abklemmen wohl ziemlich witzlos.« Manchmal muss man eben einfach, einfach denken. Wie peinlich für mich. Wie erheiternd für Herrn Marops. Wieder ein Punkt fürs Handwerk. Herr Marops ging nicht weiter auf die mir sichtlich peinliche Situation ein und kam zum Thema Fußbodenheizung in der Dusche. Zwar waren wir uns ja einig gewesen, dieses kleine Luxusmerkmal zu realisieren, jedoch sollte es durch die Fehlplanung der Duschabläufe und die daraus resultierende zusätzliche Verrohrung nun doch schwierig werden: Es sei nun schlicht kein Platz mehr, die Heizschlangen sinnvoll im Bereich der Dusche zu verlegen. Der Sanitärspezialist habe sich bereits das Hirn zermartert, um das Vorhaben doch noch durchzusetzen. Dies sei aber nur mit Pfusch am Bau möglich. Eine einzelne, ungleichmäßig verlegte Heizschlange in der Dusche bringe halt wenig Wärme an den Fuß. Hier stieg kurz ein wenig Wut in mir hoch. Ich hatte das Thema doch extra bei der Bemusterung angesprochen. Sogar einen Katalog zur Duschablaufrinne hatte ich mitgebracht, um alles sauber zu planen. Nun würde es doch nicht klappen. Das war ärgerlich. Ich schluckte den Ärger runter, denn Herr Marops konnte ja nun auch nichts dafür. Ich erklärte mich damit einverstanden, die Duschen nicht mit Fußbodenheizung auszustatten. Das war schon noch ein Dämpfer am Abend, aber es gibt bekanntlich schlimmere Katastrophen. Wir halten fest: Momentan hat das Handwerk gegenüber dem Projektplanerhirn an der Baustelle klar die Nase vorn.

Ofen explodiert

Projektarbeit überwachen & steuern | Risiken überwachen und steuern

Montag, 28. März

Der Tag hätte so schön sein können. Der Frühling ist endlich da. Das Thermometer bescheinigt zweistellige Temperaturen und die Sonne lacht. Am vergangenen Wochenende habe ich die ersten kleinen Blutstropfen im neuen Haus vergossen, während ich die Einschalungen für die Duschen gebaut habe und mich eine Markenschraube »gebissen« hat. Was für ein befreiendes Gefühl! Danke Schraube! Du erinnerst mich daran, dass ich lebendig bin. Bauen ohne »Autsch« wäre doch nur halb so männlich. Der Geruch von frisch gesägtem, von der Kreissäge angesengtem Holz. Dreck unter den Fingernägeln. Krawatte und Anzug vergessen. Endlich durfte ich wieder männlich sein! Während ich also todesmutig mit der Schraube rang, kam Herr Bertel vom Küchenstudio im samstäglichen Sonntagsanzug zum zuvor verabredeten Besuch. Konkret kam er, um die Küche zu vermessen, denn er wollte sicherstellen, dass die zehn Monate zuvor geplante Küche auch ins nun reale Haus passen würde. Das Ganze dauerte nur einige Minuten. Danach gab er seine Verwunderung über die millimetergenaue Realisierung der Planung zum Ausdruck: Das habe er selten erlebt. Es sei keine Änderung an der Küchenplanung notwendig. »Sag ich doch!«, erwiderte ich mit Stolz auf die Jungs von FingerHaus.

Heute, wieder in Anzug und Krawatte gehüllt und die mühsam wiederentdeckte Männlichkeit abgestellt, machte es jedoch »palim, palim«. Ein anonymer Anrufer, so sagte mir mein Handy. Das konnte nur Ärger am Bau bedeuten. Ich hob ab. Es war Herr Bertel. Mir war sofort klar, dass eine außerplanmäßige Rückmeldung seinerseits definitiv Ärger beim Küchenbau bedeuten musste. Ich glaubte darüber hinaus sofort zu wissen, wo der Hase im Pfeffer liegen würde:

»Bertel hier, hallo Herr Mette. Herr Mette, es geht um Ihre Küche.«

»Hallo Herr Bertel, sagen Sie nichts. Ich versuche, Ihre Gedanken zu lesen ...«

»Ähm, was? Ich verstehe nicht ...?!«

»Herr Bertel, ich werde Ihnen sagen, was Sie mir sagen möchten. Sagen Sie einfach nichts. Momentchen ...«

»Ähm ..?! Na gut ...«

»Herr Bertel ... ich sehe braun ... ich sehe Holz ... ich sehe es jetzt ganz deutlich ... Herr Bertel, Sie möchten mir sagen, dass unsere Arbeitsplatten in »Noche« nicht mehr lieferbar sind. Wir müssen daher zu Ihnen kommen, um uns Neue auszusuchen, richtig?«

»Herr Mette .... ähm ... ja ... also ... fast .... Mein Gott, aber ... woher wissen Sie das?«

Ich konnte seinen Blick quasi durch das Telefon sehen. Er schaute, als hätte ich soeben den Duschvorhang zur Seite gezogen, während er nichtsahnend die Morgendusche nahm.

»Herr Bertel, keine Angst. Ich habe Ihrer Seele keine weiteren Geheimnisse entlockt. All Ihre dunklen Gedanken sind sicher vor mir. Es ist ganz einfach: Als wir im letzten Jahr die Küche bestellten, sagten Sie uns bereits, dass »Noche« ein Auslaufmodell sei. Wir hatten deshalb vereinbart, dass wir die Küche sogleich bestellen und einlagern würden, um nicht der Gefahr zu erliegen, kein »Noche« mehr zu bekommen. Als Sie eben anriefen war mir irgendwie sofort klar, dass unsere Küche eben nicht wie vereinbart bestellt worden ist. Kein »Noche« für Familie Mette. Das ist ein Punkt, der in Bezug auf das Gewerk Küche in meiner Risikotabelle steht. Und als Vermeidungsstrategie steht da: frühzeitiges Bestellen durch Herrn Bertel. Blöderweise habe ich mich darauf verlassen und Ihr Tun nicht weiter kontrolliert.«

»Ja, Herr Mette. Da haben Sie wohl Recht. Das ist in der Tat dumm gelaufen. Ich versuche noch einen Restposten zu ergattern, aber ich kann Ihnen nichts versprechen.«

»Herr Bertel, ganz ehrlich: Das ist großer Mist, weil wir ja genau diesen Fall vorausgesehen haben. Nur deshalb haben wir als Kunde so früh bei Ihnen bestellt. Aber: Es ist, wie es ist. Jetzt müssen wir halt schauen, wie wir die Kuh vom Eis bekommen. Es wird sich ja was Ähnliches finden, das nun neu im Programm ist.«

»Ja, ganz bestimmt. Da gibt es schon was. »Splinteiche« wäre schön, habe ich schon gesehen. Da ist aber noch was, Herr Mette ...«

»Nee, ne?«

»Doch: Dem Hersteller Ihrer Keramikspüle ist der Ofen explodiert. Die können also momentan auch nicht liefern, weil sie nichts produzieren können. Da muss ich auch etwas anderes heraussuchen.«

»So lange es nicht teurer wird, die gleiche Farbe hat und nanobeschichtet ist, sind wir für alles offen.«

»Ja, ich schaue mal. Ich kann noch nichts sagen. Ich wollte Sie nur frühzeitig informieren und melde mich, sobald ich Genaueres weiß.«

Nach einigem Freundlichkeits-Smalltalk beendeten wir das Gespräch. Das war einer dieser Anrufe, die mich besonders ärgern. Gegen ein frühzeitig identifiziertes Problem sollten Maßnahmen eingeleitet werden. Aufgrund von Schlampigkeit passiert dann aber nichts und das Problem tritt exakt gemäß der Voraussagen ein, so dass wir vermutlich nun wieder zum Küchenstudio reisen dürfen. Zumindest um ein Spülbecken eines Spülbeckenherstellers auszusuchen, der nicht mit TNT in seinem Ofen experimentiert und auch keine Spülbecken mit Hilfe der Kernspaltung produziert. So etwas muss doch nun wirklich nicht sein. Das sind Dinge, die wir während der Bauphase explizit nicht tun wollten, weil sie einfach Zeit und Nerven kosten. Deshalb sind wir ein Jahr zuvor durch die Weltgeschichte gefahren, um alles entspannt zu bestellen. Ich werde jedoch keinen weiteren Ärger machen. Zum einen bringt das nichts, zum anderen haben wir die Küche aufgrund der guten Beziehungen von Nadjas Familie zum Besitzer des Küchenstudios unschlagbar günstig bekommen. Weitere Forderungen möchte ich also nicht stellen, sofern nichts wirklich Weltbewegendes schief läuft. Und momentan haben wir in Sachen Küche noch genug Zeit für solche »Unfälle«. Inwieweit das mit dem explodierten Ofen stimmt, will ich deshalb lieber gar nicht nachprüfen.

Ausgesperrt und zugeschaut

Freitag, 01. April

Es war erstaunlich still in den letzten Tagen. Kein »palim, palim«, keine Katastrophen. Zwischenzeitlich sind die Auftragsbestätigung für die Küche, die »Schornsteinrohbauabnahme« vom Bezirksschornsteinfeger und die Bescheinigung der Einhaltung der Trauf- und Firsthöhen seitens Finger-Haus eingegangen. Letztere beiden habe ich sogleich in Kopie an die Bauaufsicht weitergeleitet, um unseren Pflichten gemäß der Baugenehmigung nachzukommen. Dass auch die eine oder andere kleinere Rechnung im Briefkasten lag, versteht sich von selbst. Auch die Nachfinanzierung ist inzwischen genehmigt und das Budget befindet sich unter dem Strich im grünen Bereich. Genug Zeit, über den Bau der Terrasse zu sinnieren.

Währenddessen, so der Cappenberger Spähtrupp, ist im Haus die Fußbodenheizung verlegt worden. Am Donnerstag kam dann Estrich darüber, der nun entspannt vor sich hin trocknet. Zu dumm, dass wir nun ausgesperrt sind: Nachdem ich Herrn Marops angerufen habe um mich zu erkundigen, wann der Estrich begehbar ist und wie nun zu lüften sei, sagte er mir, dass wir erst wieder am Sonntag ins Haus könnten. Schade, denn wir werden am Samstag vor Ort sein, um noch einige kleinere Arbeiten im Außenbereich zu erledigen. Nun ja, es ist ja auch mal ganz nett, sein Haus von außen zu betrachten. Ab Sonntag werden uns dann Schwiegermama und -papa für die kommenden zwei bis drei Wochen beim täglichen Lüftritual unterstützen: Der Estrich entwickelt durch chemische Reaktionen bei der Trocknung Eigenwärme. Hierdurch bildet sich ein nahezu tropisches Klima mit hoher Luftfeuchtigkeit im Haus. Zwei Mal täglich werden deshalb alle Fenster im Haus für 15-20 Minuten weit geöffnet, um die entstehende Feuchtigkeit aus dem Haus zu bringen. Sich niederschlagende Feuchtigkeit an den Fenstern selbst wird mit Tüchern aufgenommen. Nach der ersten Woche wird zusätzlich geheizt, um den Prozess zu beschleunigen. Nach insgesamt drei Wochen sollte dann alles über die Bühne sein. Innerhalb des Hauses stehen die Arbeiten daher erst einmal still. Die Wände können ohnehin erst dann gespachtelt werden, wenn sich die Feuchtigkeit verzogen hat, denn andernfalls würden die mit Gips gespachtelten Bereiche brüchig werden. Bis zu diesem Zeitpunkt schauen wir dem Estrich also erst einmal beim Trocknen zu. Vielleicht geht es aber im Außenbereich weiter: Der Bauleiter wird mir in Kürze mitteilen, wann die Jungs mit dem Außenputz beginnen. Sobald dies erledigt ist, wird das Baugerüst entfernt. Zu diesem Zeitpunkt kann ich den Tiefbauer damit beauftragen, die unterirdischen Regenwasserleitungen zu legen. Ist dies erledigt, kann die Garage gebaut werden. Parallel werde ich mit Papa beginnen, die Terrasse zu bauen. Es hängt nun also erst einmal alles am Termin für den Außenputz. Hoffentlich kommt die Information in Kürze ...

Weihnachten im Frühling und der Weg zum Licht

Samstag, 02. April

Projektarbeit überwachen & steuern

Strahlender Sonnenschein, 25°C. Da freut sich der Estrich beim Trocknen, da müssen Bauherr und Baufrau nicht ins Haus. Stattdessen drückt man sich die Nase an den Fenstern platt, um doch wenigstens einen kleinen Blick auf die Neuerungen im Haus zu erhaschen. Es sieht wieder deutlich wohnlicher aus, so mit Boden im Haus. Viel mehr lässt sich aber noch nicht sagen. Für die kommenden Tage ist Regen vorausgesagt worden. Es ist also höchste Eisenbahn gewesen, um provisorische Regenrohre an die Fallrohre des Hauses anzubringen, die das Regenwasser vom Haus wegleiten sollen, damit die Bodenplatte nicht irgendwann in einem See steht. Nachdem ich mich gefragt hatte, wie ich Gefälle in ein Rohr bekommen sollte, dessen Anschlusspunkt am Boden liegt, fing ich zunächst an zu graben. Schnell war mir aber klar, dass Wasser nicht aufwärts fließen wird und mir deshalb das Graben am Anschlusspunkt nichts bringen würde. Problem! Grübeln ... Idee: Die unteren 40 cm des Fallrohrs ließen sich ganz einfach abschrauben, die provisorischen Rohre entsprechend höher ansetzen. Das LEGO-Basteln in der Kindheit hatte also doch seinen Sinn gehabt. Der Job war also recht schnell erledigt. Blieb noch das Thema Weihnachten. Weihnachten? Mitten im Frühling? Ja, Weihnachten! Mitten im Frühling! Die Nachbarn, die Ehefrau, die Schwiegereltern, der Bauleiter ... alle wandten sie sich in den letzten Wochen grinsend von mir ab, wenn ich mit diesem Thema um die Ecke kam. Eigentlich ging es doch nur darum, Haken an den Dachbalken zu befestigen. Diese Haken sollten später einmal dazu dienen, die Weihnachtsbeleuchtung zu halten und sie mit Hilfe einer langen Stange oder etwas ähnlichem am Dach befestigen zu können. Was bitte ist daran so bescheuert? Ich meine, momentan steht noch ein Baugerüst vor dem Haus. Man kann in Ruhe messen, vorbohren und Edelstahlhaken eindrehen. Alles schön grade und ordentlich. Sich in der Winterzeit mit einer Sech-Meter-Leiter in Richtung Dach zu begeben, wäre da doch wesentlich unangenehmer. Ich tat also, was ich tun musste. Ich bereitete die Weihnachtsbeleuchtungsbefestigungsvorbereitung vor. Und es war gut, dass ich die Weihnachtsbeleuchtungsbefestigungsvorbereitung vorbereitete, denn selbst wenn da dieses Baugerüst stand, habe ich noch genug Punkte für Haken gefunden, die abenteuerliche Verrenkungen in abenteuerlichen Höhen erforderten. Auf einer Leiter hätte ich das nicht tun wollen. Es sind diese Momente, in denen man nach unten schaut, erkennt, dass sich unter einem keinerlei Baugerüst mehr befindet und sich denkt: »Entspannt durchatmen, es kann nichts passieren. Entspannt bleiben. UND JETZT VERDAMMT NOCH MAL NUR NICHT LOSLASSEN!!!!!! Entspannt bleiben. Wie zur Hölle komme ich wieder zurück zum Gerüst? Erst mal entspannt bleiben.« Schlussendlich lebe ich aber noch und alle Haken sitzen.

Liebe Familie, lieber Bauleiter, ihr werdet euch an Weihnachten schon noch wundern, wenn die ersten Rentner auf der Suche nach dem Ende des Tunnels zum Jenseits gradewegs in Richtung Licht laufen!

Eine erfolgreiche Woche

Freitag, 08. April

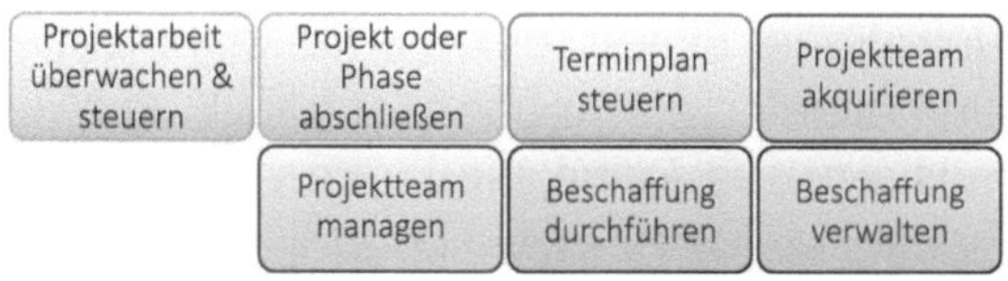

Eine ereignisreiche Woche neigt sich dem Ende zu. Zwar war ich nicht einmal an der Baustelle, jedoch habe ich mal wieder einiges vom Schreibtisch aus organisiert: Irgendwie erwartet man es ja. Dran glauben will man aber auch nicht so ohne weiteres. FingerHaus hält den Zeitplan für den Innenausbau tatsächlich voll ein. So werde ich mich am kommenden Montagmorgen mit dem Elektriker vor Ort treffen, um die Elektroinstallation abzunehmen. Abnehmen heißt in diesem Fall jedoch lediglich mit ihm zu verifizieren, dass auch alle notwendigen Steckdosen und Schalter gesetzt wurden. Für selbigen Termin habe ich mich auch mit Malermeister Brosig verabredet. Er soll Gelegenheit bekommen, sich den Ort des Geschehens schon einmal anzusehen. Wie ein Geschenk des Himmels rief heute dann auch noch das Unternehmen an, das den Blower-Door-Test, also die Dichtigkeitsprüfung des Hauses, durchführen wird: Sie kommen am Montagmorgen! Wenn das nicht passt ... Die Einhaltung des Zeitplans bringt es

auch mit sich, dass unsere Eigenleistung früher beginnen kann, als ich das gedacht hätte. Zu dumm nur, dass die Materiallieferung erst am 2. Mai kommen soll. Ich habe deshalb zunächst mit Herrn Marops telefoniert, um zu klären, wann wir das Material ins Haus stellen können. Danach habe ich im Baumarkt angerufen, um den Liefertermin entsprechend vorzuverlegen. Die Summe aller Anrufe hat ergeben, dass die Lieferung nun am Abend des 21.04. ins Haus kommt. Nur leider nicht durch den Lieferanten. Dieser lädt alles lediglich vor dem Haus ab, so dass ich einen Aufruf an viele Freunde und Bekannte geschickt und um Hilfe beim Hineintragen gebeten habe. Bei insgesamt ca. fünf bis sechs Tonnen Material ist Hilfe jedenfalls dringend notwendig. Tags zuvor bin ich mit Papa noch einmal zum Baumarkt gefahren, um die Bestellung zu ändern. Der Bauleiter hatte uns ja empfohlen in den Badezimmern Fliesenkleber, Fugenmaterial und Dichtmittel aus einer einzigen Produktlinie eines einzigen Herstellers zu nehmen, um chemische »Inkompatibilitäten« zu vermeiden. Insbesondere in den Badezimmern sei dies ratsam, um Wasserschäden zu vermeiden. Zwar hat diese Änderung noch einmal 140 € mehr gekostet, ein Wasserschaden wäre jedoch wohl erheblich teurer. Sicher ist also sicher.
Zusätzlich haben wir der Lieferung auch noch sämtliches Material für die Unterkonstruktion der Terrasse hinzugefügt. Schließlich zahlen wir die einmalige Liefergebühr ohnehin, die Lieferung kommt früher und wir müssen uns keine Gedanken mehr um den Transport der langen Holzbalken machen. Inzwischen ließ sich sogar das Thema »Laminat« klären. Wie wir vor kurzem erfahren haben, hatte man nämlich irgendwie meine Bestellung für das Laminat in der Diele entgegengenommen, ohne jedoch genug davon auf Lager zu haben. Zwei Wochen Ratlosigkeit haben sich aber nun aufgelöst: Der Hersteller kann noch einen Restposten liefern. So hatte der Baumarktbesuch wieder etwas Befreiendes: Das Thema Materiallieferung ist abgehakt, wir müssen es nur noch entgegennehmen. Um auch beim Entgegennehmen zu viel Stress zu vermeiden, werde ich am Samstag noch einmal in den Baumarkt fahren, um die großen Posten vorab zu bezahlen. Somit muss ich nicht mit einer großen Geldmenge in der Tasche an der Baustelle stehen und die Zahlung mit dem Fahrer ausklamüsern.

Die Ratlosigkeit hat sich auch bei einem Anruf im Küchenstudio gelegt: »Noche« ist ebenfalls als Restposten lieferbar und der explodierte Ofen des Spülenherstellers wird bis Mitte Mai wieder arbeiten. Unsere komplette Küche kann daher am 03. Juni geliefert werden. Das liegt gute vier Wochen vor dem derzeit angepeilten Einzugstermin und gute zwei Wochen nach der aktuell geplanten Beendigung der Fliesen- und Malerarbeiten. Pufferzeit gibt es also auch hier in beide Richtungen. Auch eine meiner größten Sorgen hat sich deutlich geschmälert: Der Auszug aus der alten Wohnung. Schon vor zwei Wochen habe ich unsere Kündigung zum 01.08. an den Vermieter geschickt. Im gleichen Schreiben habe ich um den Dialog zu einer »flexiblen« Lösung gebeten und unsere derzeitige Situation erläutert. Momentan sehe es nach einem Auszugstermin Mitte/Ende Juni aus, sicherheitshalber wollten wir uns aber die August-Option wahren.

Ein Treffer ins Schwarze: Der Vermieter hat die Kündigung zu Ende Juni bestätigt, uns gleichzeitig aber die Option der Verlängerung auf Ende Juli eingeräumt. Bei einer Vorabnahme der Wohnung am gestrigen Donnerstag hat sich dann zusätzlich ergeben, dass wir lediglich die Wände der Diele weiß grundieren sowie die Bodenbeläge entfernen müssen, bevor wir ausziehen. Perfekt! Wenig Arbeit beim Umzug. Selbst die Sache mit der Diele wäre hinfällig, sofern die Elektrik in der Wohnung nach unserem Auszug erneuert werden würde. Dies würde man in den kommenden Tagen entscheiden. Wie die Entscheidung auch ausfällt, wir können sehr glücklich sein: Wir haben wieder mal genug Pufferzeit, sollten wir nicht wie geplant umziehen können und müssen wenig in der alten Wohnung herrichten. Die Taktik, die Wohnung ein Jahr zuvor frisch renoviert zu haben, hat voll gegriffen! Eigentlich muss ich mich nun nur noch darum kümmern, unser altes Kücheninventar pünktlich zu verkaufen.

Natürlich war das nicht alles, was in dieser Woche organisiert werden konnte: Der nette Herr Jesse von der freiwilligen Feuerwehr Cappenbergs kann nämlich nicht nur Wassertanks befüllen, nein, er arbeitet auch noch für ein ortsansässiges Garten-Landschaftsbauunternehmen. Das flüsterten mir jüngst die Stimmen Cappenbergs. Schlagartig wurde mir auch klar, warum er mich bei der Tankauffüllungsaktion der Feuerwehr darauf hingewiesen hatte, dass ich ihn kontaktieren könne, wenn ich mal Hilfe bei der Gartengestaltung bräuchte. Schlagartig wurde mir auch klar, dass die prall gefüllten Bierkästen, die ich der Feuerwehr gespendet hatte, sich nun wieder auszahlen könnten. Ich hatte kürzlich mit Herrn Marops abgesprochen, dass ich Rasen aussähen könnte. Hierzu brauchte ich allerdings noch jemanden, der das Grundstück entsprechend einebnen und walzen konnte. Schließlich möchte ich ja später eine Rasenfläche und keinen Acker haben. Ich rief also umgehend Herrn Jesse, mit dem Hinweis auf sein Hilfsangebot während der Tankbefüllung an. Bingo! Das war genau der richtige Zeitpunkt! Er wird in der kommenden Woche ohnehin in einem Nachbargarten baggern, so dass er anschließend einfach quer über die Straße auf unser Grundstück fährt. Das reduziert die Anfahrtskosten schon mal gegen null! Zusätzlich stellt er mir eine Walze zur Verfügung, so dass ich diesen Part und die Aussaat in Eigenleistung erbringen kann. Das macht die provisorische Gartengestaltung sehr, sehr günstig. Ich möchte sagen, ich hatte eine erfolgreiche Woche!

Projektteam akquirieren

»Projektteam akquirieren« umfasst alle Aktivitäten zur Beschaffung geeigneter Mitarbeiter zur Erfüllung der Projektziele. An dieser Stelle zeigt sich das insbesondere am Engagement von Herrn Jesse. Faktisch ist der Prozessschritt aber schon viel früher zum Einsatz gekommen, nämlich immer dann, wenn wir Dienstleister, Freunde oder Verwandte für unsere Sache gewonnen haben. Auch FingerHaus als Generalunternehmer hat diesen Prozess für uns durchgeführt, als die passenden Mitarbeiter für unser Bauvorhaben ausgewählt wurden. Dieser Vorgang war für uns als Kunden jedoch nicht sichtbar.

Katastrophen und Unfähigkeit

Samstag, 09. April

Projektdurchführung lenken und managen | Beschaffung verwalten | Persönlichkeit beweisen

Schönstes Wetter am Wochenende. Während wir mit Marie im Grünen spielten und an nichts Böses dachten, machte es »Palim, palim«. Herr Marops am Wochenende? Tatsache, der Mann arbeitete offenbar auch samstags. Seine Nachrichten waren allerdings nicht die besten, denn er hatte mit Herrn Götze, dem Elektriker, gesprochen. Da dieser noch nicht fertig sei, könne man den Blower-Door-Test nicht starten, denn die Löcher in der Wand seien ja noch nicht komplett dicht. Erst am Dienstag würde dieser Bauabschnitt erledigt sein, der Test also erst danach stattfinden können. Bis zu diesem Punkt war ich locker. Schließlich haben wir ja noch genug Zeit. Leider, fuhr Herr Marops fort, habe man aber auch entdeckt, dass die Netzwerkjungs die falsche Membran der winddichten Dosen verwendet hatten. Diese war lediglich für dickere Kabel gedacht. Die dünnen Netzwerkkabel in der großen Membran konnten dagegen zu Undichtigkeiten führen. Obendrein könne man nun nicht einfach das Kabel durch eine andere Membran stecken, da die große ja schon beschädigt sei. Demnach müssten alle Dosen ausgetauscht werden. Hatte er das grad wirklich gesagt? Er hatte es gesagt. Das bedeutete – und das schob er sogleich hinterher –, dass die Netzwerkjungs am Dienstag anrücken mussten, um den Austausch zu bewerkstelligen. Und heute hatten wir Samstag!!!!

Nun ging meine persönliche Odyssee los: Ich rief die Netzwerkjungs an. Glücklicherweise erreichte ich jemanden, um die Katastrophe zu verkünden. Dann rief ich den Elektriker an, um die Katastrophe zu koordinieren. Dieser wollte die Netzwerkjungs zeitgleich mit seinen Mitarbeitern vor Ort haben. Ich rief also wieder die Netzwerkjungs an. Diese wollten versuchen, zeitgleich vor Ort zu sein, vermissten aber noch Material, dass sie an der Baustelle gelassen hatten. Ich rief den Elektriker an, fragte nach Material. Dieser hatte keine Ahnung, wollte aber selbst welches zur Verfügung stellen. Ich rief die Netzwerkjungs an, verbreitete die frohe Kunde, gab die Telefonnummer des Elektrikers weiter. Ich rief den Bauleiter an, gab Entwarnung. Ich rief den Elektriker an, um ihm zu sagen, dass der Bauleiter Bescheid wisse. Ich dachte kurz über die kommende Telefonrechnung nach, erkannte kurz darauf, dass ich am kommenden frühen Montagmorgen nur noch wegen des Malermeistertermins zur Baustelle fahren würde und war sogleich frustriert. »Ein halber Arbeitstag für eine Besprechung mit dem Malermeister futsch. Mist«, dachte ich.

Ich spielte weiter mit Marie. Kurz darauf saßen wir neuen Mutes dann auch schon wieder im Auto, um zum Baumarkt zu fahren. Geplant war, das bestellte Material für den Innenausbau unseres neuen Heims zu bezahlen und die koordinierte Lieferung aller Bestellungen aus den verschiedenen Abteilungen sicherzustellen. Eigentlich eine Sache von Minuten, denn wir hatten ja einen für uns zuständigen Ansprechpartner, der sich einige Wochen zuvor angeboten hatte, alles zu koordinieren. Das dachte ich zumindest. Letzten Endes durften wir die Koordination dann doch selbst übernehmen, denn von seiner Rolle als Koordinator wusste der geschätzte Verkäufer nun nichts mehr. Es war ja auch Samstag. Um ehrlich zu sein, wollte ich in seiner Haut auch nicht stecken: Im Sparwahn vollkommen unterbesetzt, kämpfte man hier gegen den Kundenansturm. Das tat man übrigens auch unter der Woche. Somit liefen wir also bei schönstem Wetter zweieinhalb Stunden lang durch den Baumarkt, um allen Abteilungen klar zu machen, wann unser Material geliefert werden sollte. Warteschlangen an jedem Infostand jeder Abteilung inklusive, denn wie gesagt: Auch an einem Samstag laufen ja nur zwei Mitarbeiter pro Abteilung für gefühlte 80.000 Kunden umher. »Moment, ich bin gleich bei Ihnen. Ich hab da drüben aber grad noch Kundschaft«, war deshalb der meistgehörte Satz des Tages. Der blanke Horror. Am Ende unserer Reise durch den Baumarkt wurde dann sogar eine Kasse für uns geschlossen, denn die Einzelpositionen mussten natürlich auch einzeln bezahlt werden. Die Zusammenfassung der Einzelbestellungen auf nur einer Rechnung konnte aus mir unersichtlichen Gründen nicht bewerkstelligt werden. Zumindest war das die Meinung der vollkommen überforderten Kassiererin, die bald darauf ein Expertenteam um sich scharte. Klein Marie protestierte lauthals, Nadja litt unter Maries Protest und April-Grippe. Ich selbst nahm all diese Eindrücke wahr und stand kurz vor dem Amoklauf. Während ich noch Ausschau nach einer Hilti hielt, mit der ich mich bewaffnen wollte, wurde ich jedoch von der pöbelnden Meute aufgehalten, die just in diesem Moment realisierte, dass wir eine Kasse allein blockierten. Peinlich berührt drehte ich mich doch wieder in Richtung Kasse. Diese wurde sogleich zum Spieltisch im Kasino: 500 Euro für die Spielbank, 43 Euro zurück an den Herrn mit dem genervten Gesichtsausdruck. Rien ne va plus. Nächste Runde: 2.000 Euro an die Bank, 2,79 Euro zurück an den Herrn mit dem genervten Gesichtsausdruck und dem versagenden Deo. Rien ne va plus ... und so weiter und so weiter. Bis alles bezahlt war. Der geneigte Leser fragt sich nun: »Warum zahlt der Typ denn die Lieferung nicht auf Rechnung? Ist doch viel einfacher.« Die Antwort: Richtig, das wäre einfacher. Der Baumarkt ist dazu nur leider nicht in der Lage. Man sei ja ein Einzelhandelsunternehmen. Auf Rechnung kaufen sei daher nicht vorgesehen. Auch dann nicht, wenn man richtig viel Kohle in diesem verf... Baumarkt lassen möchte. Auch dann nicht, wenn man alles aus einer Hand haben möchte. Auch dann nicht, wenn man eine Kundenkarte hat. Auch dann nicht, wenn man vor Lieferung zahlt. »Warum zahlt der nicht mit Karte?« Die Antwort: geht nicht. So große Beträge überschreiten das Kartenlimit. Deshalb wollte ich die Sache im Baumarkt selbst und nicht bei der Lieferung erledigen. Man stelle sich vor, ich hätte dieses Martyrium mit einem Lieferanten durchlebt und anschließend noch alles ins Haus tragen müssen. Wir erinnern uns: Lieferung zur »Bordsteinkante«. Einen Gabelstapler kann man auch bei sechs Tonnen Material nicht mitbringen. Da muss der Kunde schon sehen, wie er klarkommt. Welcher Baumarkt so einen Murks verzapft?! Das sage ich euch, wenn ihr mir beim Reintragen geholfen habt. Die Rückfahrt im Auto war von Stille geprägt. Diese geballte Unfähigkeit mussten wir, jeder für sich, erst einmal verdauen. Das galt auch für klein Marie. Darüber hinaus musste ich erst einmal verdauen, dass ich der Bank nun zig Seiten von Rechnungen zur Auszahlung präsentieren darf. Es wäre ja auch zu einfach gewesen, nur eine Rechnung mit nur einem Gesamtbetrag zu verschicken. Warum hatte ich doch gleich alles in einem Markt gekauft?!

Test bestanden

Montag, 11. April

Projektdurchführung lenken und managen	**Qualitätslenkung durchführen**	Kommunikation steuern

6:15 Uhr. Der Wecker jinglet. Wieder schwebe ich elfengleich und gutgelaunt ins Bad, um bald darauf durch den inneren Kern des Ruhrgebiets mit VMax gen Cappenberg zu rauschen. Pappelapapp! Gute Laune... Ehrlich gesagt lässt der Eifer langsam ein wenig nach. Vor allem dann, wenn man nur so früh losfährt, um dem Stau zu entgehen und der erste und einzige Termin dieses Tages erst gegen 9 Uhr stattfindet. Schließlich hatten sich am letzten Wochenende alle Termine, außer dem mit dem Malermeister, in Luft aufgelöst. Der Blower-Door-Test ist abgesagt, die Elektriker würden erst am Dienstag kommen. Da der Malermeister aber wohl ein vielbeschäftigter Mann ist, musste ich den heutigen Termin wahrnehmen. Ich habe keine Ahnung, ob der Mann nebenher noch für die UNO tätig ist und von einer Krisenregion in die andere fliegt. Jedenfalls erreicht man ihn telefonisch nur schwer. Termine sind noch schwieriger zu bekommen. Obendrein hat man stetig das Gefühl, er würde den nächsten vereinbarten Termin kurzfristig absagen. Das macht die Reise zur Baustelle nicht grad schöner. Dafür ist er aber gut und günstig.

Nun ja, wieder einmal hatte ich genug Zeit, ein Cappenberger Mettbrötchen zu genießen und zum ersten Mal in aller Ruhe unseren nagelneuen Estrich zu betreten. Kaum das Haus betreten, verflog mein Groll und Stille kehrte in mich ein. Es war warm im Haus. Die Fußbodenheizung lief. Der fertige Boden verdeckte nun viele zuvor verlegte Rohre und erhellte die

Räume, zusätzlich zum Lichteinfall durch die großen Fenster durch seine beigeweiße Farbe. Es war zum ersten Mal geradezu wohnlich im Haus. Ich holte eine Musterfliese aus dem Auto, die ich bei unserer Baumarkt-odyssee gekauft hatte und legte sie auf den Wohnzimmerboden. Schon sah ich das fertig eingerichtete Haus vor meinem geistigen Auge. Langsam kehrte das Gefühl in mich ein bald hier auf Cappenberg, weit weg von »zu Hause«, zu wohnen und ein neues Zuhause zu finden. Eine der größten Ängste, das Gefühl, dauerhaft in die »Fremde« zu gehen, sich nirgends richtig auszukennen, schien plötzlich beherrschbar zu werden. Ich ging noch einmal um das Haus, prüfte Regenrohre, schaute hier und da nach dem Rechten. Dabei entdeckte ich eine Beule in einem Rollladen, die wohl beim Transport verursacht worden war. Diese meldete ich sogleich telefonisch dem Bauleiter, der zusagte, sich darum zu kümmern. Kein Problem bei FingerHaus. Ich fragte ihn ebenfalls, warum die Heizung eine Störung meldete, wie ich kurz zuvor festgestellt hatte. Er bestätigte, dass dies lediglich daran liege, dass sie nur provisorisch angeschlossen sei und ausschließlich mit Hilfe von Strom im Estrichtrocknungsprogramm heize. Kein Problem also. Zu meiner Überraschung kam der Malermeister pünktlich. Wir liefen durchs Haus, besprachen die anstehenden Arbeiten und legten den Starttermin fest. Hierbei stellte sich heraus, dass es ein Missverständnis gegeben hatte: Der zuvor besprochene Preis beinhaltete nicht das Überstreichen der Wände nach dem Verputzen. Das schockte mich jedoch wenig. Eine weiße Wand weiß zu streichen würden wir schon schaffen.

Am 26. April konnte es also losgehen. Plötzlich klopfte jemand an die offenstehende Tür und streckte den Kopf hinein. Ich kannte ihn nicht. War es etwa ein Nachbar, mit dem ich mich beim Richtfest betrunken, ihm ewige Treue geschworen und im Rausch gleich wieder vergessen hatte? War es jemand von der Berufsgenossenschaft oder vom Bauamt, der nach dem Rechten sehen wollte? Dann sah ich einen FingerHaus-Kuli in seiner Brusttasche. Es war also unwahrscheinlich, dass es ein Nachbar war. Auch Bauamt und Berufsgenossenschaft schieden aus. Aber wer war es dann? Er stellte sich vor. Es war Herr Effe, der zuständige Experte für den abgesagten Blower-Door-Test. Da musste also etwas schiefgelaufen sein. Während sich der Malermeister verabschiedete, erklärte ich Herrn Effe, dass die Elektroarbeiten noch nicht fertiggestellt seien und der Test deshalb heute nicht stattfinden würde. Es stellte sich heraus, dass auch er informiert worden war. Jedoch wollte er sich die ausstehenden Arbeiten einmal ansehen und deren Auswirkung auf den Test selbst bewerten. Es wäre das erste FingerHaus in seiner Karriere, das den Test nicht bestehen würde, und er habe schon 450 Fingerhäuser getestet, gab er zu Protokoll. Nach einem Rundgang durch das Haus, stand seine Entscheidung: Er würde testen. Noch während ich ihn bat, sein Vorhaben mit dem Bauleiter abzustimmen, baute er seine Ausrüstung auf. »Ganz ruhig Herr Mette, das läuft schon. Ich rufe Herrn Marops gleich an«, erwiderte er. Ich hatte ein wenig Angst, dass der Test nicht erfolgreich sein würde und dies auf die undichten Dosen meiner Netzwerkjungs zurückzuführen sei. In diesem Fall müsste ich den nächsten Test bezahlen, was dem Budget nun wirklich nicht gut tun würde. Sicherheitshalber sagte ich das Herrn Effe. Ich sagte ihm auch, dass ich die Entscheidung zur Durchführung des Tests deshalb nicht treffen würde. Das sollte zu diesem Zeitpunkt in der Verantwortung des Bauleiters liegen. »Ganz ruhig Herr Mette, das läuft schon«, erwiderte er lächelnd. Eifrig bereitete er alles vor, schloss sein Notebook an diverse Sensoren und den zuvor in der Haustür eingebauten Ventilator an, erzeugte erst Unterdruck, dann Überdruck, startete die Probemessung, nickte wohlwollend und startete die offizielle Messung mit Prüfprotokoll. Zwischendrin erklärte er eifrig, was er da eigentlich tat. Diese Messung dient dazu, die Dichtheit der Gebäudehülle zu messen. Unter anderem ergibt sich hieraus auch der aus dem Luftaustausch resultierende Energieverlust des Bauwerks. Insbesondere weil unser Finanzierungsmodell eine Förderung für ein besonders umweltfreundliches Haus beinhaltet (KfW-Förderung), ist dieser Nachweis wichtig für uns. Unser Ergebnis: Test mit Bravur bestanden! 3,0 Punkte einer Einheit, die ich vergessen habe, hätten maximal erreicht werden dürfen, um die Norm einzuhalten. Etwa 1,4 Punkte wurden erreicht, der genaue Wert muss noch im Nachgang errechnet werden. Nach der Fertigstellung der restlichen Elektroarbeiten seien nach Meinung Herrn Effes noch einmal 0,2-0,4 Punkte zu unseren Gunsten drin. Ein Passivhaus liege bei 0,6 Punkten. Faktisch wäre das gleich unserem Haus, nur ohne Steckdosen in den Außenwänden, aus denen eine Minimalstmenge Luft entweichen kann. Somit sind wir wirklich gut aufgestellt, was den Energieverbrauch unseres Hauses angeht. Erleichtert wollte ich grade in Richtung Büro abreisen, als Herr Dorn bei den Schwiegereltern anrief. Er wollte den Baustromkasten abholen, der sich noch immer im Hauswirtschaftsraum unseres Hauses befand. Ich wartete also auf ihn. Etwa 20 Minuten später stand er dann vor mir. Zum ersten Mal. Ich telefonierte und mailte schon diverse Monate lang mit ihm, heute begegneten wir uns. Ein Kerl nach meinem Geschmack: Etwa 35 Jahre alt, wohlgenährt, Glatze, Ziegenbart. Genau die Art Kerl, die man auf einem Metalfestival erwarten würde. Sympathischer Typ. Wir verluden gemeinsam den Baustromkasten und ich reiste gen Duisburg. Der Tag hatte sich doch noch gelohnt.

Am Abend rief noch der Baumarkt an. Es war der Geschäftsführer in Persona. Mag das daran gelegen haben, dass ich zuvor eine Mail in Richtung Kundenbetreuung gesendet hatte, der ich den samstäglichen Auszug aus meinem Bautagebuch angefügt hatte? In einem 30-minütigen Gespräch sagte man mir künftige Betreuung durch die Geschäftsführung und die Analyse diverser interner Prozesse zu. Wie nett, nicht wahr? Leider hilft mir das auch nicht beim Reintragen des Materials.

Schlag auf Schlag

Montag, 18. April

Am Sonntag ging es wieder einmal zur Baustelle, um Estrich in die Duschen zu packen und die Duschablaufrinnen zu verbauen. Hierzu habe ich mit Papa tags zuvor das notwendige Material besorgt. Einige Stücke Abflussrohr, sechs Säcke Zementestrich ... Estrich ... Welcher Experte ist eigentlich dafür verantwortlich, dass Estrich in 40 kg-Säcken verkauft wird? Ich meine, die ersten drei Einheiten brachte ich ja noch mit Anmut und Grazie ins Obergeschoss. Danach wurde es jedoch etwas beschwerlich. Meine Schulter winselt noch heute um Gnade und das Gefühl, dass sich die Wirbelsäule mit jedem Sack mehr zusammenstauchte, verfolgt mich in Träumen, in denen ich als Hobbit durch die Welt laufe. Klein und mit überdimensionalen Füßen. Ich bin eh schon nicht groß gewachsen, da muss man mich doch nicht noch kleiner machen, liebe Estrichproduzenten! Leider haben wir uns beim Rohrkauf etwas verkalkuliert, weshalb wir die »Aus-zwei-mach-eins-Taktik« verfolgen mussten, um wenigstens die

Dusche im künftigen Kinderbad fertigzustellen. Dafür war diese aber auch gleich im ersten Versuch absolut dicht, was wir eindrucksvoll mit Wasser aus der Flasche unter Beweis gestellt haben. Erst ganz vorsichtig Schluck für Schluck, dann Variante Sintflut! Dicht. Trocken. Kaum zu glauben. Funktioniert. Beim ersten Versuch. Wir werden also noch einmal einkaufen gehen und die zweite Dusche in der kommenden Woche mit Rohrleitungen und Estrich versorgen. Immerhin wissen wir ja nun, wie es funktioniert.

Während ich auf Papa wartete, der etwas später an der Baustelle eintraf, hatte ich wieder mal genug Zeit für den Kontrollgang auf der Baustelle. Wieder waren während unserer Abwesenheit fleißige Ameisen am Werk gewesen: Die Außenfassade des Hauses ist inzwischen verspachtelt und für den finalen Putz vorbereitet. Alle weißen Holzteile wurden noch einmal gestrichen, so dass nun auch durch den Transport verursachte Macken und Verunreinigungen verschwunden sind. Innen funktionieren nun alle Steckdosen. Auch die elektrischen Rollläden wurden in Betrieb genommen. Ein riesen Spaß für Bauherren!

Beim eifrigen Spiel mit den Rollläden musste ich jedoch einen Mangel feststellen: Ein Rollladen unserer großen Glasschiebetür verklemmt sich im Kasten, wenn sie ganz nach oben gefahren wird. Erst nach manuellem Herausziehen fährt sie wieder automatisch herunter. Im Übrigen ist es jener Rollladen, der schon beim Transport eine Beule abbekommen hatte. Eine dazu passende Beule findet sich beim genauen Hinsehen auch in der zugehörigen Außenfensterbank. Ist da etwa jemandem der Hammer heruntergefallen? Skandal! Nun ja, ich habe die Information an den Bauleiter weitergereicht. Die verbeulten Teile werden ausgetauscht und die Technik des Rollladen unter die Lupe genommen. Zusätzlich habe ich entdeckt, dass das bodentiefe Fenster im Elternschlafzimmer etwas hakelig ist und sich schwer schließen lässt. Das wird wohl eine Einstellungssache sein und bei der Endmontage behoben werden. Papa hat festgestellt, dass im Estrich keine Dehnungsfugen zu erkennen sind. Hatte man die etwa vergessen und wir müssen später mit Rissen im Boden rechnen? Beim Bauleitertelefonat am Montagmorgen stellte sich jedoch heraus, dass jene Fugen momentan lediglich verdeckt sind und im Laufe der Trocknung und nach dem Abschleifen des Estrich zutage treten werden. Alles in Ordnung. Telefonisch konnte ich auch klären, dass im Laufe der Woche der Gärtner kommt, um den Boden einzuebnen, so dass ich am kommenden Osterwochenende Rasen sähen kann. Hierzu wiederum habe ich schon einen Hahn für die Außenzapfstelle gekauft, denn schließlich will der Rasen ja auch gewässert werden. Innerhalb der letzten Woche sind natürlich auch – wie könnte es anders sein – diverse Rechnungen eingetroffen, die ich bereits beglichen habe. Zu meiner Überraschung war auch die »Rohbauabnahme« des Bauamts dabei. Wir haben also legal gebaut. Diese Information kostete übrigens nicht budgetierte 70 Euro. Nun ja, das Geld konnte ich so eben noch berappen. Am Osterwochenende, also am Donnerstag, steht auch die Materiallieferung des Baumarktes an. Gleich danach werden erste Wandfliesen geklebt. Wenn wir Glück haben, ist bis dahin auch der Außenputz drauf und das Baugerüst ist verschwunden, so dass ich auch die Außenbeleuchtung anbringen kann. Nach Ostermontag ist bereits der Malermeister im Haus und bringt Putz auf, so dass ich diesen im Laufe der kommenden Woche streichen kann, während außen zeitgleich der Garagenbauer zu Werke gehen wird.

Es geht Schlag auf Schlag! Schon in zwei Wochen wird unser Haus nahezu bewohnbar aussehen! Dann werden alle Fliesen gelegt und die Terrasse wird gebaut, bevor wir die direkten Vorbereitungen für den Einzug in Angriff nehmen!

Weißer Gründonnerstag

Donnerstag, 21. April

Projektdurchführung lenken und managen | Terminplan steuern | Vorgangsfolge festlegen

6:15 Uhr. Der Wecker jinglet. Ich schwebe elfengleich und gutgelaunt ins Bad. Wer nun glaubt, ich würde bald darauf durch den inneren Kern des Ruhrgebiets mit VMax gen Cappenberg rauschen, ist auf dem Holzweg. Ätsch! Schlauerweise bin ich nämlich schon vor Ort, denn ich bin schon gestern losgefahren. Somit habe ich die Nacht im schwiegerelterlichen Gästezimmer verbracht. Nadja hat schon im Laufe der Woche festgestellt, dass das Abschleifen des Estrich mit Hilfe eines Stahldrahtbesens eine Mammutaufgabe sein würde. Ähnlich dem Schrubben einer Turnhalle mit der Zahnbürste. Somit war klar, dass Plan B greifen musste: Das Ausleihen einer Estrichschleifmaschine war notwendig. Um diese früh morgens um sieben beim hiesigen und mit Nadjas Familie wohlbekannten Baumaschinenverleih abholen zu können, habe ich also mein Lager lieber vor Ort aufgeschlagen. Die Arbeiten müssen früh starten, denn heute kommt ja auch die Materiallieferung für den Innenausbau. Gestern hat mir der Bauleiter bereits gebeichtet, dass die Außenputzer ihren Dienst erst in der kommenden Woche aufnehmen würden. Außenlampen anbringen ist also nicht. Das Baugerüst steht somit auch noch. Auch der Gärtner war noch nicht vor Ort. Rasen aussähen fällt also auch aus. Mist. Was den Projektplan betrifft, ist es also Zeit, etwas Agilität und Flexibilität zu beweisen, ohne jedoch »Schnellschüsse« zu machen. Ich muss durchdenken, welches Arbeitspaket vorgezogen werden kann, ohne die dann nachfolgenden zu behindern. Ein einfaches Beispiel: Würde ich heute die Außenbeleuchtung anbringen, hätten die Kollegen mit dem Außenputz ein Problem, da sie die Lampen zunächst wieder entfernen müssten. So absurd es klingt: Solche Kleinigkeiten können zu großen Verzögerungen führen, wenn man sie nicht frühzeitig bedenkt. Kontinuierliche Planung macht also Sinn.

Zurück zum Estrichschleifen: gesagt, getan. Maschine abgeholt und ab zur Baustelle. Hier angekommen, wollte ich eigentlich direkt anfangen zu schleifen, nur leider stand da noch der von FingerHaus beauftragte Handwerker nebst Kollegen und brachte eifrig Gips auf die Innenwände auf. Ich war noch nicht ganz im Haus, da offenbarte man mir, dass man vor dem Osterwochenende nicht fertig werden würde und auch den Dienstag der kommenden Woche komplett benötigte. Dumm nur, dass an diesem Dienstag schon der Maler vor Ort sein würde, um die Wände zu verputzen. Diesen Termin würde man deshalb verschieben müssen. Telefonisch war der Maler nur leider nicht erreichbar, da er sich im Urlaub befand. Somit blieb mir nur bauherrische Härte: Ich sagte dem Handwerker, dass am Dienstagmorgen alles fertig und trocken sein müsse. Punkt. Nach einigem Blättern in Auftragsdokumenten und erfolglosen Diskussionsversuchen schwebte er wieder an die Wand und schmierte und schliff. Und schliff und schmierte. Und schmierte und ... nächste Katastrophe. Die Schleifpads für seine Schleifmaschine waren ihm ausgegangen. Nichts mehr da. Nichts. Kein Schleifen mehr möglich. Natürlich fragte er mich kleinlaut , ob er mich zum Einkauf schicken könne, damit er nicht noch mehr Zeit verliere. Nun ja ... kurz was einkaufen gehen ... Kann ich sicherlich machen ... Ich willigte ein. Ich IDIOT!!! Von wegen, mal eben einkaufen! Baustoffhandel: nichts. Baumaschinenfachgeschäft: Nichts. Baumarkt: Nichts und so weiter. Nach fünf Läden und eineinhalb Stunden hatte ich endlich die passenden Pads und raste zurück zur Baustelle, wo man mir sagte: »Ach, ich hab grad mit dem Chef telefoniert. Dienstag weitermachen und Pads von zu Hause mitbringen hat er gesagt. Die Pads brauche ich also nicht.« Kurz vor dem Gewaltausbruch sagte ich leise: »Macht 91,40 €. Meinetwegen auch vom Chef selbst. Hier ist die Rechnung. Wenn Du sie umtauschen willst, dann tu´s selbst.« Inzwischen war es elf Uhr und ich hatte nicht einen Meter Estrich geschliffen. Ich hatte den Zeitdruck im Nacken. Die Maschine kostete gute 100 € pro Tag. Bis 17 Uhr musste ich sie zurückgebracht haben. Der Estrich musste abgeschliffen sein, bevor am Nachmittag das Material für den Innenausbau ins Haus gestellt werden würde. Ich sputete mich also, schloss die Maschine und den zugehörigen Industriestaubsauger an und startete den ersten Versuch: Zwar war die Schleifmaschine eine Fräse, entsprechend zügig durch den Raum geschwungen, nahm diese aber wirklich nur die obere Schicht des Estrich ab. Das funktionierte also schon mal gut. Wenn auch mit einem ohrenbetäubenden Lärm einhergehend. Ich hatte auch die Hoffnung gehabt, dass der Sauger den meisten Staub aufnehmen würde, aber das stellte sich als Luftschloss heraus. Im wahrsten Sinne des Wortes. Schon jetzt sah ich aus wie Gandalf aus »Der Herr der Ringe«. Noch während ich hierüber sinnierte, flog zum ersten Mal die Sicherung heraus. Rien ne vas plus. »Gut«, dachte ich, »Kommt vor«. Ich drückte die Sicherung wieder hinein. Alles wieder okay, nächste Runde. Diesmal mit Atem- und Gehörschutz. Paff! Sicherung raus. »Gut«, dachte ich, »verdächtige Häufung dieses Vorfalls.« Sicherung rein. Nächste Runde. Paff! Sicherung raus. »Mist«, dachte ich nun, »zu viel Saftbedarf für einen FI«.

In diesem kritischen Moment schaute Schwiegerpapa durch die Terrassentür und kommentierte: »Gleich schon Mittag. Geht doch nicht so schnell, nöch? Wohnzimmer ist ja noch nicht mal fertig.«

Stille.

Es gibt diese Momente, da reagiert das Sprachzentrum reflexartig: »DAS LIEGT DARAN, DASS MICH HIER STÄNDIG EINER ANQUATSCHT!«, fauchte ich in Richtung Terrasse, die sich daraufhin zügig und wortlos leerte. Ich kochte innerlich. In aller Einsamkeit dachte ich weiter nach.

Staubig war ich ohnehin schon. Da konnte man es doch auch ohne den Sauger versuchen. So viel brachte der ja nun eh nicht. Weniger Saftbedarf würde die Sicherung bestimmt gnädig stimmen. Nächste Runde ohne Sauger. Kein Paff! Das war allerdings auch gut so, denn den Sicherungskasten hätte ich auch nicht mehr gefunden: Nach guten 20 Sekunden stand so viel Staub in der Luft, dass ich das Haus vorübergehend und fluchtartig durch die Terrassentür verlassen musste und die an Bord verbliebenen Handwerker ihre Nasen aus den Fenstern des Dachgeschosses hielten. Scheinbar hatte der Sauger doch irgendwie seine Daseinsberechtigung. »Tschuldigung! Ist gleich wieder weg! Also ... der Staub!«, rief ich mit bestimmendem Blick in Richtung Dachgeschoss. »Zeig dem Rudel jetzt nur keine Unsicherheit, sonst werden sie dich zerfleischen!«, dachte ich. Der Plan den Sauger nicht zu benutzen ging also auch nicht auf. Während sich der Nebel im Wohnzimmer lichtete und die Handwerker wieder erste Lebenszeichen von sich gaben, kam mir der rettende Einfall: Die Leitung für den Backofen wird immer separat abgesichert. Unser künftiger Ofen hat einen ganz normalen Stecker für die Steckdose, weil er separat steht. Somit hatte ich also eine Steckdose auf einem eigenen Stromkreis, an die ich den Sauger hängen konnte. Gesagt, getan. Nächste Runde. Kein Paff, akzeptable Staubentwicklung! Formel 1-mäßig begann ich das Wohnzimmer zu fräsen. Dann war die Schleifmaschine aus. Für 20 Sekunden. Dann lief sie wieder 30 Sekunden. Aus. 20 Sekunden. An. 30 Sekunden. Das Ding war zu heiß geworden und schaltete sich deshalb immer wieder ab. Da war nichts zu machen. So arbeitete ich mich im 50-Sekunden-Takt durch das Erdgeschoss. Abgesehen vom ständigen verknoten im Kabelwirrwar ging es jedoch in einem guten Tempo voran. Dann hieß es Fegen: Trotz des Saugers hinterließ die Aktion eine ca.1 cm dicke Staubschicht, die entfernt werden musste. Heiliger Atemschutz! Gegen 13 Uhr kam Nadja. Die Retterin in der Not! Zum einen brachte sie lecker Mittagessen von Schwiegermama, zum anderen kam sie, um beim Schleifen im Dachgeschoss zu helfen, den Sauger zu ziehen und mir die Kabel vom Leib zu halten. Zu zweit kamen wir wirklich gut voran, so dass auch das Obergeschoss um 15 Uhr geschliffen war, das die Handwerker bereits in großer Vorfreude auf das lange Osterwochenende verlassen hatten. Wir fegten und schippten dann noch eine Wäschewanne voller Staub zusammen und säuberten die Maschinen, bevor »just in time« der Baumarkt-Lkw mit unserem Material, dicht gefolgt von Papa und Cousin vor der Tür stand. Schnell die Maschinen ins Auto verladen, brachte Nadja diese zurück zum Baumaschinenverleih und bekam einen satten Rabatt! Bares Geld gespart!

Neues Unheil bahnte sich aber auch beim Material-Lkw an: 17 Säcke Fliesenkleber der falschen Sorte und vier Pakete Laminat des falschen Dekors konnten direkt wieder aufgeladen und zurück in den Baumarkt gebracht werden. Nun ja, immerhin hat nach eifrigem Zählen und Abgleich mit der Bestellung der Rest gestimmt, wenngleich sich später auch noch ein Paket Fliesen als Scherbenhaufen entpuppt hat. Nach und nach trafen dann unsere Freunde und Verwandten an der Baustelle ein, um beim Reintragen zu helfen. Nach gut zwei Stunden war dank ihrer Hilfe alles im Haus. Zeit zum Pizzaessen! Zu dumm, dass der Pizzaservice heute aufgrund eines Personalengpasses ein Selbstabholservice war, was man mir jedoch erst nach der Bestellung sagte. Ich meine, ich sah noch immer aus wie ein Jeti: Weiß von oben bis unten. Und das auf Gründonnerstag! Wo konkret sich der Staub überall abgesetzt hatte, wage ich gar nicht zu erzählen. Auch hier wieder die Retterin in der Not: Nadja holte die Bestellung ab, so dass wir noch einen gemütlichen Ausklang des Abends hatten. Dort, wo mal unsere Terrasse entstehen sollte.

Karfreitag

Freitag, 22. April

Projektdurchführung lenken und managen

Karfreitag. Bundeseinheitlicher Feiertag. Aber nicht für Bauherrn, Baufrau und deren Gefolge! Logischerweise konnten heute aber nur verhältnismäßig leise Arbeiten erledigt werden. Davon waren aber auch genug vorhanden. Während Papa mit Nadja eifrig die zu fliesenden Flächen anzeichnete, fegte ich weiteren Staub zusammen und montierte den Außenzapfhahn, den ich eigentlich zum Rasenwässern verwenden wollte. Nun ja, nun war er schon mal da, da konnte ich ihn auch anbauen, selbst wenn es ja noch keinen Rasen zu wässern gab. Wasser im Außenbereich würde ich später ohnehin noch benötigen.
Ich wickelte den frisch gestrichenen Stützpfosten vor der Haustür zu seinem Schutz in eine Decke ein. Die kleinen, leisen Arbeiten eben. Ehe ich mich versah, hatte Papa auch schon die ersten Fliesen an die Wand

geklebt. Ich dagegen fing an Beton anzurühren, den ich in Eimer füllte und jeweils ein Trägereisen einsetzte. Diese sollten später die Unterkonstruktion unserer Terrasse bilden. Ich hätte niemals gedacht, dass ich in nur 15 Eimer 280 kg Beton hineinbekommen würde. Und das mit allen Konsequenzen: 280 kg schleppen, 280 kg verrühren, 280 kg verfüllen. Das alles mit freundlicher Unterstützung unserer geliebten Sonne bei 27° C, Sonnenbrand inklusive. Das Ganze dauerte bis zum frühen Abend und Frank, Christian, Gerhardt und Dirk, die Knochen aus dem Gospelchor der Selbstzerstörung, stimmten sich auf die kommende Nacht ein.

Ostersamstag

Samstag, 23. April

Projektdurchführung lenken und managen

»15 Eimer Beton«. Das war der Song, den Frank, Christian, Gerhardt und Dirk heute Nacht anstimmen wollten. Schafften sie aber nicht. Warum auch immer. Ich war fit an diesem Morgen. Nach einem ausgiebigen Frühstück bei den Schwiegereltern ging´s wieder ans Werk: Papa klebte weiter Fliesen, ich befüllte weitere Eimer, nachdem ich mit Schwiegerpapa den Estrichstaub zum Recyclinghof gebracht und neuen Beton sowie neue Eimer gekauft hatte. Weitere 320 kg Beton fanden eine neue Heimat. Und ich staunte wiederum, wie viel in solch einen Eimer passt. Der Sonne setzte ich diesmal Sonnencreme entgegen. Nach einigen Krämpfen in den Oberarmen, entwickelte ich gegen Mittag ein geradezu freundschaftliches Verhältnis zum 40 kg-Sack, bevor ich am späten Nachmittag in Richtung »alter« Heimat fuhr. Inzwischen waren die Wandfliesen in Küche, Gästebad, Hauswirtschaftsraum und teilweise im Kinderbad an der Wand. Ein Riesenerfolg für das Osterwochenende! Der einzige wirkliche Schaden dieses Wochenendes betraf lediglich mein Auto: Eigentlich schwarz, war es nun weiß von innen und außen. Das reinste Baustellenfahrzeug. Ich war gespannt, ob ich das wieder hinbekommen würde.

Ostersonntag

Sonntag, 24. April

Projektdurchführung lenken und managen | Terminplan steuern

Endlich mal wieder ein Familientag. Ja ... wenn da nicht noch eine Baustelle wäre. Ich musste mein Auto zumindest von innen sauber bekommen, denn am kommenden Dienstag würde wieder das Büro nach mir verlangen. Im Anzug konnte ich mich definitiv nicht ins Auto setzen, denn dieser wäre anschließend ruiniert. Am morgigen Ostermontag wollten wir zum »Familien-Ostern« wieder zu den Schwiegereltern fahren. Somit musste die rituelle Reinigung des Autos heute stattfinden. Ich packte also auf einem Ostersonntag den Staubsauger aus und reinigte meinen Wagen von innen. Glücklicherweise funktionierte dies auch, und kein Nachbar hielt die Schrotflinte aus dem Fenster. Am Abend hieß es dann wieder: Sachen packen für eine Nacht auf Cappenberg, denn da war ja noch was: Am Dienstagmorgen würde der Malermeister vor dem Haus stehen. Dieser hatte keinen Schlüssel. Naja und einweisen wollte ich ihn sicherheitshalber auch noch persönlich. Das bedeutete, dass ich die Nacht bei den Schwiegereltern verbringen musste. So weit so gut. Aber da war ja noch was: Wenn der Maler die Wände verputzen würde, musste in den Badezimmern an allen zu verputzenden Wänden ein »Dichtanstrich« aufgetragen sein, der das eindringen von Wasser in jene Wände verhindert. Das hatte ich jedoch noch nicht gemacht. Somit musste ich auch die Arbeitsbekleidung einpacken. Tolles Osterwochenende ...

Ostermontag

Montag, 25. April

Projektdurchführung lenken und managen

Ostermontag. Reise in Richtung Baustelle. In die Arbeitsklamotten geschlüpft, öffnete ich den Eimer mit der Flüssigdichtung. Wie erwartet war es eine graue, latexartige Masse, die sich so grade eben noch umrühren und mit der Rolle verteilen ließ. Eine weitere Herausforderung bestand

darin, in den Ecken zwischen Wand und Boden ein Dichtband einzubringen. Nach einigem Herumexperimentieren entwickelte ich folgende Taktik: Flüssigdichtung zunächst dünn auftragen, Dichtband auflegen und anpappen, ordentlich Flüssigdichtung drüberstreichen, an neuralgischen Stellen noch einmal mit dem Finger ordentlich Flüssigdichtung draufschmieren und einige Stunden trocknen lassen. Während der Trocknungsphase: Osterfest mit der Familie. Die Gans soll ja schließlich auch keinen sinnlosen Tod gestorben sein. 30-minütiges Einnicken auf der Terrasse der Schwiegereltern. Anschließend ins Haus zurück und noch einmal ordentlich Flüssigdichtung drüberstreichen.
Ich möchte sagen, dieses Gewerk hält auch einer Expedition zur Titanic stand! Wenn das nicht dicht ist, dann weiß ich´s nicht. Ich möchte auch nicht verschweigen, dass die Verarbeitung dieses Zeugs zumindest während der Experimentierphase eine echte Sauerei ist. Mehr sag ich nicht. Auch nicht, dass ich mich zwischendurch mit den inzwischen wieder staubigen Klamotten auf den sauberen Autositz gesetzt habe, der nun wieder weiß ist. Aber da war ja noch was: Während ich so schmierte, fielen mir die Steckdosen ins Auge. Die mussten ab, bevor der Maler käme. Alle. Im ganzen Haus. Wer hatte so viele Steckdosen und Schalter bestellt? War ich das? Niemals! Skandal! Während ich also in der geistigen und astronomischen Dämmerung schraubte, leistete Nadja Beistand, indem sie die Rollläden von außen reinigte. Das war auch wieder einer dieser Last-Minute-Einfälle gewesen. Zumindest im Obergeschoss würde das nämlich nur noch an diesem Wochenende möglich sein, denn in der kommenden Woche würde das Haus verputzt und das Baugerüst abgebaut werden. Ich selbst konnte das rein zeitlich heute nicht auch noch schaffen. Grund genug für Nadja, todesmutig, in osterfesttauglichen Klamotten und Ballerinas auf das Baugerüst zu klettern, wo sie sich natürlich auch sogleich ein Loch in die osterfesttauglichen Klamotten riss. Ich sag doch immer: »Sie darf ruhig mehr Haut zeigen, die kann´s sich erlauben.« Etwas anders hatte ich mir das allerdings schon vorgestellt. Wenn das mal nicht das Baubudget nachhaltig belastet ... Nach getaner Arbeit fegten wir noch einmal durch und markierten die nicht zu verputzenden Wände im Innenbereich, an die Fliesen oder einfacher Anstrich kommen sollen, mit eigens hierzu vorbereiteten Etiketten. Auf diese Weise sollte der Malermeister jederzeit unmissverständliche Hinweise haben. Der Abend endete mit einer Autositz-Staubsauger-Aktion. An einem Ostermontag. Am Abend. Im

Dunkeln. Es gab glücklicherweise keine Schrotflinten, deren Geschosse mich erwischt hätten, zu vermelden.

Widerstand zwecklos!

Dienstag, 26. April

Projektdurchführung lenken und managen | Projektteam managen | Kommunikation managen | Persönlichkeit beweisen

6:45 Uhr. Der Wecker jinglet. Ich schwebe wie eine Elfe gutgelaunt ins schwiegerelterliche Bad, um bald am hiesigen Acker entlang, an unserem Haus vorbei, in Richtung der Cappenberger-Mettbrötchen-Produktionsanlage zu rauschen. Mit Mettbrötchen und eiskalter Cola bewaffnet wartet es sich doch am besten auf den Malermeister. Heute Nacht war mir noch eingefallen, dass ich eine Fläche nicht markiert hatte, auf die Fliesen geklebt werden sollten. Das holte ich nun noch schnell nach, bevor ich in mein Brötchen biss.

Gegen 8 Uhr rief ich noch einmal beim Maler an, denn dieser war noch nicht in Sicht. Niemand ging ans Telefon. »Sicherlich schon unterwegs«, dachte ich noch. 8:15 Uhr: Kein Maler, niemand geht ans Telefon. 8:30 Uhr: Palim, palim. Der Anschluss des Malermeisters ruft nach meinem Handyanschluss. Ich gehe ran. Am anderen Ende eine Dame mit russischem Akzent:

»Herr Mette, ich habe schlechte Nachrichten: Herr Kule ist krank und liegt mit hohem Fieber im Bett.«

»Und das fällt ihnen nicht früher ein, als Herr Kule an meiner Baustelle stehen wollte? Ich meine, ich bin nicht im Büro und verliere Arbeitszeit. Ich habe mir am Wochenende den Allerwertesten aufgerissen, damit Herr Kule hier heute arbeiten kann. Alle Folgearbeiten warten auf die Fertigstellung der Malerarbeiten. Jeder verlorene Tag kostet Zeit und damit Geld. Das ist ehrlich gesagt scheiße. Ich hatte mich darauf verlassen, dass das läuft und bin grad stocksauer.«

»Das tut mir leid. Er konnte sich ja nicht melden, da er bis gestern im Urlaub war. Und heute Nacht bekam er dann Fieber. Er kommt wirklich nicht hoch.«

»Schon gut. Ich denke mir was aus.«

»Er meldet sich umgehend, sobald es ihm wieder besser geht.«

Damit endete das Gespräch und auch meine gute Laune an diesem Morgen. Ich brachte noch den Hausschlüssel zu den Schwiegereltern und flog über die Autobahn in Richtung Büro. Noch im Auto rief mich jener Handwerker an, der die restliche Spachtelmasse aufbringen wollte: »Herr Mette, guten Morgen. Ich hab hier ein Problem: Ich komme nicht ins Haus. Ich habe den Schlüssel einem Kollegen gegeben, da ich dachte, dass heute ganz bestimmt der Maler im Haus ist.« Er hatte das böse Wort gesagt: Maler. Glücklicherweise musste ich ihn ja aber nur zu den Schwiegereltern schicken, wo ich den Hausschlüssel zuvor hinterlegt hatte. Insofern war das kein Problem.

Gegen Mittag, ich war noch immer sauer auf den Maler, rief der nächste Handwerker an. Es war die zuständige Firma für den Außenputz:

»Herr Mette, ich wollte mich nur erkundigen, ob Strom und Wasser an der Baustelle sind.«

»Jup. Alles da. Es wäre auch schon vor zwei Wochen da gewesen, aber da konnten Sie ja nicht.«

»Ja, die Planung. Darauf habe ich keinen Einfluss. Wir kommen dann am Donnerstagabend und beginnen bei Ihnen an der Baustelle.«

»Donnerstag? Laut Bauleiter befinden Sie sich schon längst auf der Baustelle. Wenn Sie nun doch erst am Donnerstagabend kommen, bedeutet das so viel wie, dass das Baugerüst nicht in dieser Woche abgebaut werden kann. Somit kann die Erdwärmeleitung nicht in der kommenden Woche angeschlossen werden, denn da steht ja noch dieses

Gerüst. Dies wiederum bedeutet, dass ich eine weitere Woche mit Strom heize, was mich eine Menge Geld kostet.«

»Ja, die Planung. Darauf habe ich keinen Einfluss.«

»Hat denn derjenige Einfluss, dem ich die Rechnung für den Stromverbrauch weiterleiten werde?«

»Herr Mette, ich werde mal sehen, dass wir schon morgen kommen und dann am Freitagmittag fertig sind. Dann kann das Gerüst am Freitag abgebaut werden.«

Na also, es geht doch. Man muss nur mal grantig werden. Ich glaubte zwar nicht wirklich, dass das Baugerüst tatsächlich noch in dieser Woche fallen würde, dennoch wäre es ja schon eine Errungenschaft, die Putzarbeiten in dieser Woche abgeschlossen zu haben. Aus diesem Grunde gab ich die Info auch an den Bauleiter weiter und bat ihn darum, noch einmal zusätzlich Druck zu machen, damit den Versprechungen auch Taten folgen würden. Die Jungs sollen ruhig mal merken, dass Widerstand zwecklos ist.

Am Abend blieb nun nur noch zum Baumarkt zu fahren, um die Falschlieferungen neu liefern zu lassen und das kaputte Paket Fliesen umzutauschen. Ich stellte mich diesmal in die Schlange an der zentralen Information an, denn schließlich hatte mir die Geschäftsführung beim letzten Telefonat genau hierzu geraten. Nach relativ kurzer Wartezeit war ich dran. Ich erläuterte mein Begehr und wurde freundlich gebeten, in die jeweiligen Abteilungen zu gehen.

»Moment mal«, sagte ich zu einer gut aussehenden aber sturen jungen Dame, »Sie erzählen mir nicht grade, dass ich wieder in jede Abteilung laufen soll, wo ich mindestens eine halbe Stunde anstehe, um eine Falschlieferung Ihrerseits auszubügeln, oder?«

»Ich weiß, wie lange man wartet. Ich arbeite hier.«

»Das war nicht die Antwort auf meine eigentliche Frage.«

»Doch. Was soll ich machen?«

»Koordinieren?«

»Das kann ich nicht. Da müssen Sie in die Fachabteilungen.«

»Nein. Muss ich nicht.«

»Warum nicht?«

»Weil mir das Ihr Chef, Herr Rehbein von der Geschäftsführung gesagt hat. Den würde ich übrigens genau jetzt gerne sprechen.«

»Äh ... natürlich. Dann ruf ich ihn mal an.«

Die junge, gut aussehende Dame schaute genervt, ich kochte. Meinem Blick durfte sie entnehmen, dass ihr Widerstand hier absolut zwecklos war. Selbst wenn ich nicht glücklich verheiratet gewesen wäre, wäre es an dieser Stelle hinsichtlich weiterer Gespräche schon schwierig geworden. Keine zwei Minuten später stand Herr Rehbein vor mir, der mich freundlich grüßte. Ich erläuterte mein Problem und zeigte ihm die Papiere.

»Kein Problem, Herr Mette. Ich gehe mit Ihnen in die Fachabteilungen und regle das!«

Gesagt, getan. Keine 20 Minuten später hatte ich neue Fliesen und einen neuen Liefertermin für die Ware, noch am Freitag der gleichen Woche. Geht doch! Mit dem Geschäftsführer durch den Baumarkt zu laufen, macht doch noch am meisten Spaß!

Was für ein Tag. Ich stelle fest, dass ich langsam etwas dünnhäutig und deutlich angriffslustiger werde.

Wochenende = Baustelle

Freitag, 29. April

Projektdurchführung lenken und managen | Qualitätslenkung durchführen

Ein neues Wochenende stand vor der Tür. Spätestens ab jetzt war der Begriff Wochenende gleichbedeutend mit dem Wort »Baustelle«, denn die heiße Phase in Sachen Eigenleistung war angebrochen. Somit fuhr ich schon heute direkt vom Büro aus in Richtung Cappenberg, denn dort würden schon eine Palette Fliesenkleber und einige Pakete Laminat vor der Tür auf mich warten. Diese Erwartung wurde auch durch die Tatsache gestützt, dass mir ein Lkw des Baumarktes mit Essener Kennzeichen mitten in Lünen entgegen kam. Es blieb also nur noch zu hoffen, dass diesmal das richtige Material geliefert worden war.

An der Baustelle angekommen, legte sich jegliche Sorge über eine erneute Falschlieferung: Der richtige Kleber und das richtige Laminat waren vor Ort. Zusätzlich hatten auch die Außenputzer Wort gehalten: Das komplette Haus war verputzt, so dass nur noch das Baugerüst entfernt werden musste. Als ich das Haus betrat, erblickte ich dann auch die Maler, die eifrig Malervlies an die Raumdecken klebten. Panisch wiesen sie mich auf leichte Verschmutzungen aus Gips an der Treppenunterseite hin und beteuerten, dass sie an den angrenzenden Wänden noch nichts gemacht hätten. Ich sah das entspannt: Zum einen ließ sich der von den Innenputzern stammende Gips wieder entfernen, zum anderen war das Haus ja noch nicht abgenommen. Aber immerhin zeigte es, dass die Maler Wert auf saubere Arbeit legten. Das wiederum äußerte sich in absolut faltenfrei beklebten Decken. Bis hierhin war das jedenfalls top Arbeit.
Noch während ich dazu überging, den Fliesenkleber ins Haus zu tragen, brummte es in der Ferne: Zwei schwarze Lkw fuhren am Grundstück vor. Es waren jene Lkw der Gerüstbauer! Perfekt! Noch heute würde ich unser Haus in voller Pracht betrachten können! Innerhalb einer Stunde bauten vier Männer das Gerüst ab, ohne Macken am Haus zu hinterlassen. Zum ersten Male zeigte sich das wahre Gesicht unseres Hauses. Es wirkte nun irgendwie noch größer, aber auch noch schöner. Innen war es nun noch heller als zuvor, denn das Licht konnte ungehindert ins Haus fallen. Ich war

sehr zufrieden. Zufrieden war auch Papa, der in der Zwischenzeit eingetroffen war und sogleich begann, das Gästebad zu fliesen, während ich dazu überging, das an der Küchendecke befindliche Malerflies weiß anzustreichen. Die Maler hatten eigens hierzu Profifarbe mitgebracht, deren Kauf sich sogleich auszahlte: Das Zeug ist wesentlich deckender und ergiebiger als irgendwelche Baumarktfarben. Während ich die Arbeit der Maler im Dachgeschoss begutachtete, entdeckte ich jedoch noch eine Kleinigkeit: Man hatte in der Übergangskante zwischen Dachschräge und Wand im Elternbad ein PVC-Profil eingegipst. Das wäre grandios, wenn an diese Wand Fliesen kämen. Leider kommen aber keine Fliesen an diese Wand. Somit ragt da nun eine Plastikkante in den Raum. Rausreißen wird nicht funktionieren, da schon Malerflies an die Dachschräge geklebt wurde. Ein sauberer Schnitt mit dem Teppichmesser würde bei der Stärke des Profils ebenfalls schwierig werden. Vielleicht eine Wulst aus Silikon? Zunächst mal würde ich das Thema am Montag dem Bauleiter melden. Schließlich war ja auch kein Profil bestellt worden. Vielleicht konnte Finger-Haus das ja wieder richten. Die Küchendecke wurde an diesem Tag fertig. Zusätzlich hatte Papa das Gästebad sowie das Kinderbad komplett gefliest. Ich gönnte mir das Erlebnis, die ersten Außenlampen zu montieren und in Betrieb zu nehmen. Gegen 22 Uhr winkte der verdiente Feierabend.

Lähmungserscheinungen

Samstag, 30. April

Projektdurchführung lenken und managen | Qualitätslenkung durchführen

Samstag. Zunächst ein ausgiebiges Frühstück bei den Schwiegereltern. Dieser willkommene Luxus erleichterte die Arbeit deutlich. Meuterei auf der Baustelle wegen schlechter Nahrungsmittelversorgung mussten wir jedenfalls nicht fürchten. An der Baustelle angekommen, fugte Papa eifrig die Tags zuvor verlegten Fliesen aus, während ich die letzten beiden Außenlampen anbrachte. Hierbei fiel mir auf, dass die Kabelauslässe für die Lampen nicht ausgeschäumt worden waren. Wieder ein Punkt für den Bauleiter ... Dennoch montierte ich die Lampen und sie machten sich gut an unserem Haus. Viel Zeit für die Bewunderung der Lampen blieb jedoch nicht, denn es wurde Zeit, sich an die Farbrolle zu begeben, da alle

Decken im Erdgeschoss an diesem Wochenende fertig werden mussten. Das hatte ich mir vorgenommen. Und so rollte ich und rollte ich. In der Mittagszeit kam Nadja hinzu, die mit dem Pinsel vorweg ging und alle Übergänge zwischen Decke und Wand strich. Und sie strich und strich. Und ich rollte und rollte.
Zwischenzeitlich war Papa verschwunden. Kein Fugengekratze, keine Flüche aus dem Obergeschoss, weg war er. Sicher war er mal wieder irgendwas besorgen, das kam öfters vor. Umso lauter war aber der Lkw, der vor dem Haus vorfuhr: »DIXI« stand in großen Lettern auf dem Fahrzeug. Da wollte sicher jemand unser Bauklo säubern. Ich fragte nach.

»Moin! Reinigen Sie unsere DIXI?«

»Moin! Nee die nehm ich mit. Ist abbestellt.«

Es war schade, aber dieser Mann würde unser Klo an den Haken nehmen. Nur gut, dass Papa heute die erste Keramik im Gäste WC unseres Hauses in Betrieb nehmen wollte. Ja, wenn er denn da wäre ...
In diesem Moment knarrte meine geliebte DIXI und öffnete ihre Tür. »Moment, ich komm nicht mit«, sagte sie.
Ich erkannte schnell, dass wir es hier nicht mit einem sprechenden Klo zu tun hatten, sondern mit Papa, der entspannterweise zum Vorschein kam. Hätte er sich zwei Minuten mehr Zeit gelassen, hätte er sein Geschäft bei voller Fahrt erledigen müssen. Die Bildzeitung hätte daraus sicher was machen können. Nun ja, Glück gehabt. Kein Geschäft auf der A2, kein Artikel in der Bild.

Am späten Nachmittag machte Papa Feierabend und fuhr nach Hause. Die ersten Böden sahen perfekt aus, die erste Toilette hing an der Wand und auch das Stahlausgussbecken im Hauswirtschaftsraum war in Betrieb genommen worden. Die sanitäre Grundversorgung war also gewährleistet. Nadja und ich hingegen pinselten und rollten weiter. Bis 21.30 Uhr. Bis alle Decken des Erdgeschosses weiß waren und man ohnehin kein Licht mehr hatte, um vernünftig streichen zu können. Ich fuhr mit Nadja hinüber zu den Schwiegereltern, um noch etwas zu essen und bald darauf ins Bett zu gehen. Dabei merkte ich, dass ich mir etwas zu viel zugemutet hatte: Meine Arme waren nun derart schwer, dass es wirklich mühsam war, noch eine Gabel zum Mund zu führen. So stellte ich mir Lähmungserscheinungen vor: Ich hatte die Gabel in meiner Hand. Ich sah meine Hand. Ich brauchte sie nur zu heben. Dieses Heben war aber mit derartiger geistiger und körperlicher Anstrengung verbunden, dass es zur Qual wurde. Zusätzlich war ich plötzlich schrecklich müde, so dass ich nur noch eine halbe Stunde lang wortlos am Esstisch saß und ins Leere schaute. Der Akku war leer. Over and out. Zeit fürs Bett.

Schneeblindheit

Sonntag, 01. Mai

Projektdurchführung lenken und managen

Erster Mai. Feiertag. Schönstes Wetter. Die Nation genießt den Frühling. Das haben auch wir getan und trafen deshalb erst am Nachmittag an der Baustelle ein, um die letzten grauen Flecken an unserer weißen Decke auszubessern. Die Farbe hatte wirklich gut gedeckt, so dass nicht viel zu tun war. Graue Flecken ließen sich ohnehin nur schwer entdecken, denn durch die Weißstreicherei hatte inzwischen eine Art Schneeblindheit eingesetzt: Schaute man auf die weiße Decke, so hatte man inzwischen nur noch Punkte vor den Augen. Viel schlimmer war aber das anschließende Aufräumen der Baustelle: Für das kommende Wochenende hatte sich FingerHaus zum Tag der offenen Tür in unserem Haus angekündigt. Natürlich würde das mit einem Scheck für die Hauskasse verbunden sein. Grund genug, auch ein wenig Ordnung im Haus zu haben. Nicht zuletzt kommt das ja auch den Malern zugute, die Platz zum Arbeiten brauchen, wenn sie in der kommenden Woche den Wandputz auftragen.
So fegte Nadja eifrig die Räume, die noch immer vom Estrichstaub gefüllt waren, während ich Müll ins Auto brachte: Leere Fliesenkartons, Fliesenreste, Plastikfolien und so weiter. An der Baustelle gab es leider noch keine Mülltonne, weshalb ich das Zeug abtransportieren musste. Am frühen Abend sah die Baustelle aber dann aus wie aus dem Ei gepellt. Alles fertig zum Tag der offenen Tür!

Telefontag

Montag, 02. Mai

Vorgangsfolge festlegen | Terminplan steuern | Beschaffung verwalten

Zurück in Essen standen heute einige Telefonate an: Zunächst musste ich mit Herrn Fliege einen Termin für die Verlegung der Regenwasserleitungen vereinbaren. Das ging auch noch am schnellsten: Am Freitag wird gebuddelt. Nadja telefonierte derweil mit dem Malermeister. Dieser wird heute eine von ihr nominierte »Testwand« verputzen, die sie am Dienstag begutachten und aller Voraussicht nach abnehmen wird. Danach wird das ganze Haus von innen in gleicher Weise verputzt. An dritter Stelle das Telefonat mit Herrn Marops, in dem ich auf das fehlerhafte Profil im Elternbad, die verschmutzte Treppe und die nicht ausgeschäumten Löcher für die Außenbeleuchtung hinwies. Ergebnis: Das Profil im Elternbad schauen wir uns gemeinsam an, um nach einer Lösung zu suchen. An der Treppe klebt nur Gips, der sich leicht entfernen lassen wird. Das Ausschäumen der Löcher ist nicht erforderlich. Feuchtigkeit könne hier nicht eindringen, der Energieverlust sei zu vernachlässigen, wie der Blower-Door-Test bereits gezeigt habe.

Das letzte Telefonat dauerte dafür umso länger: Ich bestellte Mülltonnen bei der Stadt Selm. Nun ist es vor Ort so, dass man zwingend eine Restmülltonne, eine Biotonne, eine gelbe Tonne sowie eine Papiertonne benötigt, wobei man sich von der Biotonne auf Antrag befreien lassen kann, sofern man eine geeignete Kompostierungsmethode auf dem eigenen Grundstück nachweisen kann, was bei uns nicht der Fall ist. Kurz: Wir müssen künftig vier Mülltonnen auf unserem Anwesen verstecken. Die Restmülltonne wird bei windeltauglichen 80 Litern mit 249,60 € pro Jahr, die Biotonne mit 60 Litern Ladevolumen mit 64,20 € pro Jahr zu Buche schlagen. Großzügigerweise sind gelbe und blaue Tonne kostenlos. Was soll´s, ich werde mich nicht darüber ärgern, denn ändern kann ich ja an dieser Stelle ohnehin nichts.

Post Scriptum des Telefontags

Montag, 02. Mai

Beschaffung durchführen | Persönlichkeit beweisen

Ich möchte es nicht versäumen, ein weiteres wichtiges Ereignis des heutigen Tages zu protokollieren: Den Gartenmöbelangebotstag bei unser aller Lieblingsdiscounttempel Aldi. Auch ich als frischgebackener Eigenheimbesitzer konnte mit diesem Feiertag der Konsumgüterhochkultur endlich etwas anfangen, denn es gab ein Sonnenschirmangebot. Genauer gesagt war es ein recht hochwertig anmutender Ampelschirm in der Farbe unseres Hauses zu unschlagbaren 49 €. Grund genug früh vor Ort zu sein, um auch noch ein Exemplar ergattern zu können.
Natürlich war ich mit dieser Taktik nicht allein. Gegen 7:45 Uhr tummelten sich schon etwa 20 Menschen vor der Eingangstür des Marktes, bewaffnet mit dem Panzer des kleinen Mannes: Dem Einkaufswagen. Alle standen sie dort mit einem »Ich-bin-die-Ruhe-selbst-,-Ich-bin-absolut-cool-Gesichtsausdruck«, der immer nur dann entglitt, wenn irgendwer sich anschickte, sich eben nicht hinten, sondern seitlich in der Schlange einzureihen. In diesem Moment klapperten dann jeweils die Panzer und rückten noch näher zur Tür, um dem unseligen Konsum-Terroristen keine Lücke zum Vordrängeln zu bieten. Die Gesichter entspannten sich erst dann wieder, wenn sich der vermeintliche Angreifer dann doch am Ende der Schlange einreihte.
Zehn Minuten später sah die Sache dann schon etwas anders aus. Inzwischen standen etwa 50 bis 60 absolut gelassene Gesichter vor dem Markt. Jedoch verformte sich die Warteschlange langsam zu einer Traube, was den ursprünglichen Kopf der Schlange, also diejenigen, die sich die Nasen an der Tür plattdrückten, zur Weißglut brachte. Ich erspürte, dass der ein oder andere nun seinen Konsumpanzer in Stellung bringen würde, um auf die Menge zu feuern. Ich zählte laut: »Drei, zwei, eins, Feuer!« Während man sich vor mir umdrehte und sich fragte, warum ich rückwärts zählte, brach am Kopf der Schlange wie auf Kommando die »Ich-war-zuerst-da-Schlacht« los: Erwachsene Leute schimpften wie Kindergartenkinder und Politiker, um ihre Position im Rudel zu verteidigen. Mich amüsierte das prächtig. Nicht etwa weil ich Spaß an der Konfrontation gehabt hätte. Nein,

nein, es war viel subtiler: Ich hatte erkannt, dass alle im Gefecht verwickelten Kämpfer mit Panzern ausgestattet und damit sehr schwerfällig waren. Ich dagegen nicht. Einen Schirm würde ich auch noch so tragen können und dadurch wendiger sein, hatte ich zuvor gedacht. Das konnte sich nun auszahlen. Ich musste mich also lediglich still verhalten, im richtigen Moment gemächlich an der streitenden Meute vorbeispazieren, mir meinen Schirm nehmen und ebenso elegant wieder verschwinden. So der Plan. Die Rechnung ging auf, denn während die Panzer rasselten und ihrer Fahrer sich bekriegten, ging pünktlich um acht Uhr die Tür des Aldi Marktes auf. Während die Ellenbogen flogen, spazierte ich durch die sich auftuenden Lücken in den Aldi Markt, suchte die Ware meines Begehrs und schnappte mir einen Schirm. »Zeit zur Kasse zu spazieren«, dachte ich triumphierend. Dann kam der Moment, der so nicht geplant war: Die Meute hatte in der Zwischenzeit erkannt, dass ihr Krieg sie vom Einkaufen abhielt, entknotete sich und stürmte den Laden. Vor mir tauchte eine Wand aus wildgewordenen, mit Gehhilfen um sich schlagenden Rentnern auf, die sich auf Gartenstühle und Sonnenschirme stürzte. Wer braucht Wunderheiler, wenn er Aldi hat? Der hilfsbedürftige Seniorenteil unserer Gesellschaft vollbrachte vor meinen Augen olympische Höchstleistungen: Gewichtheben, Weitsprung, Boxen. Die hatten alle Chancen, mal wieder ordentlich Gold nach Deutschland zu holen, wenn man ihnen nur ein Sonderangebot in Aussicht stellte! Ganz nebenbei steuerten die sogar noch ihre Konsum-Panzer! »Gelernt ist eben gelernt«, dachte ich noch amüsiert, als mich der Prothesen-Tsunami überrollte. Da stand ich nun mit meinem Schirm und wurde von den Wogen der Konsumgesellschaft hin und her geschoben. Eine Kriegsherrin packte sich sogar meinen Schirm, um diesen zur Lanze umzufunktionieren und mich gewaltsam wegzuschieben.

Moment mal. Griff mich da etwa jemand an? Im Aldi Markt? Wegen eines Gartenartikels? So nicht. Nun war Schluss mit pazifistisch! Nun wurde der Schlipsträger zum Tier: Ich stellte meinen Schirm ab. Ich zog mir die eben noch so mutige Kriegsherrin am Kragen heran, schaute ihr tief in die fragenden Augen und sagte leise: »Ich bin einer derjenigen, vor denen dich deine Eltern immer gewarnt haben. Du benimmst dich hier wie eine offene Hose, weil du geil auf ´nen Gartenstuhl bist. Auch das hätten sich deine Eltern so sicher nicht vorgestellt. Du hast genau jetzt die Möglichkeit

noch einmal über dich nachzudenken und wortlos aus meinem Tanzbereich zu verschwinden, bevor mein Schirm wundersam in dir verschwindet!«
Hatte ich das grad wirklich gesagt, mich auf das Niveau der Meute begeben? Ich hatte. Noch bevor ich Zeit hatte darüber nachzudenken, dass ich selbst grade zum Tier geworden war, verschwand die Kriegsherrin so flink wie wortlos in der Menge. Mehr noch: Scheinbar hatte der eine oder andere die Szene bemerkt, so dass ich freies Geleit durch eine schmale Gasse aus der Menschentraube heraus bekam, nachdem ich freundlich lächelnd meine Krawatte gerichtet hatte. Meinen Schirm hatte in der Zwischenzeit ebenfalls niemand angerührt, so dass ich auch diesen in aller Seelenruhe mitnahm, um bald darauf als erster an der Kasse zu stehen. Ich riet der Kassiererin freundlich, sich nicht provozieren zu lassen, denn die Meute dort hinten sei unberechenbar. Sie dankte freundlich, sagte aber, dass das der ganz normale Wahnsinn sei. »Armes Deutschland«, dachte ich, verstaute meinen Schirm im Auto und fuhr in Richtung Büro.

Hey, ihr respektgierigen Wiederaufbauer Deutschlands da draußen: Ihr seid´s die sich über angetrunkene Jugendliche aufregen. Ihr seid´s, die zum Wutbürger werden, wenn eine Gartenhecke die in einer Satzung festgelegte Höhe um 3 cm überschreitet. Ihr seid´s die stetig mit dem Finger auf andere zeigen. Und ihr seid´s, die im Aldi montagsmorgens um acht wegen eines Gartenstuhls zum Neandertaler werdet. Meinen Glückwunsch, eine große gesellschaftliche Leistung. Denkt mal drüber nach.

Haus fast einzugsfertig!!!

Montag, 23. Mai

Projektdurchführung lenken und managen | Terminplan steuern | Persönlichkeit beweisen

Nun sind zwei Wochen vergangen, seit ich den letzten Eintrag ins Tagebuch geschrieben habe. Zwei Wochen meines Urlaubs. Zwei Wochen von Papas Urlaub. Zwei Wochen des Anpackens, 13 Stunden täglich. Der Chor der Selbstzerstörung meiner Knochen hat sich inzwischen dem Gospel abgewandt und ist zum Death Metal konvertiert. Dennoch möchte ich sagen: Wir waren erfolgreich! Firma Fliege war pünktlich am Freitag vor

Ort und verlegte mit mir die Regenwasserrohre. Sogar meinen 1.000 l Regenwassertank konnte ich verbauen. Alles ist dicht und funktioniert bestens. Die Stadt Selm war vor Ort, um die Trennung der Schmutz- und Regenwasserleitungen zu kontrollieren, über die ich ja schon eine Bescheinigung eingereicht hatte. Naja, doppelt hält wohl besser. Finger-Haus war bei uns und hat einen Tag der offenen Tür veranstaltet, was uns einen kleinen Obolus eingebracht hat. Alle Fliesen sind verlegt und verfugt. Die Teppiche und das Laminat sind drin. Das komplette Haus ist gestrichen. Die Couch und der Esstisch stehen bereits an ihrem Platz, die Laufschienen für die Vorhänge am Fenster sind montiert. Alle Wasseranschlüsse haben entsprechende Armaturen, die Duschwände stehen. Die Badewanne ist angeschlossen, die Terrassenunterkonstruktion ist fertig. Der Rasen ist gesät, obwohl die Landschaftsbauer die Fläche erst drei Wochen nach dem angekündigten Termin begradigt haben. Die Garage ist von der Fa. Groch gebaut worden und wartet nur noch auf ihr Tor,das wohl heute montiert wird. Der mühsam erkämpfte Sonnenschirm hat es hinter sich: Nach zwei Tagen Gebrauch ist das Standrohr einfach der Länge nach aufgerissen. Dabei hat nicht einmal starker Wind geweht. Wenigstens verlief der Umtausch reibungslos. Die Türen im Haus wurden noch einmal von der Fa. Böhne vermessen. Allerdings sind die Zargen erst in sechs Wochen lieferbar. Erst dann können auch die Fußleisten an den jeweiligen Wänden fertiggestellt werden. Auch unser Ofen ist geliefert worden. Allerdings nicht wie bestellt mit rückseitigem Abgasrohr, sondern mit »oben« montiertem. Nach einigen Telefonaten weiß ich nun, dass ich das entgegen der Beteuerungen seitens FingerHaus selbst umbauen muss. Darüber werden wir wohl noch mal reden müssen: Immerhin haben wir dieses 174 kg Paket nur deshalb selbst hineintragen müssen, weil unsere Anschlussvariante des rückseitig montierten Rohrs nicht dem Standard entsprach. Somit hieß es: Selbst tragen und anschließen. Nun soll ich auch noch umbauen.

Auch die Heizung macht noch kleine Probleme: Nachdem wir in der ersten Woche mit einer Raumsolltemperatur von 30°C gearbeitet haben und uns wunderten, dass die Fugenmasse für die Fliesen schneller trocknete, als man sie verarbeiten konnte, habe ich herausgefunden, wie man das Teil herunterdreht. Welch Luxus! Das Haus hatte sich also gar nicht von der prallen Sonne, sondern durch die Heizung aufgeheizt. Die zweite Woche verlief dagegen angenehm kühl. Warmes Wasser will die Heizung dagegen noch nicht produzieren. Es wird also Zeit für eine technische Einweisung seitens FingerHaus.

Die Bambuspaneele für die Terrasse wurden von der Polizei auf der Autobahn gestoppt. Aus welchem Grund auch immer. Man wird mich kontaktieren, sobald sie wieder verfügbar sind und sie mir gern auch an einem Sonntag zustellen. Das macht aber nichts, denn die Terrasse ist ja nun nicht lebenswichtig und die Unterkonstruktion ist bereits fertig. Unter dem Strich ist das Haus jedoch einzugsbereit! Am 03. Juni wird die Küche eingebaut werden, am kommenden Donnerstag werde ich in die erste Abnahmerunde mit Herrn Marops gehen. Bisher habe ich nur kleinere Schönheitsmängel gefunden, die ich noch auf einer Liste zusammentragen werde. Deutliche Beeinträchtigungen sind bisher nicht aufgefallen.

Bleibt noch zu dokumentieren, dass das alles nicht ohne die Hilfe von Papa und den Schwiegereltern möglich gewesen wäre: Papa, als Held des Handwerks, hat sich in Form von Blutspritzern auf Fliesen und Estrich verewigt, die Schwiegereltern sorgten mit Kost und Logis dafür, dass wir unser Gewicht gehalten haben. Und das zwei Wochen am Stück. Ich meine, wir sprechen hier ja nicht über eine Zwei-Tages-Aktion. Wie wir das wohl wieder gutmachen können ...

Ich kann aus meiner Sicht jedenfalls sagen, dass sich meine Psyche innerhalb der letzten zwei Wochen von Euphorie und Aktionismus über Apathie und Verzweiflung mit einer Brise Aggression und darauf folgender Gleichgültigkeit, hin zu neuer Motivation entwickelt hat. Wenn man an Tag sieben in einem 28 Grad warmen Dachgeschoss steht, den letzten Raum des Hauses in Weiß streicht und feststellt, dass man innerhalb einer Woche noch diverse Böden und Sanitärobjekte zu bearbeiten hat, kann das schon Spuren in der Seele hinterlassen. Ich denke, dass das auch für Papa galt. Alle diese Phasen bargen ihre Gefahren und ihre Vorteile für das Projekt: Aggression hält einen zumindest im Rennen, wenn die Gelenke schmerzen, Gleichgültigkeit gefährdet den Fortgang der einzelnen Arbeitspakete. In solchen Momenten hilft lediglich, die zuvor gestrickte Aufgabenliste stupide abzuarbeiten und nicht weiter darüber nachzudenken, welcher Sinn wohl in dieser Planung stecken mag. Es empfiehlt sich also, die Planung zuvor bei klarem Verstand zu komplettieren, um sich selbst einen

»roten Faden« zu schaffen, an dem man sich in den labilen Phasen festhalten kann.
Physisch sah es ganz ähnlich aus. Man kennt das ja von »normalen« Renovierungen: Man fängt an, ist am nächsten Tag im Eimer, macht aber trotzdem irgendwie weiter. Ich muss gestehen, es gab Abende, an denen sich die Bierflasche beim besten Willen nicht mehr zum Mund führen ließ. Da blieb nur noch schlafen! Auch die Gelenke in den Fingern begannen zu schmerzen, so dass man unweigerlich an Gicht dachte. Die Stufen der Treppe schienen von Tag zu Tag höher zu werden. Das zumindest suggerierten die Knie. Ich bin daher dazu übergegangen, den Morgen mit leichten Arbeiten zu beginnen, bevor ich wieder richtig angepackt habe. So ließen sich die Gelenke besser schmieren. Es gab aber auch positive Effekte: Habe ich vor drei Wochen noch einen 40 kg Sack Estrich/Beton mehr verzweifelt als souverän geschleppt, lässt sich ein solcher inzwischen recht elegant transportieren. Es hat sich scheinbar also auch ein Trainingseffekt eingestellt. Auch Brust- und Poumfang haben sich trotz Schwiegermamas bautauglicher Kraftkost recht positiv entwickelt, wie mir der heutige Sprung in den Businessanzug bestätigt. Naja und ich habe es hinbekommen, mehr als 10 m mit Anhänger hinter meinem Auto rückwärts zu fahren, bevor dieser in eine zufällige Himmelsrichtung ausbrach. Ein großer Erfolg, denn bisher tat er dies immer schon nach 2 m. Übung macht halt den Meister.

Farbspektakel & technische Abnahme

Montag, 30. Mai

Projektdurchführung lenken und managen	Projekt oder Phase abschließen	Inhalt und Umfang verifizieren	Inhalt und Umfang steuern

Erwähnte ich nicht erst im letzten Eintrag, dass unsere Terrassendielen irgendwo auf einer Autobahn von der Polizei angehalten wurden und uns kulanter Weise nach Vereinbarung auch an einem Sonntag zugestellt werden sollten? Gestern hing ein Zettel einer Spedition Kockel aus Soest an der Haustür der Baustelle. Man habe eine Lieferung für uns, jedoch wurde niemand angetroffen. »Das mag daran liegen, dass ihr eine Woche zu spät dran seid«, dachte ich, als mir hiervon berichtet wurde. Heute habe ich die Spedition angerufen. Eine nette Dame hat sich bereiterklärt, die Lieferung am 03. Juni erneut zuzustellen. Darüber habe ich auch Herrn

Beseke informiert, bei dem wir das Holz bestellt hatten. Nach einigen Flüchen in Bezug auf die Spedition ist er nun aber auch beruhigt. Der 03. Juni passt mir gut, denn an diesem Tag soll auch unsere Küche geliefert werden. Zusätzlich kommt der Schornsteinfeger, um den Ofen in Betrieb zu nehmen. Last but not least werden auch die Netzwerkjungs die letzten Arbeiten in Sachen TV und Netzwerk durchführen und die Garage verkabeln. Es wird also wieder ordentlich was los sein an der Baustelle.

Eine weitere Katastrophe hat sich ereignet, als die Baufrau in Person Nadjas am Montag die Garage in Augenschein nahm. Zitat: »Die Farbe geht ja gar nicht!« Zitat Ende. Hatte ich beim Bau der Garage noch lustig erklärt, dass die Hausfarbe nicht zu 100 % getroffen sei, wir aber so penibel nicht seien, sah Nadja das offenbar anders. Ich möchte das noch einmal näher darlegen: Das Haus ist beige, sandfarben. Die Garage eigentlich auch, jedoch einen Stich gelber, etwas »zitroniger«. Während der Bauherr an dieser Stelle denkt »Ist ne Garage«, und das Thema abhakt, denkt die Baufrau hier »Skandal! Falschlieferung! Umtausch!«
Ich muss zugeben, so ganz Unrecht hat sie nicht. Schließlich war uns ja eine Garage in Hausfarbe angeboten worden. Erste Zweifel drängten sich auf, als ich sah, dass hier Brilux-Putz verwendet wurde, während das Haus mit Putz aus dem Hause Sto eingekleidet worden war. Das Ergebnis spricht für sich. Eigentlich ein klarer Reklamationsgrund, wäre da nicht ein winziges Detail: Die Garage stammt von Thorsten, welcher Ehemann einer Mama aus Nadjas Krabbelgruppe ist. Kurz: Es gibt hier nicht nur geschäftliche Beziehungen, was die Reklamation naturgemäß nicht grade leichter macht.
Dennoch habe ich mit Thorsten gesprochen. Die Garage ist top. Bis eben auf die Farbe. Er war der Meinung, dass es immer Farbunterschiede gebe. Selbst dann, wenn man das gleiche Putz-Produkt nehme. Wir könnten allerdings noch einmal mit der Farbe von Sto drüberstreichen, um bessere Ergebnisse zu erzielen. Natürlich auf unsere Kosten. Dies wiederum ist nicht im Sinne der Baufrau. Diplomatischerweise habe ich weitere Verhandlung an selbige übertragen.

Heute stand dann noch die technische Abnahme des Hauses gemeinsam mit Herrn Marops an. Ein wichtiger Meilenstein beim Hausbau. Hier, so hatte ich mir vorgestellt, würde es kritisch werden. Jeder Mangel musste dokumentiert sein. Vielleicht würde ich mir sogar einen Sachverständigen an die Seite stellen, den ich wie einen Wachhund auf den Bauleiter hetzen konnte, sofern man mich über den Tisch ziehen wollte. Heute stand ich jedoch mit einem Zettelchen vor Ort, auf dem Dinge standen, wie »Beule in Fensterbank« oder »noch keine technische Einweisung zur Heizung erfolgt« oder »Ofen mit falsch montiertem Rohr geliefert« oder »Schaltung von Licht und Steckdose verdreht«. Kein Sachverständiger. Kein Grund für Gemetzel. Was ich sagen will: Es gibt keine weltbewegenden Beanstandungen. Wir haben ein bewohnbares Haus mit Flüchtigkeitsfehlern, die ich auch selbst beheben könnte. Lediglich Kleinigkeiten standen auf der Liste, was den Meilenstein irgendwie zur reinen Formsache machte. Dennoch hatte ich mir vorgenommen, FingerHaus für diese Kleinigkeiten vielleicht noch etwas Preisnachlass zu entlocken, sofern die Behebung nicht ohnehin für die Endmontage geplant war.

Projekt oder Phase abschließen

»Projekt oder Phase abschließen« umfasst alle Aktivitäten, um das gesamte Vorhaben oder einen Teilabschnitt formal abzuschließen. Hierzu gehört auch die Entlastung der Mitarbeiter, so dass diese offiziell für neue Aktivitäten freigestellt sind. Teil dieser Entlastung sollte auch immer die Durchführung eines »Lessons Learned-Gespräches« sein, um Verbesserungen für künftige Vorhaben zu ermöglichen sowie den betroffenen Mitarbeitern noch einmal ein Forum für Hinweise jeglicher Art zu eröffnen. Oftmals werden in der Praxis Projekte nicht formal abgeschlossen, so dass im Nachgang oft nicht klar ist, ob bestimmte Aktivitäten nun noch zum Projekt gehören und damit auch den Regelungen des Projekts unterliegen oder aber ob es sich bereits um neue Aktivitäten handelt. Im heutigen Eintrag des Bautagebuchs wird der Abschluss der Bauphase mit FingerHaus durch die technische Abnahme eingeleitet, indem die Ortsbegehung erfolgt. Nach letzten Nacharbeiten kann FingerHaus also aus der Bauphase des Projekts entlassen werden.

Inhalt und Umfang verifizieren

»Inhalt und Umfang verifizieren« umschreibt die Aktivitäten zur Prüfung der erbrachten Liefergegenstände gegenüber der ursprünglichen Planung. Gibt es an dieser Stelle Abweichungen, so können hieraus Änderungen hervorgehen, die im Folgeprozess »Inhalt und Umfang steuern« initiiert werden. Der Prozessschritt »Inhalt und Umfang verifizieren« wurde durch meine Begleitung des Baufort-

schritts auch schon wesentlich früher durchgeführt. Am heutigen Tag der technischen Abnahme wird er jedoch besonders deutlich, so dass er seinen Platz an dieser Stelle finden soll.

Inhalt und Umfang steuern

»Inhalt und Umfang steuern« ist der logische Folgeprozess von »Inhalt und Umfang verifizieren«. Sind dort Abweichungen aufgetreten, so wird hier entschieden, wie mit diesen zu verfahren ist und es werden entsprechende Änderungen initiiert.

High Noon auf Cappenberg

Projektdurchführung lenken und managen | Stakeholdereinbindung managen

Samstag, 04. Juni

Ein Haus braucht auch einen Eingang. Ach was, eine Pforte! Nicht zuletzt deshalb, sondern auch wegen des anstehenden Einzugs habe ich mich entschieden, die Europallette vor dem Eingang gegen eine »Rampe« aus verdichtetem Schotter zu ersetzen. So wird der Eingang wesentlich leichter erreichbar sein. Insbesondere wenn man Kleinkind oder schwer bepackter Umzugshelfer ist. Jener Schotter muss ohnehin dort hin, denn er wird später als Fundament für den Eingang aus Granitplatten dienen. Also: »Schippe in die Hand und los geht´s!«, dachte ich.
Während ich also fleißigst schaufelte, spürte ich in meinem Nacken schon, wie Pommes-Willi unruhig hinter seiner Hecke auf und ab lief. Ich wusste: Er musste bald was sagen. Aber würde meine von körperlicher Arbeit geplagte Seele das verkraften können? Ich schaufelte, drehte mich aber nicht um. Dann geschah es. Er sprach:

»Wat machse?«

»Schippen.«

»Schotter?«

»Richtig.«

»Warum?«

»Weil ich nächste Woche einziehe und nicht ins Haus klettern möchte.«

»Dat is doch scheiße. Bau doch lieber wat Vernünftiges.«

»Daraus wird später was Vernünftiges gebaut. Für den Einzug muss es erst mal reichen.«

»Dat is doch scheiße. Mach dat wech.«

»Willi, mein Haus, mein Eingang, mein Schotter.«

»Mach die Scheiße wech, dat bringt nix!«

»Willi, verstehst du´s nicht? Lass mich in Ruhe, ich weiß, was ich tu.«

»Nix weißt du! Dat ist alles scheiße, wat du da machst. Mach dat wech!«

»Willi, stop. Gut zugehört: Du machst jetzt den Kopf zu und kümmerst dich um deine Sachen. Wenn ich ´nen Tipp haben will, melde ich mich bei dir. Schließlich rede ich dir auch nicht rein, nur weil du in ´ner hässlichen Scheune wohnst. Wenn du mich dagegen nicht umgehend in Ruhe lässt, spring ich dir gleich über die Hecke und mach dir den Kopf selbst zu!«

»Du bist doch genau so wie der Rest deines Klans! Dabei bin doch ich die Macht auf Cappenberg!«

Rief es und verschwand fluchend und eiligen Schrittes in seiner Scheune, während ich in Ruhe schaufeln konnte. Ziel erreicht. Manchmal muss man wohl auch mit Stakeholdern brechen, denn man kann´s nicht jedem Recht machen. Seine Flüche schallten noch den lieben Abend lang aus dem Anwesen, mich interessierten sie nicht. Ich fühlte mich allenfalls an die dunklen Seiten der deutschen Geschichte erinnert, wenn ich dem Größenwahn des selbsternannten Dorfkönigs lauschte.

Von nun an sprach also auch ich nicht mehr mit Pommes-Willi. Und dabei hatte ich mich schon gewundert, dass er ohnehin von allen Nachbarn gemieden wurde.

Einzug ins neue Heim

Projekt oder Phase abschließen

Donnerstag, 16. Juni

Gut zwei Jahre nach dem ersten realistischen Gedanken an den Bau eines Hauses sind wir heute in unser Eigenheim eingezogen. Auch diesen Schritt haben wir detailliert geplant: Von der Einbindung von Freunden und Verwandten über das frühzeitige »Aussortieren« unserer Habseligkeiten schon im letzten Jahr, das Einpacken des Hausstands parallel zum Hausbau, den Verkauf der alten Küche im Internet bis hin zum Anmieten eines Lkws und dem heutigen Umzug ist alles absolut reibungslos verlaufen. Das Projekt-Arbeitspaket »Umzug« ist neben der Durchführung der Baumaßnahmen kaum aufgefallen. Es ist wirklich unglaublich: Das Team Essen hat innerhalb von wenigen Stunden schon gestern den Lkw beladen. Am heutigen Morgen ging´s dann los in Richtung Münsterland, wo Team Cappenberg uns schon erwartete, um wiederum innerhalb weniger Stunden zu entladen. Da die Küche bereits betriebsfertig und alle Böden verlegt sind, musste alles quasi nur an seinen neuen Platz gestellt werden und das Wohnen konnte beginnen. So einfach hatte ich mir das nicht vorgestellt. Es ist nichts zu Bruch gegangen. Zwar sind wir alle nun müde, irgendwie emotional vom neuen Heim ergriffen und für all die Hilfe unserer Helfer riesig dankbar, dennoch können wir festhalten, dass jeder von uns ein gemütliches Plätzchen zum Schlafen, zum Essen und insbesondere Marie ein spieltaugliches Kinderzimmer hat!
Unser Ziel, nicht in eine Baustelle einzuziehen, ist erreicht: Es wächst Rasen im Garten. Die Terrasse ist noch in der letzten Woche fertig geworden. Ein provisorischer Schotterweg versetzt uns in die Lage, trockenen und sauberen Fußes ins Haus zu gehen. Im Haus selbst ist ebenfalls alles Wesentliche fertig. Lediglich die Türzargen fehlen noch. Diese werden am Anfang der kommenden Woche geliefert und eingebaut. Das ist nicht etwa einer Verzögerung zuzuschreiben, sondern der Absicht,

beim Einzug keine Macken in die Türen schlagen zu wollen. Wir haben uns daher entschieden, dieses Gewerk nach dem Einzug zu vollenden.

Damit ist ein wichtiger, nein der wichtigste Meilenstein in unserem Projekt erfolgreich umgesetzt worden. Ich sitze in meinem neuen Wohnzimmer und kann es kaum glauben.

6. Abschluss

Feinschliff & letzter Logbucheintrag

Sonntag, 14. August

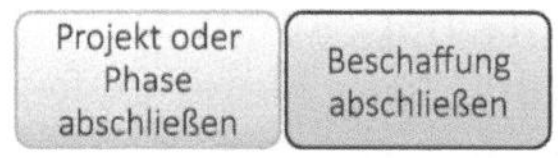

Sagte ich vor gut zwei Monaten, es sei kaum zu glauben? Es ist noch immer kaum zu glauben: Wir sind Hausbesitzer. Noch immer sitze ich samstagsmorgens am Frühstückstisch und sage zu Nadja: »Is schön geworden, oder? Wir haben´s echt gut. Es ist wirklich genauso, wie´s geplant war. Unglaublich.«

In den letzten Wochen habe ich alle Abnahmedokumente an FingerHaus geschickt, so dass das Projekt »Mette-Castle« auch hier geschlossen werden kann. Auch die Bank wurde über den Abschluss der Arbeiten informiert, der Budgetabschluss in unserer Tabelle ist erledigt. Alle beteiligten Handwerker haben ihr Geld, eine Abnahmebestätigung und ein großes Dankeschön von uns bekommen.
Bei FingerHaus ist das Projekt offenkundig in den Regelbetrieb und damit an den Kundenservice übergegangen. Auch hier liest man uns nahezu jeden Wunsch von den Lippen ab, obwohl man ja schon das Geld kassiert hat. So habe ich beispielsweise wegen einer kleinen Macke im Fenster gefragt, ob hier wohl die Gefahr eines späteren Risses bestehe. Zwei Tage später hat FingerHaus das Fenster ausgetauscht. Ich habe gefragt, wie man am besten die Klebereste vom Treppenschutz von der Treppe entferne. Drei Tage später lag Spezialkleberentferner im Briefkasten. Ich habe gefragt, wie man die Haustür sauber einstellt. Zwei Tage später war FingerHaus vor Ort, um die Tür einzustellen. Dabei hatte ich gar nicht verlangt, dass all diese Dinge zu tun seien. Ich hätte das Meiste davon selbst erledigt, wenn man einfach gesagt hätte, was ich zu tun habe. Stattdessen nimmt der Kundenservice seinen Job wörtlich. Hier zeigt sich, dass wir den richtigen Partner gewählt haben und nach Projektabschluss nicht einfach mit unserem Haus alleingelassen werden.

Natürlich sitzen wir nach dem offiziellen Abschluss nicht einfach in unserem Haus herum. Eigentlich geht die Eigenleistung nun nahtlos weiter, wobei sie nicht mehr aus dem Projektbudget finanziert werden muss. Ziel war es, ein bewohnbares Haus zu errichten, dessen Innenausbau abgeschlossen ist. Die Türen sind wie geplant eingebaut worden, so dass man dieses Ziel ruhigen Gewissens als erreicht betiteln darf. Für uns ging es damit im Außenbereich weiter: Der Spielturm für Marie steht, der Rasen wächst. Ich habe 60 m Randsteine in Beton gesetzt und die Zuwege zu unserem Haus befestigt, damit sie später gepflastert werden können. Ich habe den »Burggraben« rund um unser Grundstück gestaltet. Es gibt nun ein Beet mit kleinem Brunnen vor dem Haus. Und so weiter und so weiter. Bei vielen Dingen helfen uns nach wie vor Eltern und Freunde, das Wetter ist auf unserer Seite. Somit gibt es keinen Zeitdruck mehr und alles verläuft in quasi alltäglichen Bahnen. Inzwischen habe ich nicht nur dickere Arme, sondern auch das echte Gefühl, Dinge rund ums Haus einfach selbst in die Hand nehmen zu können.

Wir sind also angekommen. Angekommen in unserem Haus, angekommen auf Cappenberg. Ja, wir sind angekommen in einem neuen Leben und leben mit einer neuen Lebensqualität. Mein Fernseher ist nach wie vor auf der Strecke geblieben. Das ist aber auch das einzige Manko, das ich am Projekt finden kann.

Wir sind absolut glücklich!

Tschüss Tagebuch!

Beschaffung abschließen

»Beschaffung abschließen« befasst sich mit dem kaufmännischen Abschluss der Beschaffungsaktivitäten. So ist zu verifizieren, dass alle Rechnungen beglichen sind, die Beschaffungsdokumentation vollständig ist und alle Dienstleister beispielsweise mit einem Abschlussschreiben über ihre Entlastung informiert werden.

7. Auswertung des Experiments

Lessons Learned

Das schönste Experiment bringt ja nun nichts, wenn man sich nicht Gedanken um dessen Auswertung macht. Abgesehen vom Experiment ist es jedoch auch empfehlenswerter Bestandteil eines jeden Projekts, nach getaner Arbeit oder auch nach furiosem Scheitern mit etwas Abstand einmal zurückzublicken. »Lessons learned« ist das Stichwort, das diesen Vorgang im Businessumfeld beschreibt.
Sinn und Zweck ist es an dieser Stelle nicht etwa Schuldige zu finden, sondern möglichst neutral zu analysieren, welche Dinge im Projekt besonders schlecht oder auch besonders gut gelaufen sind. Getreu dem Motto »Mache Fehler, aber lerne daraus!« macht man sich noch einmal aktiv bewusst, wann warum welche Entscheidung getroffen wurde und welche positiven oder negativen Konsequenzen daraus resultierten. Auf diese Weise lassen sich Lehren ziehen, die an die Nachwelt im Unternehmen weitergegeben werden und in den eigenen Erfahrungsschatz einfließen.
Ein wichtiger Faktor ist an dieser Stelle die Dokumentation des Projekts. Hieraus gehen optimalerweise alle Entscheidungen und Hintergründe hervor und Änderungen an den Projektzielen sind in Form des Änderungsmanagements festgehalten worden.

Hier findet sich schon der erste Kritikpunkt an der Umsetzung meines »Cappenberg-Experiments«: Während ich die Verlaufsdokumentation im Rahmen des Tagebuchs realisiert habe und damit zugleich die wichtigsten Stakeholder mittels Internetblog informiert gehalten habe, ist das Thema Änderungs- oder Change Management nahezu gänzlich unter den sprichwörtlichen Tisch gefallen.
Das liegt insbesondere daran, dass wir sehr viel Zeit auf eine detaillierte Formulierung der Ziele und Anforderungen verwendet haben. Jede Wand, jede Steckdose unseres Hauses war zum Zeitpunkt der Unterschrift des Werkvertrags festgelegt. Hieran wurde keine Änderung mehr nötig. Die

Zeit- und Kostenplanung hatte durch Werkvertrag, entsprechende Reserven und das Risikomanagement Bestand. Auch hier gab es während der Projektdurchführung keine Änderungen. Jene Änderungen, die im »Mikrokosmos« einzelner Arbeitspakete erforderlich wurden, hatten also keinen Einfluss auf die übergreifende Zeit- und Kostenplanung und konnten somit zwischen den wichtigsten Stakeholdern des Projekts, nämlich Nadja und mir, vereinbart werden. Auf einen Beantragungs- und Nachverfolgungsprozess haben wir in diesem Rahmen verzichtet. In einem Unternehmen sollte ein solches Vorgehen sorgfältig abgewogen werden.

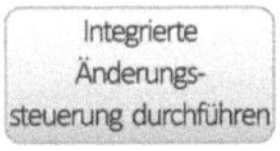

»Integrierte Änderungssteuerung durchführen« umfasst alle Aktivitäten zur Lenkung von Änderungsanforderungen (Change Requests) innerhalb des Projekts. Dies umfasst die Kommunikation, die Genehmigung, die Initiierung, die Durchführungsüberwachung sowie die Wirksamkeitsnachverfolgung dieser Change Requests. Zusätzlich geht aus Change Requests in aller Regel eine Änderung an Zeit- und Kostenplanung oder auch am Projektmanagementplan hervor. Auch diese Änderungen werden hier initiiert.

Ebenfalls im Zuge des Werkvertrags wurden die Prozesse zur Personalbeschaffung und der Personalverwaltung vernachlässigt: Als Bauherren hatten wir selbst keine Notwendigkeit, Personal zu beschaffen. Allenfalls hinsichtlich unserer familiären Helfer oder der Freunde beim Umzug haben wird ein wenig Teammanagement betrieben. Eigentlich dreht sich das Thema Personalbeschaffung und -entwicklung innerhalb des Projekts aber darum, Projektmitarbeiter zugunsten des Projekts weiterzuentwickeln und Teammanagement zu betreiben, um die Zusammenarbeit im Projekt zu optimieren. Dies ist also ein Thema, das maßgeblich auf den Erfolg eines Projekts Einfluss nimmt. In unserem Fall wurde das Thema Personal aber nahezu gänzlich von FingerHaus als Generalunternehmer abgedeckt.

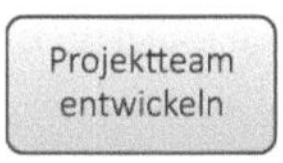

»Projektteam entwickeln« bezeichnet alle Aktivitäten zur Weiterentwicklung der fachlichen Kenntnisse der Projektmitarbeiter. Ziel ist es, die Mitarbeiter, beispielsweise durch Fortbildungsmaßnahmen, optimal für das Erreichen der Projektziele vorzubereiten. Dies erhöht nicht nur die Qualität der Liefergegenstände des Projekts, sondern steigert auch die Mitarbeitermotivation und damit den

Teamzusammenhalt. Der Zusammenhang erschließt sich dann, wenn man bedenkt, dass ein Mitarbeiter, der sich mit seinen Aufgaben überfordert fühlt, ganz sicherlich nicht hochmotiviert und effizient agieren kann.

Verhältnis von Planungsaufwand und Umsetzung

Schaue ich mir mein Tagebuch an, so stelle ich fest, dass ich mich in etwa ein Jahr lang damit beschäftigt habe, Projektziele zu skizzieren und nachfolgend zu detaillieren. Ich habe mich gemeinsam mit Nadja am Markt umgeschaut, um potenzielle Haushersteller zu finden. Wir haben bei verschiedensten Unternehmen nach Preisen für die verschiedensten Gewerke gefragt. Ja, ich habe selbst im Baumarktkatalog immer wieder nachgeschaut, was ein Paket Schrauben oder ein Quadratmeter Fliesen kostet, um eine realistische Budgetkalkulation zu entwickeln. Danach haben wir mit Geodreieck und Lineal in die Angebote von FingerHaus gezeichnet. Das Angebot wurde entsprechend angepasst. Wir haben Steckdosen und exakte Fensterpositionen festgelegt, ehe FingerHaus auch nur eine Unterschrift von uns hatte. Ein Jahr lang ist nahezu nichts passiert, woran irgendwer Geld mit uns verdient hätte.

Im krassen Gegensatz dazu hat die Umsetzung von der Hausaufstellung bis zum Einzug grade einmal drei Monate gedauert, wenn man den dreitägigen Bau der Bodenplatte und die anschließende Winterpause außer Acht lässt.

Nun mag man denken, dass ein solcher Planungsaufwand doch unverhältnismäßig sein muss. Grade dieser Fehler ist jedoch ein sehr häufig gemachter: Insbesondere in Unternehmen gibt es Vorbehalte gegenüber den Kosten, die für die Planung eines Projekts entstehen. Schließlich steckt man zunächst bares Geld in Planungsaufwände, ohne dafür eine direkte Gegenleistung oder ein Produkt zu bekommen. Mehr noch: Sollte sich bei der Planung herausstellen, dass das Projekt unrealistisch ist, wäre diese Investition gänzlich ohne Gegenwert geblieben.

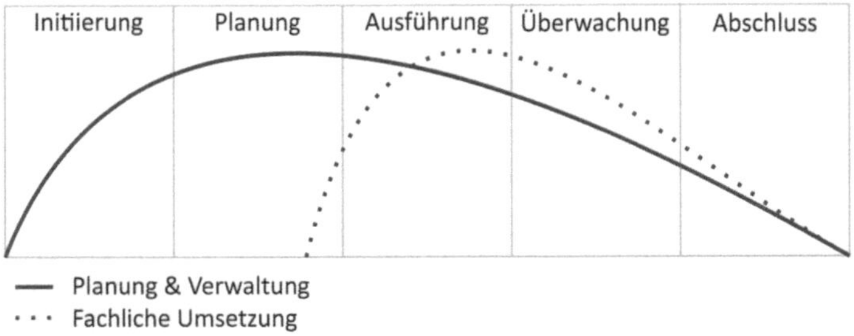

Abb. 8 Verhältnis zwischen Planung und Umsetzung

Schlussendlich zeigt sich aber – und das ist ebenfalls ein ganz wesentliches Ergebnis des Cappenberg-Experiments –, dass durch die intensive und detaillierte Planung des Vorhabens im Projektverlauf sogar Budget eingespart wird: Es werden kaum zusätzliche Finanzmittel notwendig, weil Risiken vorhergesehen und vermieden werden können. Es wurde kein zusätzliches Geld notwendig, weil Projektziele und deren Kosten intensiv ausgearbeitet und kalkuliert wurden. Ziehen wir hierzu den Tag der Bemusterung des Hauses heran: Während der Planungsphase haben wir uns bereits mit den Inklusiv-Leistungen von FingerHaus in Form der Bauleistungsbeschreibung befasst. Wir wussten also recht genau, wo das Delta zwischen unseren Wünschen und den im Paketpreis enthaltenen Leistungen zu suchen war. Erst dieser Aufwand hat uns in die Lage versetzt, das endgültige Angebot noch einmal zu verhandeln, zusätzliche Leistungen in den Endpreis aufzunehmen und auf diese Weise kaum Zusatzkosten bei der Bemusterung befürchten zu müssen. Es soll Bauherren geben, die an diesem Tag zusätzliche zehntausend Euro in ihr Baubudget einzubauen hatten oder aber ohne viele Dinge in ihr Haus eingezogen sind, die sie gern gehabt hätten.

Eine detaillierte Planung gibt also entsprechende Sicherheit im Projektverlauf und vermeidet zusätzliche Kosten.

So war es im Experiment auch zu verschmerzen, dass wir uns bei den Kosten für die Gründung, also für die Bearbeitung des Bodens, schlicht

verkalkuliert haben. Aus geplanten 3.500 € wurden mehr als 10.000 €, die nur durch entsprechende Geldpuffer, sogenannte »Management Reserve«, aufgefangen werden konnten. Die Rückstellung von Geldmitteln für solche unvorhergesehenen Pannen sowie die Reduktion dieser Pannen auf ein Minimum ist wesentlicher Bestandteil der Planungsaktivitäten, die sich damit auszahlen.
Mit diesem Wissen ließen wir uns auch gern hin und wieder für unsere akribische Planung belächeln, denn am Ende steht eine Budgetüberschreitung von weniger als 3 %.

Verhalten von Prozessen und Prozessgruppen

Das Prozessmodell kennend, bin ich in die »Chronologie-Falle« getappt. Ich habe Prozessgruppen als »Projektphasen« betrachtet: Bereits in der Initiierung des Projekts musste ich mir eingestehen, dass ich hier grade Prozesse durchführe, die eigentlich doch erst während der Planung angestanden hätten. Und so ging es kontinuierlich weiter. Teilweise habe ich nicht einmal bewusst wahrgenommen, wenn ich Stakeholdermanagement betrieben oder wieder einmal das Budget kontrolliert habe. Oftmals gingen mehrere Prozesse der Planung in einer einzigen Tätigkeit auf, insbesondere dann, wenn es galt, Arbeitspakete zu identifizieren, Dauern zu schätzen und alles in eine zeitliche Abfolge zu bringen. Als ich dies bemerkte, fürchtete ich zugleich, dass das Experiment gescheitert sei, bevor es überhaupt so richtig begonnen hatte. In diesen Momenten musste ich mich selbst zwingen zu berücksichtigen, dass das PMI® genau aus diesem Grunde in diesem Zusammenhang nicht von Projektphasen, sondern von Prozessgruppen spricht. Hier hat etwas Gelerntes und vermeintlich von mir Verstandenes also erstmals einen realen Bezug bekommen!

Die Anforderungen des Projekts wurden bereits in der Initiierungsphase definiert. Dieser Prozess zog sich bis hinein in die Planung, für einige Details sogar in die Ausführung. Stakeholder wurden kontinuierlich identifiziert und deren Einbindung kontrolliert. Die Kostenkontrolle begann bereits in der Planung, während das Budget noch nicht einmal vollendet war. Wie bereits erwähnt, ist das Änderungsmanagement nahezu gänzlich von mir vernachlässigt worden. Obwohl ich so strukturiert vorgehen wollte, machte ich mit Blick auf das Modell irgendwie alles anders. Aber dennoch war es richtig: Ich brachte alles in Relation zueinander, so dass ein stimmiger Plan entstand. Vor allem aber lässt sich sicherlich angeregt darüber diskutieren, ob die für den jeweiligen Tagebucheintrag identifizierten Prozesse exakt die richtigen sind, ob Prozesse betroffen waren, die nicht aufgeführt sind oder aber nicht. Prinzipiell müsste sich eigentlich immer der in einer Prozessgruppe gültige Prozess aus dem Wissensgebiet Integrationsmanagement zu einem Prozess eines anderen Wissensgebiets gesellen. Die Abgrenzung erscheint also schwer und verschwimmt in der Praxis sehr. Auch das ist eine Erkenntnis, die ich so nicht erwartet hätte: Als ich das Experiment startete, war ich der festen Überzeugung, jedem meiner Schritte eine eindeutige Menge von Prozessen ebenso eindeutig zuordnen zu können. Ein Trugschluss!

Was die Strukturierung der Abfolge der Prozesse betrifft, wurde ich aber an eine Randaussage der Theorie des Projektmanagements erinnert. Sinngemäß heißt es hier: »Jedes Projekt ist individuell. Die Ausprägung eines jeden Prozesses obliegt der Fachkenntnis und der Verantwortung des Projektleiters. Eine Vielzahl der Prozesse ist iterativ, läuft parallel und ist nicht immer eindeutig einer Projektphase zuzuordnen.« – da ist er also wieder, dieser Unterschied zwischen Prozessgruppe und Projektphase.
Zwar hatte ich eingangs bereits erwähnt, dass wir es bei dem Prozessmodell mit einer Art Utopie zu tun haben, in der es keine zwingende temporäre Abfolge gibt. Dass es dann in der Praxis aber solche Ausmaße annimmt, das habe ich mir bis zu diesem Experiment niemals bewusst gemacht. Insofern verstärkt dieses Ergebnis die Wahrnehmung des Prozessmodells als eine Art »Checkliste« oder »Pinnwand« jener Themen, die auf jeden Fall Berücksichtigung finden sollten. Und zwar zum unbedingt erforderlichen Zeitpunkt innerhalb des Projekts.
Was genau zu welchem Zeitpunkt, in welcher Ausprägung zu geschehen hat, das liegt in der Verantwortung und im »Fingerspitzengefühl« des Projektleiters. Diese Aussage führt nicht etwa das gesamte Modell in die Bedeutungslosigkeit.

Das Modell als solches ist vielmehr keine Anleitung für ein perfektes Projekt. Aber eine sehr wichtige Orientierungshilfe, wenn es darum geht, alle relevanten Themen im Blick zu haben, Abhängigkeiten zu erkennen und Prozesse zeitlich für sich einordnen zu können. Das Durcheinander der Praxis, in der Dinge Schlag auf Schlag erfolgen, kann mit Hilfe des Modells reduziert werden. Das Modell hilft, sich auf das Wesentliche zu konzentrieren und die Übersicht zu behalten. Nun bin ich selbst erstaunt und schlage nach: Genau das ist die Intention des PMBoK-Guides®. Genau das steht in den einleitenden Worten. Wieder so eine Nachricht, die da steht, die ich bisher aber nicht verinnerlicht hatte. Stattdessen hat mich die Selbsterfahrung wieder zur Einleitung geführt.

Notwendigkeit fachlicher Kenntnis

Arbeitet man sich in die Materie des Projektmanagements ein, so liegt zunächst die Ansicht nahe, eigentlich jedes Projekt planen zu können, wenn man nur die richtigen Methoden anwendet. Diese Ansicht ist nicht ganz falsch, aber auch bei Weitem nicht richtig:

Das mir thematisch fremde Projekt »Hausbau« hat spätestens bei der zeitlichen Abfolge der Aktivitäten gezeigt, dass es einfach nicht ohne Fachkenntnis geht. Wie lange braucht Estrich bei einer für den April durchschnittlichen Luftfeuchtigkeit zum Trocken? Warum muss der Estrich abgeschliffen werden, bevor man Fliesen darauf kleben kann? Kleinigkeiten dieser Art wirken sich logischerweise auf den zeitlichen Ablauf der Aktivitäten aus. Hier hilft schlicht nur Fachkenntnis. Mit Methoden kommt man an dieser Stelle nicht weit.

Auch hier gibt es ein Wort in der Lehre des Projektmanagements, das zwar immer wieder auftaucht, dessen Bedeutung aber vielleicht hin und wieder unterschätzt wird: »Expert-Judgement« kommt in eigentlich allen Planungsaktivitäten zum Zuge. Inhaltlich geht es darum, bei allen Planungsaktivitäten Experten hinzuzuziehen, um die Planung auch realistisch zu gestalten. Alle Planung nützt nichts, sofern sie nicht auch umsetzbar ist.

Aus diesem Grunde musste im Fall unseres Hauses ein großer Teil der zeitlichen Planung von Phase zu Phase verfeinert werden, da erst dann die Experten zu Rate gezogen werden konnten. Hier zeigte sich, dass es sinnvoll war, zunächst mit großzügigen zeitlichen Werten zu planen, so dass im Detail eigentlich nur Abweichungen der positiven Art zu verzeichnen waren. Der geplante Einzugstermin lag im August. Tatsächlich einziehen konnten wir bereits Mitte Juni, sechs Wochen vor dem geplanten Fertigstellungstermin.

Dies ist der methodische Teil, der in solch einer Situation helfen kann: eine konservative Zeitplanung, die kontinuierlich verfeinert wird, sowie Methoden in der Gesprächsführung, die zuvor unberücksichtigte Feinheiten der fachlichen Umsetzung zutage fördern. Harmonieren beide Komponenten, so wird die zunächst grobe und auf Vermutung beruhende Planung zu einer realistischen Detailplanung.
Dieser Zusammenhang wird allerdings in der Praxis sehr häufig ins Gegenteil verkehrt: Sinnigerweise wird ein Mitarbeiter eines Fachbereichs zum Projektleiter eines Projektes erkoren, mit dessen fachlicher Thematik er sich bestens auskennt. Dies garantiert zunächst einmal eine gründliche fachliche Umsetzung. So zumindest der weit verbreitete Irrglaube. Leider verhält es sich dann erfahrungsgemäß etwas anders: Diese wertvolle Fachkraft wird sich bald zwischen zwei Arbeitsbergen wiederfinden. Auf der einen Seite die Aktivitäten des Projektmanagements und der damit verbundenen sowie kontinuierlichen Risiko-, Budget-, Kommunikations-, Qualitäts-, Ressourcen-, Zeit-, Ziel- und Beschaffungsplanung und der ebenfalls zeitintensiven fachlichen Umsetzung in all ihren Facetten. Aus dieser Sicht ist es nicht überraschend, dass eine der beiden Aufgaben vernachlässigt werden wird. Entweder das Projekt wird aus Sicht der Verwaltung aus dem Ruder laufen oder aber aus Sicht der angemessenen fachlichen Umsetzung. Die Vereinigung von Projektleiter und bestem fachlichen Umsetzer ist daher absolut nicht ratsam. Im kleinen Rahmen durfte ich diese Erfahrung während der Erbringung der Eigenleistung im Haus am eigenen Leibe erfahren: Wer drei Wochen am Stück schuftet, kümmert sich nicht abends im Bett um Budget und Controlling. Ich kannte diese »Falle« und habe mich entsprechend darauf vorbereitet. Und selbst mit dieser Vorbereitung liefen Dokumentation und Projektverwaltung in dieser Zeit eher dürftig. Bei Großprojekten im Konzern ist dies der Anfang vom Ende.

Die Rolle des Projektleiters

Jetzt kommt der unangenehme Teil. Manöverkritik am Projektleiter. Umso unangenehmer, dass ich das selbst bin. Beim Versuchsaufbau für das Experiment habe ich dem Prozessmodell das virtuelle Kästchen »Persönlichkeit beweisen« hinzugefügt. Ich wusste, dass sich das Projekt vermutlich nur dann realisieren lassen würde, wenn ich auch in der Umsetzung Eigenleistung erbringen würde. Ich wusste, dass ich in diesem Zuge eine ganze zeitlang mit meinem Papa auf der Baustelle Hand in Hand arbeiten müssen würde. Bei aller Familienliebe birgt dies ja dann doch etwas Konfliktpotenzial. Ich wusste, dass bei Einsatz des eigenen Geldes und damit der eigenen Existenz auch Konfliktpotenzial in der Ehe gegeben sein würde. Ich wusste: Hier wäre mein virtuelles Kästchen gefragt.
Und es kam, wie es kommen musste: Hier prasseln Kosten, dort schwindet das Selbstvertrauen. Doppelbelastung zwischen Hausbau und Beruf forderten mich. Häufig war ich müde, hatte Muskelkater.
Betrachte ich das Tagebuch im Verlauf, so stelle ich fest, dass ich für meine Verhältnisse deutlich aggressiver wurde, je weiter das Projekt voranschritt. Irgendwann schwindet das Verständnis für Verspätungen und auch für nervtötende Nachbarn. An dieser Stelle entschuldige ich mich bei allen, denen ich zu nahe getreten bin.

Dennoch: Auch hier griff ein wesentlicher Teil des Projektmanagements: das Risikomanagement und das Stakeholdermanagement. Mit der Erwartung der Belastung haben wir meinen Arbeitgeber frühzeitig eingebunden, so dass hier mehr Flexibilität in den heißen Phasen des Hausbaus gegeben war. Innerhalb der Ehe und mit den Eltern haben wir vorher abgesprochen, dass es in solchen Situationen zu Konflikten kommen kann und hier andere Rahmenbedingungen gelten, als es im Alltag der Fall ist. Auf diese Weise haben wir uns von vornherein mehr gegenseitiges Verständnis zugestanden.

Im Rahmen des Risikomanagements haben wir großzügige Budgetpuffer eingeplant, um auch psychisch nicht zu schnell unter Druck zu geraten und damit das Konfliktpotenzial zu erhöhen. Nadja wurde nur wenig in die

Umsetzungsaktivitäten eingeplant, da wir wussten, dass ein Kleinkind und Verpflichtungen an der Baustelle ihr sonst den letzten Nerv rauben könnten.

Was ich nicht eingeplant hatte, war das Warten. Das Warten zwischen Planung und Ausführung hat mich psychisch derart fertiggemacht, dass ich auch physisch anfällig wurde. Ständig diese inneren Fragen: Ist die Planung korrekt? Bin ich schon arm oder mit einem Bein im Gefängnis? Wird dieser Bau auch irgendwann beginnen oder bin ich bei der »Versteckten Kamera«? Warten ist echt übel, wenn es um die eigene Existenz geht. Hier hilft nur, an das eigene Selbstvertrauen zu appellieren. Was im Beruf wunderbar funktioniert, hat in diesem persönlichen Umfeld in meinem Fall aber noch Ausbaupotenzial.

Bei allen diesen negativen Dingen war es aber stets meine oberste Maxime, mit einem Lächeln auf die Baustelle zu kommen und Dienstleistern respektvoll und wertschätzend gegenüberzutreten. Ich denke, dass mir das in weiten Teilen gelungen ist und sich nicht nur im Projektmanagement auszahlt. Auf diese Weise konnten viele Probleme auf dem »kurzen Dienstweg« beseitigt werden. Viele Handwerker hatten auf unserer Baustelle ein wenig Spaß und haben dies auf Ihre Weise honoriert.

Und mal nebenbei: Ich habe mich auch köstlich amüsiert!

Auch in Bezug auf den privaten Aspekt des Projekts habe ich feststellen können, dass die Fähigkeit anderen zu vertrauen unabdingbar ist. Man kann nicht alles selbst erledigen und kontrollieren. Aber man kann Dinge delegieren und die Umsetzung adäquat steuern. Der Versuch, alle Aktivitäten vor Ort zu kontrollieren oder gar selbst zu erledigen, führt nicht nur in die Burn-out-Falle, sondern demotiviert auch das Projektteam.

Fazit

Mein übergreifendes Fazit zum Cappenberg-Experiment ist, dass ich zunächst einmal auf ein erfolgreiches Projekt zurückblicken kann.

Darüber hinaus sind die Prozesse und Methoden des PMI® Projektmanagement-Prozessmodells in der Praxis wichtig und funktionieren einwandfrei. Sowohl dem Berufsprojektleiter als auch dem Bauherren ist zu empfehlen, sich einmal mit dieser Materie zu befassen.
Nicht zu unterschätzen ist jedoch eine weitere Komponente, die sich in der reinen Lehre als sogenannte »Soft-Skills« wiederfindet: Hier sprechen wir von schwer messbaren Faktoren wie Erfahrung, Bauchgefühl und Empathie und ähnlichen sozialen Fähigkeiten. Oftmals lässt sich das am wenigsten messbare »Bauchgefühl« sogar durch Methodik greifbar gestalten. Zumindest lässt sich eine Bauchentscheidung beispielsweise durch eine Nutzwertanalyse dokumentieren. Ein schlechtes Gefühl kann durch die Dokumentation von Risiken in diesem Zusammenhang manifestiert werden. Die Methodik lebt also auch davon, durch Kreativität und Erfahrung gefüttert zu werden. Beide Dinge müssen also Hand in Hand gehen, um ein Projekt zum Erfolg zu führen. Nur dann gelten folgende zehn plakative Erkenntnisse zum Cappenberg-Experiment:

1. Eine intensive Planungsphase vermeidet Kosten und Ärger während der Umsetzung deines Projekts.

2. Projektphasen und -prozesse befinden sich nicht zwingend in einer chronologischen Reihenfolge, vielmehr ist ein Projektmanagement-Prozessmodell die Utopie eines perfekten Projekts, quasi eine Pinnwand voller Merkzettel aller zu beachtenden Themen. Mache sie dir zunutze.

3. Dein Projekt kann nicht ausschließlich über Methodik geplant werden. Fachkenntnis ist unabdingbar. Frag die Experten!

4. Dein Projekt kann nicht ausschließlich mit Fachkenntnis umgesetzt werden. Fundierte methodische Kenntnisse sind unabdingbar. Arbeite dich ein, Methodik ist kein Selbstzweck!

5. Sei niemals Projektleiter und bester fachlicher Mitarbeiter in einer Person, es sei denn, du magst das Chaos.

6. Die Persönlichkeit des Projektleiters hat abseits aller Methodik enormen Einfluss auf den Verlauf des Projekts, das sollte dir bewusst sein, wenn du kommunizierst.

7. Sei sorgsam und gewissenhaft, vergiss aber nicht das Vertrauen in das Team, sei fähig zu delegieren!

8. Habe Spaß an deinem Projekt und zeige Humor, egal wie kritisch die Situation ist. Nur so wirst du zu positiven Lösungen für diese Situationen kommen und das Team auf deine Seite holen.

9. Sei dir nicht zu fein, dir selbst die Hände schmutzig zu machen.

10. Bleib in allen Planungen realistisch und angemessen konservativ. Das zahlt sich in barer Münze aus.

Die Weisheit des Projektmanagements lässt sich ganz sicher nicht in zehn goldenen Regeln zusammenfassen. Andernfalls würden sich nicht ganze Bibliotheken mit der Thematik füllen. Dennoch – so hoffe ich – hat das Cappenberg-Experiment gezeigt, wie die Theorie des Projektmanagements auf die Praxis anwendbar ist, in der man die verschiedenen Prozesse nicht immer wahrnimmt. Vielleicht hat der eine oder andere auf diese Weise einen guten Einstieg in die Thematik finden können!

8. Stichwortverzeichnis

DERFUCHS-VERLAG

www.DerFuchs-Verlag.de
info@DerFuchs-Verlag.de

Auch auf Facebook:
www.facebook.com/DerFuchsVerlag